普通高等学校"十四五"规划旅游管理专业类精品教材
国家级一流本科专业建设旅游管理类特色教材

·湖南师范大学校级规划教材建设项目

现代旅游经济学
Modern Tourism Economics

主　编 ◎ 贺小荣
副主编 ◎ 徐飞雄

华中科技大学出版社
http://press.hust.edu.cn
中国·武汉

内 容 提 要

本书系统阐释了旅游经济学的基本理论与实践成果,分析了旅游需求与旅游供给及二者之间的矛盾,讲述了旅游消费的概念、结构和效果。对旅游市场、旅游成本、旅游价格等要素进行了分析,同时对旅游产业中的投资问题,以及旅游经济发展战略与发展模式提出了系统思考。

本书充分结合现代旅游经济发展的新理念、新经验和新成果,具有理论与实践相结合等特点,对旅游管理类专业的学生、教师和研究人员都有较高的应用价值。

图书在版编目(CIP)数据

现代旅游经济学/贺小荣主编.—武汉:华中科技大学出版社,2022.11
ISBN 978-7-5680-8932-6

Ⅰ.①现… Ⅱ.①贺… Ⅲ.①旅游经济学-高等学校-教材 Ⅳ.①F590

中国版本图书馆 CIP 数据核字(2022)第 224863 号

现代旅游经济学
Xiandai Lüyou Jingjixue

贺小荣　主编

策划编辑:王　乾
责任编辑:张　琳
封面设计:原色设计
责任校对:刘　竣
责任监印:周治超

出版发行:华中科技大学出版社(中国·武汉)　　电话:(027)81321913
　　　　　武汉市东湖新技术开发区华工科技园　　邮编:430223
录　　排:华中科技大学惠友文印中心
印　　刷:武汉科源印刷设计有限公司
开　　本:787mm×1092mm　1/16
印　　张:15　插页:2
字　　数:355千字
版　　次:2022年11月第1版第1次印刷
定　　价:59.80元

本书若有印装质量问题,请向出版社营销中心调换
全国免费服务热线:400-6679-118　竭诚为您服务
版权所有　侵权必究

普通高等学校"十四五"规划旅游管理专业类精品教材
国家级一流本科专业建设旅游管理类特色教材

出版说明

为深入落实全国教育大会和《加快推进教育现代化实施方案(2018—2022年)》文件精神,贯彻落实新时代全国高校本科教育工作会议和《教育部关于加快建设高水平本科教育 全面提高人才培养能力的意见》、"六卓越一拔尖"计划2.0系列文件要求,推动新工科、新医科、新农科、新文科建设,做强一流本科、建设一流专业、培养一流人才,全面振兴本科教育,提高高校人才培养能力,实现高等教育内涵式发展,教育部决定全面实施"六卓越一拔尖"计划2.0,启动一流本科专业建设"双万计划"。

基于此,建设符合旅游管理类国家级一流本科专业人才培养需求的教材,将助力旅游高等教育专业结构优化,全面打造一流本科人才培养体系,进而为中国旅游业在"十四五"期间深化文旅融合、持续迈向高质量发展提供有力支撑。

华中科技大学出版社一向以服务高校教学、科研为己任,重视高品质专业教材出版,"十三五"期间,在教育部高等学校旅游管理类专业教学指导委员会和全国高校旅游应用型本科院校联盟的大力支持和指导下,率先组织编纂出版"普通高等院校旅游管理专业类'十三五'规划教材"。该套教材自出版发行以来,被全国三百多所开设旅游管理类专业的院校选用,并多次再版。

为积极响应"十四五"期间国家一流本科专业建设的新需求,"国家级一流本科专业建设旅游管理类特色教材"项目应运而生。本项目依据旅游管理类国家级一流本科专业建设要求,立足"十四五"期间旅游管理人才培养新特征进行整体规划,邀请旅游管理类国家级一流本科专业建设院校国家教学名师、资深教授及中青年旅游学科带头人加盟编纂。

该套教材融入思政内容,助力旅游管理教学实现立德树人与专业人才培养有机融合。让学生充分认识专业学习的重要性,加强学生专业技能的培养,并将学生个人职业发展与国家建设紧密结合,让学生树立正确的价值观。同时,本套教材基于旅游管理类国家级一流本科专业建设要求,在教材内容上体现"两性一度",即高阶性、创新性和挑战度的高质量要求。此外,依托资源服务平台,打造新形态立体教材。华中科技大学出版社紧抓"互联网+"时代教育需求,自主研发并上线了华中出版资源服务平台,为本套教材提供立体化教学配套服务,既为教师教学提供教学计划书、教学课件、习题库、案例库、参考答案、教学视频等系列配套教学资源,又为教学管理构建课程开发、习题管理、学生评论、班级管理等于一体的教学生态链,真正打造了线上线下、课内课外的新形态立体化互动教材。

  本项目编委会力求通过出版一套兼具理论与实践、传承与创新、基础与前沿的精品教材,为我国加快实现旅游高等教育内涵式发展、建成世界旅游强国贡献一份力量,并诚挚邀请更多致力于中国旅游高等教育的专家学者加入我们!

前言
Preface

21世纪以来,在《国务院关于加快发展旅游业的意见》《中华人民共和国旅游法》《国民旅游休闲纲要(2013—2020年)》等法律法规的引领下,旅游业实现了快速发展,产业地位不断提高,已成为国民经济的"战略性支柱产业"。旅游业展现出来的强劲发展势头和广阔发展前景,离不开大量通晓旅游经济理论和专业知识的旅游专门人才的培育和参与。为适应现代旅游业发展和普通高等学校、高职院校旅游经济学课程教学的需要,在湖南师范大学教学管理部门和华中科技大学出版社的关心和支持下,我们组织编写了《现代旅游经济学》一书。本书在立足现代旅游产业发展的基础上,充分吸收和借鉴旅游学科研究的最新成果,是旅游管理专业的主干课程教科书。

本书运用经济学、管理学、旅游学等多学科知识与方法,全面系统地阐述了旅游经济学的基本理论和分析方法。全书共十章,主要内容包括导论、旅游经济活动、旅游产品、旅游供给与需求、旅游市场、旅游价格、旅游投资、旅游消费、旅游经济效益与评价、旅游经济规制与政策。全书融理论与实践于一体,既有定性的理论演绎,也有定量的实证分析,并在编写中突出以下特点:第一,注重理论与实践的结合,全书吸纳并介绍了国内外有关旅游经济学研究的最新成果,以及近年来旅游企业在商业模式、资本运作、技术创新等方面取得的实践成果;第二,注重知识点与案例的契合,在系统介绍旅游经济学基本理论和知识要点的基础上,本书精选了国内外旅游经济的多个案例;第三,注重经典与新潮的融合,本书引入了新形势下旅游经济发展的新理念(如全域旅游)、新观点(如幸福产业),从而具有较强的理论性和应用性。

本书由湖南师范大学旅游学院贺小荣任主编、徐飞雄任副主编。本书的编写得到了湖南师范大学教材建设经费的资助,研究生彭坤杰、石彩霞、刘源、张明雪、秦俊娜、夏凡、史吉志、刘雪婷等在资料整理方面做了大量工作,华中科技大学出版社的王乾编辑为本书的出版付出了辛勤的劳动,在此表示衷心的感谢。

由于主编的学术视野和学术能力有限,疏漏之处在所难免,恳请读者对教材中存在的问题提出批评意见和宝贵建议。

编　者

目录
Contents

第一章　导论　/001

第一节　旅游经济学的学科内涵和学科特性　/001
　一、旅游经济学的学科内涵　/001
　二、旅游经济学的学科特性　/001
第二节　旅游经济学的产生与发展　/003
　一、旅游经济学产生的前提　/003
　二、旅游经济学产生的雏形　/004
　三、旅游经济学的发展　/004
第三节　旅游经济学的研究对象与研究方法　/009
　一、旅游经济学的研究对象　/009
　二、旅游经济学的研究方法　/012

第二章　旅游经济活动　/014

第一节　旅游经济活动的产生与发展　/016
　一、旅游经济活动的产生　/016
　二、旅游经济活动的发展　/018
第二节　旅游经济活动与经济、社会、
　　　　环境的共生互动关系　/023
　一、旅游经济活动与经济发展之间的共生
　　　互动关系　/023
　二、旅游经济活动与社会、环境的共生互动关系　/026
　三、对旅游经济活动与经济、社会、环境的
　　　共生互动关系的进一步认识　/029

第三节 旅游经济活动运行机制 /033
一、旅游经济活动运行机制的概念 /033
二、旅游经济活动运行机制的主要功能 /033
三、旅游经济活动运行机制的特点 /036

第四节 旅游经济活动的要素 /037
一、旅游从业人员 /037
二、旅游吸引物 /038
三、旅游设施 /039
四、旅游者 /040

第三章 旅游产品 /042

第一节 旅游产品的分类 /043
一、按旅游产品的功能划分 /043
二、按旅游者对旅游产品需要的程度划分 /043
三、按旅游产品受劳动作用的形式划分 /044
四、按旅游产品被开发利用的时间长短划分 /044

第二节 旅游产品的特点 /044
一、旅游产品具有综合性 /045
二、旅游产品具有无形性 /045
三、旅游产品具有不可转移性 /045
四、旅游产品具有不可储存性 /046
五、旅游产品生产、消费具有易波动性 /047
六、旅游产品具有易被模仿性 /048

第三节 旅游产品的开发 /048
一、旅游产品开发原则 /048
二、各类旅游产品的开发 /052

第四节 旅游购物品 /061
一、旅游购物品的概念 /061
二、旅游购物品的特点 /062
三、旅游购物品的分类 /063
四、发展旅游购物品生产、经营的意义 /064
五、发展旅游购物品生产、经营的途径 /065

第四章 旅游供给与需求 /069

第一节 旅游供给 /070
一、制约旅游供给的基本因素 /070

二、旅游供给规律　　　　　　　　　　　　　　/072
　　三、旅游供给价格弹性　　　　　　　　　　　/074
第二节　旅游需求　　　　　　　　　　　　　　　/077
　　一、制约旅游需求的基本因素　　　　　　　/077
　　二、旅游需求规律　　　　　　　　　　　　　/082
　　三、旅游需求弹性　　　　　　　　　　　　　/085
第三节　旅游供求矛盾　　　　　　　　　　　　　/090
　　一、旅游供求矛盾的主要表现　　　　　　　/090
　　二、旅游供求矛盾的均衡　　　　　　　　　/091

第五章　旅游市场　　/096

第一节　旅游市场的类型　　　　　　　　　　　/097
　　一、按地理环境划分的类型　　　　　　　　/097
　　二、按国境划分的类型　　　　　　　　　　/098
　　三、按旅游目的划分的类型　　　　　　　　/100
　　四、按组织形式划分的类型　　　　　　　　/100
　　五、按消费水平划分的类型　　　　　　　　/100
　　六、按供求状况划分的类型　　　　　　　　/101
　　七、按表现形式划分的类型　　　　　　　　/101
　　八、按人口统计特征划分的类型　　　　　　/101
第二节　目标旅游市场的选择原则
　　　　　与选择策略　　　　　　　　　　　　/102
　　一、目标旅游市场的选择原则　　　　　　　/102
　　二、目标旅游市场的选择策略　　　　　　　/106
第三节　目标旅游市场的开拓策略　　　　　　　/108
　　一、旅游产品销售渠道策略　　　　　　　　/109
　　二、旅游促销策略　　　　　　　　　　　　/111

第六章　旅游价格　　/122

第一节　旅游价格的分类　　　　　　　　　　　/123
　　一、按旅游者购买旅游产品的方式划分的类型　　/123
　　二、按旅游需求弹性大小划分的类型　　　　/123
　　三、按价格与价值的关系划分的类型　　　　/124
　　四、按旅游活动范围划分的类型　　　　　　/124
　　五、按促销方式划分的类型　　　　　　　　/124
第二节　影响旅游价格的因素　　　　　　　　　/126

一、可控因素 /126
　　二、不可控因素 /127
第三节　制定旅游价格的方法与策略 /128
　　一、制定旅游价格的方法 /129
　　二、制定旅游价格的策略 /131
第四节　合理制定旅游价格的主要途径 /134
　　一、建立适应市场经济发展的宏观旅游
　　　　价格管理模式 /134
　　二、实现行业协调基础上的竞争价格模式 /135
　　三、制定合理的旅游价格定价标准 /136
　　四、改革僵化的包价制，尽量降低旅游直观价格 /136
　　五、扩大各类旅游差价的差距 /136

第七章　旅游投资 /138

第一节　旅游投资渠道 /139
　　一、个人旅游投资 /139
　　二、企业旅游投资 /139
　　三、政府旅游投资 /140
第二节　旅游投资的制约因素 /140
　　一、经济体制 /140
　　二、生产力水平 /141
　　三、旅游业发展水平 /142
第三节　旅游投资项目分类 /142
　　一、从旅游项目的建设性质划分 /143
　　二、从旅游建设项目的内容划分 /143
　　三、从旅游投资规模划分 /144
　　四、从旅游项目的重要性划分 /144
第四节　旅游投资项目可行性研究 /144
　　一、旅游投资项目可行性研究的必要性 /144
　　二、旅游投资项目可行性研究的基本原则 /145
　　三、旅游投资项目可行性研究的内容 /146
　　四、旅游投资项目可行性研究的类型 /147
第五节　旅游投资项目决策 /148
　　一、旅游投资项目决策方案的类型 /148
　　二、旅游投资项目的评价方法 /150
　　三、旅游投资项目的宏观评价指标 /154

第八章　旅游消费　/157

第一节　旅游消费的概念、作用和特征　/158
一、旅游消费的概念　/158
二、旅游消费的作用　/158
三、旅游消费的特征　/160

第二节　旅游消费结构　/162
一、旅游消费结构的分类　/162
二、影响旅游消费结构的因素　/163
三、旅游消费结构的合理化　/165

第三节　旅游消费效果　/166
一、旅游消费效果的含义　/166
二、旅游消费的最大满足　/167

第九章　旅游经济效益与评价　/172

第一节　旅游经济效益的分类和评价　/173
一、旅游经济效益的分类　/173
二、旅游经济效益的评价　/177

第二节　旅游收入　/178
一、旅游收入的概念及分类　/179
二、影响旅游收入的因素　/180
三、旅游收入指标　/181
四、旅游收入分配与再分配　/183
五、旅游收入乘数效应　/185

第三节　旅游成本　/190
一、旅游成本的概念及分类　/190
二、旅游成本的意义　/192

第四节　旅游经济效益评价指标　/193
一、旅游经济活动中劳动消耗的经济效益评价指标　/193
二、旅游经济活动中劳动占用的经济效益评价指标　/195
三、旅游业投资效益指标　/198

第五节　提高旅游经济效益的策略　/199
一、提高旅游微观经济效益的策略　/199
二、提高旅游宏观经济效益的策略　/200

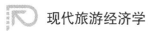

第十章 旅游经济规制与政策 /203

第一节 市场缺陷与政府干预 /204
  一、市场缺陷 /204
  二、政府干预的必要性 /206
  三、政府干预行为 /208

第二节 旅游规制 /209
  一、旅游规制的含义和产生原因 /209
  二、旅游规制的特点和基本原则 /211
  三、我国旅游规制的现状 /213

第三节 旅游产业政策 /215
  一、旅游产业政策的含义、特征与作用 /215
  二、旅游产业政策的内容体系 /216
  三、我国旅游产业政策的制定与实施 /219

第四节 旅游行业管理 /220
  一、旅游行业管理概述 /220
  二、旅游行业管理的手段 /223
  三、旅游行业管理的内容 /224

参考文献 /227

第一章 导论

学习目标

了解有关旅游经济学的学科内涵和学科特性、旅游经济学的产生和发展、旅游经济学的研究对象和研究方法。

重点/难点

掌握旅游经济学研究的发展脉络以及旅游经济学的研究方法。

思维导图

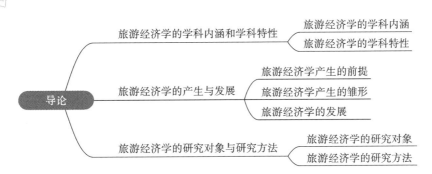

第一节 旅游经济学的学科内涵和学科特性

一、旅游经济学的学科内涵

旅游经济学是研究旅游活动过程中的各种经济关系、经济现象和经济规律及其应用的综合性经济学科。

二、旅游经济学的学科特性

经济学是研究人类社会在各个发展阶段中各种经济现象和经济关系及其运行发展

规律的学科。而旅游经济学则是以经济学理论为指导，研究旅游经济活动中各种经济现象、经济关系和经济规律及其应用的学科。

(一)旅游经济学的学科性质

1. 旅游经济学是一门应用型学科

旅游经济学与经济学之间既有区别，又有联系。经济学是把整个经济现象作为一个整体，从生产、交换、分配和消费诸环节的内在联系及其矛盾运动中，揭示整个社会经济发展的一般规律。而旅游经济学则是以经济学的一般理论为指导，专门研究旅游经济活动中的特有现象及矛盾，揭示旅游经济的发展规律及其条件、运行活动和表现形式，从而指导旅游经济可持续发展，因而具有较强的应用性。在某种意义上，旅游经济学是经济学的一个分支学科。

2. 旅游经济学是一门产业经济学

旅游经济学本质上属于产业经济学的范畴。产业经济学是针对某一产业或领域的经济活动进行研究，从而揭示该产业经济运行的内在规律及其外在形式的学科。旅游经济学是研究旅游经济活动过程中各种经济现象之间的内在联系，揭示旅游经济运行中的特殊矛盾及规律，并把经济学的一般原理用于指导旅游经济活动。在这个意义上，旅游经济学又是产业经济学中的部门产业经济学。

3. 旅游经济学是一门基础性学科

旅游经济学是旅游学科的基础性学科。在构成旅游学科的旅游学、旅游管理学、旅游经济学三大学科中，旅游学是将世界范围的旅游现象作为一个整体，研究旅游活动产生、发展及其规律的科学，目的是揭示旅游活动的内在性质、特点及发展趋势；旅游管理学则是从产业组织运行的角度，研究旅游活动的合理组织及科学管理，以提高旅游经济运行的效率和效益；而旅游经济学则是从经济现象角度，揭示旅游中的矛盾运动、经济关系及发展规律等。因此，旅游经济学与旅游学、旅游管理学是共同构成旅游学科的三大基础性学科。

4. 旅游经济学是一门新兴交叉学科

旅游经济活动的综合性特点，使旅游经济学具有新兴交叉的显著特点。这表现为旅游经济学研究不仅要以经济学、旅游学的理论为指导，还必须借助其他学科的理论及研究成果来丰富旅游经济学的研究内容。例如，借助心理学、地理学、资源学、社会学、统计学、市场学等学科的理论和方法，来综合考察旅游经济活动的各种现象，才能有效把握旅游经济活动的内在规律及其运行机制。

(二)旅游经济学与其他学科的关系

1. 旅游经济学与经济学的关系

旅游经济学是一门经济类的应用型学科。经济学理论无疑是旅游经济活动分析的理论基础。但旅游经济学又具有自身特点。例如旅游产品不同于制造业产品，它是服务型产品，具有生产与消费同步的特点，销售手段有其特殊的方面；又如旅游收入分配过程虽然也分为初次分配与再分配，但其内容和表现形式有着自己的特点；再如旅游消费既显示着一种较高的消费档次，又具有最大满足抉择的途径。旅游经济学研究必须以经济学基本理论为基础,但在旅游经济领域除了受经济活动中一些共同规律的作用以外,还有其运动的特殊规律和表现形式。因此,经济学与旅游经济学是一般经济规律与特殊经济规律、共性与个性的关系。

2. 旅游经济学与旅游学的关系

旅游经济学是与旅游学并列的基础性学科。旅游经济学与旅游学的关系是特殊与一般的关系。旅游活动是一种综合性的社会现象,旅游学研究的范围较广,涉及多种学科,如经济学、管理学、地理学、心理学、社会学等,其中每一种学科的理论同旅游的结合便形成了旅游经济学、旅游管理学、旅游地理学、旅游心理学、旅游社会学等。因此,旅游经济学是从经济现象角度研究旅游活动中的经济关系,从经济学的角度加深对旅游学的研究。

3. 旅游经济学与其他旅游学科的关系

旅游是一种综合性的社会经济现象,可以从不同侧面反映和概括这种现象的学科甚多,除上面提到的有关学科之外,还有旅游市场学、旅游统计学等。这些学科同旅游经济学的关系大致可分为两类。

第一类是与旅游经济学呈平行关系的学科,如旅游心理学、旅游社会学、旅游法学、旅游地理学、旅游美学等,它们分别从旅游活动的不同侧面来探讨旅游活动的特点和规律,属于旅游学的分支学科。因此,旅游经济学与它们是平行关系,旅游活动是它们相互联系的纽带。

第二类是与旅游经济学呈纵向关系的学科,如旅行社管理、旅游市场学、饭店管理、旅游管理学、旅游车船管理等。其中旅游市场学、旅游管理学是旅游经济学的延伸,即以旅游经济学的原理为基础,从宏观和微观的角度出发分别在旅游管理和旅游市场方面做进一步的分析和研究;而饭店管理、旅行社管理、旅游车船管理等均属于旅游企业管理,它们以旅游经济学的基本原理为指导,从微观角度探讨旅游企业经营与管理。因此,旅游经济学与这些学科的关系是抽象与具体的关系。

第二节 旅游经济学的产生与发展

一、旅游经济学产生的前提

20世纪60年代以前,人们通常是从经济学的角度来研究旅游经济问题。旅游学和旅游经济学同源。旅游学是研究旅游活动的产生、发展及其活动的一般规律的学科。旅游经济学是旅游学学科群的一个重要组成部分,侧重于研究旅游业发展过程中的经济规律。从旅游经济学的形成过程来看,旅游学与经济学的发展、交叉形成了现代意义上的旅游经济学。

(一)旅游经济学产生的实践前提——旅游业的发展

自产业革命以来,旅游业得到了巨大的发展。旅游业发展过程中呈现出一系列自身独有的现象和特点。人们需要对这独有的现象和特点、对旅游经济发展中的规律性进行探讨。旅游经济学就是对旅游经济活动中出现的经济现象和经济关系的概括和总结,对旅游经济发展规律的探索。旅游经济活动的实践是旅游经济学形成的实践前提。旅游实践为旅游经济学的形成和发展提供了丰富的素材,同时,旅游经济学研究的理论成果又很好地指导了旅游经济实践活动。

(二)旅游经济学产生的理论前提——旅游学、经济学的发展

一个多世纪以来,不少专家、学者、政府机构人士和有关国际组织从各个方面、多个层面对旅游活动进行了探索和研究,其中就包括从经济角度的研究。旅游经济学的形成和发展必须依赖其他相关学科的发展,特别是旅游学和经济学的发展。

二、旅游经济学产生的雏形

19世纪末,国外学者开始了旅游经济学的研究。旅游经济学的研究起点是对旅游经济统计的研究。学界普遍认为,意大利政府统计局博迪奥于1899年发表的《外国人在意大利的移动及其花费》一文是最早涉及旅游经济研究的文献。尽管这只是一篇从旅游业务的角度来解释和描述旅游经济现象的论文,但并不能否认其在旅游经济学中的历史地位。

1927年,意大利罗马大学讲师马里奥蒂在《旅游经济学讲义》中对旅游地区的开发、旅游接待业的经营、旅游活动的形态和结构以及活动要素进行了研究,第一次提出了旅游活动是属于经济性质的一种社会现象。他主张把旅游活动分为"能动旅游"和"被动旅游"两种形态。他还创造性地提出了旅游中心地理论,注意到了一个地区的旅游吸引力是旅游地形成的主要原因。此后,欧洲陆续出版了一些旅游经济研究著作,如1935年,柏林大学葛留克斯曼教授的《旅游总论》出版,1942年,瑞士学者芬扎伊卡的《一般旅游论摘要》出版,从经济学和社会学两个方面对旅游活动和旅游经济现象进行了研究。这一时期的研究基本属于探索性的,还未深入到研究旅游经济活动的本质和规律。

三、旅游经济学的发展

(一)中国旅游经济学发展

我国开展旅游经济学研究的时间相对较晚。我国的旅游经济学研究是与国内旅游产业的发育相联系的。1978年我国实行对外开放的政策,作为发达国家的一个旅游目的地和商业投资地,向世界开放了旅游市场,商务旅游和观光旅游得到快速推进,以旅游目的地为主体、入境旅游为特征的旅游产业在中国主要旅游城市迅速发育。面对这种产业实践,旅游产业运行与管理由于缺乏旅游理论指导而受到某种程度的影响。为此,通过各种途径从国外引进旅游相关理论以指导我国实践便成为必然的要求。但是,由于我国旅游产业发育的社会经济环境与国外先进国家的旅游产业发育环境的差异,我们在对旅游经济特点、作用以及相关规律上的认知上,走了一段弯路。比如,在对旅

游产业的认知上,在研究的初期,我们很多研究者认为旅游产业是一个投资少、见效快、收益高的产业。然而,这种认知是在国外特别是一些发达国家的旅游实践基础上总结出来的,若将它作为旅游产业特有的、普遍适用于各国的投资属性和收益属性来认知,则显然没有考虑其适应环境,而将发达国家旅游产业发育的环境与中国这样一个发展中国家的旅游产业发育环境混为一谈了。

纵观之,我国的旅游经济研究大体经历了以下三个阶段。

第一个阶段:1980年至1990年,是创立旅游经济学科的阶段。旅游经济学科的建立是在引进国外部分研究成果以及对世界旅游情况介绍的基础上,由高等院校完成的。之所以会出现研究先于实践的现象,主要有两个重要因素:一是我国对外开放政策的实施,促进了作为经济发达国家"飞地"意义上的中国旅游产业的发展,旅游实践需要旅游相关理论给予支持;二是出于旅游教育特别是高等旅游教育的需要,许多综合院校建立了旅游经济学科体系,高等院校学科教育基地的形成在一定程度上推动了旅游学科研究。但是,由于我国旅游发展目标的锁定,学科研究主要集中在以旅游目的地为中心的经济以及旅游企业管理与服务运转方面的研究。

第二个阶段:在20世纪90年代,随着我国旅游产业体系的形成以及国内旅游需求和出境旅游需求的形成,旅游经济学科研究开始从点向面扩展,旅游研究开始从以经济学、管理学为主体,向经济学、管理学、社会学、市场学、地理学、环境学、人类学等学科方向发展,形成了旅游学科比较完整的研究体系。之所以形成了这样一个格局,一方面说明了旅游学科的综合性,仅仅从经济学、管理学来研究是难以认识旅游现象的;另一方面也是我国高等院校院系调整、学科调整和学科转向的结果。

第三个阶段:近几年,随着中国旅游经济体系的日趋完整以及中国旅游产业国际化演进的来临,人们开始注意从总体的角度,运用多学科的研究方法和观察视角来研究旅游现象。与此同时,研究者开始注意旅游经济学科的研究体系的建立和研究范式的讨论。如果这种努力能得以持续,不难想象,旅游经济学科理论创新的春天即将来临。

我国对旅游现象的研究是随着改革开放而逐步开展起来的。一方面,由于中国发展旅游业的特殊背景,对旅游现象研究首先是从旅游的经济影响切入的,而且在很长一段时间内,旅游经济的研究主导并替代了对旅游现象的综合研究,这一点与国外的旅游研究并没有太大的差别;另一方面,由于旅游人才培养的迫切要求,中国旅游经济研究走上了不同于标准意义的"论文—专著—教科书"的发展路径,而是首先从教材建设来切入。在著名经济学家于光远的提议下,1979年全国经济科学规划会议将旅游经济学列入国家经济科学研究重点项目序列。1980年第一次全国旅游经济座谈会提出,要建立中国自己的旅游经济学,以适应旅游业和旅游教育事业的发展。1982年王立纲、刘世杰编写的《中国旅游经济学》中,提出了一些旅游经济的基本范畴,对我国旅游发展道路、我国旅游业的基本性质以及旅游资源开发等问题做了有益探索,填补了我国旅游经济理论的研究方面的空白。此后,林南枝和陶汉军、张辉、王大悟和魏小安等先后编写了旅游经济学方面的教材。以上各种不同时期出版的教材各有千秋,它们的出版在一定程度上推动了我国旅游教育的发展,指导了旅游经济实践。

20世纪七八十年代,我国实行的对外开放政策有力推动了旅游经济的发展,并为旅游经济的研究提供了丰富的素材,关于旅游经济问题的研究迅速开展,并取得了一批研究成果。1980年,沈杰飞和吴志宏合写的《建立适合我国实际的旅游经济学科》(《社会科学》1980年第6期)的论文,在介绍国外旅游经济理论研究发展现状的基础上,从建立一门学科的逻辑起点出发,对旅游经济研究对象的研究内容进行了深入的探讨。1982年,王立纲、刘世杰编写了《中国旅游经济学》一书,提出了旅游经济的一些基本范畴,对中国旅游发展道路、中国旅游业的基本性质以及旅游资源开发等问题做了有益的探索。特别是1987年,经济学家孙尚清主持的"中国旅游发展战略研究"重大课题,提出了中国旅游业要"适度超前发展"的战略,把中国旅游经济的研究从理论推向实践。此后,黄辉实(1985,1990)、林南枝和陶汉军(1986,1994,2000)、陈纲(1987)、张辉(1991)、罗明义(1994)、王大悟和魏小安(1998)、邹树梅(1998,2001)、沈桂林(2002)、田里(2002)、孙厚琴(2003)、王友明(2006)、昌宛青(2009)等为代表的大批学者分别编写了不同版本的旅游经济学教材。

20世纪90年代以来,中国旅游业迅速发展并在国际上的影响不断扩大,旅游经济学的研究有了进一步的发展。1993年魏小安与冯宗苏主编的《中国旅游业:产业政策与协调发展》一书,从制定旅游产业政策角度论述了我国旅游经济的诸方面结构。

(二)国外旅游经济问题的研究

一种社会现象能否成为社会科学研究者关注的课题,在一定程度上取决于其表现的时间维度及其对社会经济发展的影响。当一种社会现象在特定范围内对社会经济的作用不断加强,并且越来越多地影响人们的生活时,便能吸引社会科学研究者的研究兴趣。因此,从这个意义出发,社会科学研究往往是与研究领域或者研究对象的实践过程相联系的。同其他社会科学学一样,旅游学科研究也是同旅游实践发展过程相联系的,具有阶段性特征。因为旅游是工业化阶段的一种社会现象,旅游现象的独立性始于近代,所以,与旅游实践为发展的历史相对应,有关旅游现象的研究仅有几百年的历史,各项研究工作还是初步的,还处在发展过程之中。作为研究旅游现象的经济学科,与一般经济学相比,无论从研究方法、研究范式、理论框架,还是从现象概括以及规律总结,都存在明显的差距和不足。到目前为止,旅游经济学科还处在一个初步认识和讨论的过程之中。

1. 第二次世界大战前的旅游经济研究

尽管旅游经济的研究还处于一个探索阶段,但是从研究的起点来看,同其他社会科学研究一样,都始于现象发展的实际统计研究。旅游现象作为一种社会科学范畴的研究对象,对它的研究通常分别是在学术和业务性两个范畴内进行的。意大利学者为早期旅游经济研究做出了突出的贡献。1899年意大利政府统计局博迪奥发表的《外国人在意大利的移动及其花费》是最早涉及旅游经济研究文献。其后有另外两个意大利人尼塞福罗以及贝尼尼分别发表了《外国人在意大利的移动》(1923)和《关于游客移动计算方法的改良》(1926)。这种从统计角度对游客人数、逗留时间和消费能力等方面的研究,反映了人们早期对旅游现象的经济层面的认知以及取得经济利益的需要。

从研究的出发点和研究方法看,博迪奥的论文是一篇从业务角度来解释或研究旅游经济现象的论文,并不是一篇"从学术角度研究旅游现象的文献"。从业务角度出发利用统计研究成果分析社会现象,是早期科学研究的一个突出特点。可见,无论是经济学、人类学,还是社会学,社会科学的建立大多是从统计研究开始的,旅游经济学作为社会科学的组成部分也不例外。通过统计研究来了解旅游现象的内在规律,更能把握旅游现象的表现方式。从19世纪中叶开始,伴随着世界范围内工业化的兴起,国际商品交换日益频繁,旅游活动特别是国际商务旅游活动在欧洲和北美地区相继产生。虽然规模不大,但国际旅游者的流动以及在异国的消费的确会对两国的政治、经济、生活产生诸多影响。特别是旅游者的跨国流动,旅游者流入国可以获得较为可观的外汇收入。因此,欧美各国特别是国际贸易往来占较大比重国家的政府开始对旅游经济这种社会现象给予关注。博迪奥等人对旅游经济研究就是在这样的社会背景下出现的。他们利用统计方法,对前来意大利旅游的人进行大量的调查与研究,从平衡国际外汇收入出发,评述了旅游对国家经济的影响和作用。

在19世纪中叶,旅游活动的空间范围仅限于西欧、北美地区,而且旅游活动的供给规模与出游人数有限,旅游还没有成为一个具有相当规模的经济现象或产业现象。由于历史条件的限制,旅游现象只出现在一定的区域内,远没有出现国际化和大众化的趋势。在这种社会环境下,旅游科学研究必然存在一定的历史局限性。在这种历史条件下,还不具备从旅游现象的本质入手来研究规律性的条件。因此,博迪奥等人虽然是涉足旅游经济研究的先导,也提出了一些很有见解的主张,但就其研究的内容而言,只是对旅游经济个别现象或个别问题的研究,并没有将旅游经济作为一个完整的体系去认识。

首次从经济学角度对旅游现象做出系统剖析和论证的是罗马大学讲师马里奥蒂。1927年他将旅游经济讲稿的内容整理后出版,次年又出版了该书的续集。这两部分书稿合称为《旅游经济学讲义》。马里奥蒂在他的《旅游经济学讲义》中,不仅对旅游地区的开发、旅游接待业的经营进行了系统研究,而且对旅游活动的形态、结构和活动要素进行了说明,第一次提出了旅游活动是具有经济性质的一种社会现象。在研究旅游经济时,他主张把旅游活动分为"能动旅游"和"被动旅游"两种形态,并创造性地提出了旅游中心地的理论,这种理论认为,旅游者喜爱的是将艺术、考古、风土和保健等自然条件、人为的诸多条件和设施、娱乐、旅店的组织等整合在一起的地方,前者是自然发生的吸引力,后者是派生的吸引力,能很好地取得两者之间的平衡就形成旅游吸引力,就可以成为旅游中心地。由此可见,马里奥蒂已经注意到了旅游吸引力是旅游地形成的主要因素。

从涉及的领域以及相关问题的研究来看,马里奥蒂不同于博迪奥等人,他没有简单地将旅游这种社会现象看成国家间的收入与花费问题,其旅游研究也不仅仅停留在对国民经济作用的认识上。相反,他用了大量篇幅对旅游代理商、旅游产业组织、旅游资源以及旅游中心地等相关问题进行了详细的研究,扩大了旅游经济学研究的领域。与此同时,他首次提出了旅游经济学的研究对象、结构与内容,这为后来旅游经济学理论框架的形成打下坚实的基础。

与意大利学者类似,英国学者奥格威尔1933年出版了《旅游活动》,用数学统计方法科学地研究了旅游者的流动规律,并从经济的角度给旅游者下了定义。

与以上几位意大利学者和英国学者不同的是,德国的两位学者对于旅游现象的研究不囿于经济视角。1931年德国学者鲍尔曼发表《旅游论》,他认为旅游论所属的是经济学,它的根本问题不仅属于国民经济学及经营经济学的领域,而且不能不运用各个学科的成果。1935年柏林大学葛留克斯曼所著的《旅游总论》一书,系统地论证了旅游活动的发生、基础、性质,论及了旅游的经济和社会影响,论述了促进旅游业发展的政策和手段。从研究的视野上他们认为,旅游现象研究是一个涉及旅游活动的基础、发生原因、运行手段及其社会影响等问题的范围非常广泛的领域,需要从不同学科去研究而不只从经济学的角度去考察。但鲍尔曼不同意葛留克斯曼将心理学引入旅游研究,认为这样做不符合旅游研究的目的。瑞士的汉泽克尔和克拉普夫1942年所著的《旅游总论概要》一书秉承了多学科研究旅游现象的思想,从经济学和社会学两个方面对旅游进行了研究。

2. 第二次世界大战后的旅游经济研究

第二次世界大战结束后直至20世纪60年代,学术界主要强调的是发展旅游对经济不发达国家和地区以及发达国家边远地区所带来的显著经济利益。其间的一些主要著作有1954年德国学者克拉普特撰写的《旅游消费》,书中对旅游消费的动力和过程作了专题研究;1955年,意大利学者特罗伊西在其专著《旅游及旅游收入的经济理论》中对旅游经济概念、旅游收入及旅游经济效益作了比较深入的探讨;1950年,日本学者田中喜一教授在其论著《旅游事业论》中从经济的角度研究国际旅游,从而深化了旅游经济的研究。

旅游发展使一些目的地国家和地区的国际收支平衡、就业和税收都有了增长;旅游发展可以对一些国家的外汇短缺形成补救,可以替代面临危机的传统出口业。但旅游发展也造成了许多负面影响,由此出现了对旅游可以促进目的地经济发展的论点的批评,指出了诸如旅游经济乘数效应低于实际情况、漏损的存在、大量游客涌入旅游目的地引起的物价上涨,进而使预期的经济利益落空等问题。

20世纪70年代旅游活动迅速发展,在相对集中的时间和空间内涌现的巨大游客流,使目的地社会和环境受到了空前压力,客观上推动了旅游社会文化和旅游环境与生态的研究快于旅游经济研究局面的形成。若单就旅游的经济研究而言。20世纪60—80年代的研究主体是旅游的经济影响。80年代后,学者们开始从宏观上研究诸如发展旅游的经济效益和代价等问题。纵观之,欧美学界对旅游的经济学研究涉及了国际旅游分工理论与差别需求、旅游市场问题、旅游企业经营与管理、区域经济发展与旅游(包括乘数效应研究)、资源开发与旅游地建设(包括土地利用)、旅游投资、旅游规划、旅游经济政策、旅游国际合作、发展中国家旅游经济等诸多领域。如美国商业部经济发展局1981年在调查研究基础上形成的《通过发展旅游业创造经济增长与就业》的报告,全面论述了区域旅游业规划的内容制定规划所需要的信息、对旅游资源的测量与评价以及规划的实施。1983年,亚太经社理事会政府间旅游发展会议的文件《旅游工程建设中优先次序的确定》与《通过标准分析促进旅游工程建设与实施》,着重探讨了亚太地区国家旅游规划的内容与旅游工程建设项目优先顺序的选择与方法。在旅游规划与资源开发研究中也有一些代表性的学者及其著作,如1978年美国凯泽·赫尔伯的《旅游规划与发展》、美国夏威夷大学朱卓任的《度假地开发与管理》、新西兰坎特伯雷大学道格拉斯与皮斯的《旅游开发》、世界旅游组织特约顾问爱德华·因斯克普和马克·科伦伯格的《旅游度假区的综合开发模式》,以及加拿大滑铁卢大学教授斯蒂芬·史密斯的《旅游决策分析方法》等。

在旅游经济影响研究中,国外学者普遍认为旅游经济乘数理论是评价旅游促进目的地经济发展最有效最具有说服力的手段,在20世纪70年代以后的一段时期,成为旅游经济学研究中的一个热点。大量学者对旅游经济乘数做了实地考察和验证。其中,英国学者阿切尔和沃恩在这方面做了大量工作并取得了重要成果,他们先后独立地分别在英国的格温尼德和爱丁堡的洛辛安地区对旅馆等的旅游收入做了调查,在理论和应用两方面进行了研究,得出了十分近似的结论,验证了旅游经济乘数效应的实践意义。同时,他们还运用旅游经济乘数理论调查并研究了这两个地区不同类型住宿业的就业状况,在直接、间接和诱导就业三种就业乘数效应方面取得了可靠的数据,验证了乘数理论在就业现象中的作用。

3. 国外旅游经济学教材建设概况

在国外旅游现象的研究中,经济学社会学、人类学和环境生态科学已日益成为旅游研究的主导学科。虽然人类学、社会学和环境生态科学的重要性正在逐渐超越经济学,旅游的经济学研究也没有出现具有重大学术意义的突破和综合,但是对旅游经济的多方面研究还是为旅游经济学科的建设提供了丰富的营养,出现了一些具有一定影响的旅游经济学教科书。在国内较早引进并产生较大影响的是1978年南斯拉夫学者翁科维奇的《旅游经济学》,该书全面阐述了旅游经济理论和指导原则,分析了旅游市场的特殊性以及旅游接待国的政策,预测了国际旅游业的发展趋势。日本的一些学者也明确提出了在旅游学科建设中应包括旅游经济学的主张。20世纪80年代,美国夏威夷大学开设了旅游经济学课程。90年代,Bull、Lundberg、Sinclair 和 Stabler 等相继编写并出版了关于旅游经济学方面的教科书,对旅游经济研究方面的成果进行了总结和系统化。

第三节 旅游经济学的研究对象与研究方法

一、旅游经济学的研究对象

从学科的研究范式来说,研究对象的确定是学科研究范式的关键。研究人员可以通过同一研究领域的不同研究对象,来区别其学科研究范式的不同。因此,研究对象的确立不仅是学科研究范式成立的前提,同时,也对其学科研究所涉及的内容与所使用的研究方法起着重要指导作用,可以说,学科研究工作是根据其研究对象而展开的。

旅游经济学作为经济学学科体系中的一个分支学科,其学科研究对象也必然是经济现象,研究的社会经济现象只是人们在空间移动中所发生的经济现象。因此,与一般经济学相比,旅游经济学研究中所涉及的领域以及由其所决定的问题要狭窄得多。所不同的是经济学是研究社会经济生活中的一般经济现象及其运动规律,旅游经济学则是对社会经济生活中人们移动时所发生的经济现象的研究。在目前可以查阅到的国内外有关研究文献中,关于旅游经济学研究对象的争论主要表现在旅游经济学研究范围和旅游经济学研究的主要矛盾这两个方面。

其一,对旅游经济学研究范围的认识,有人认为应该根据旅游经济活动的范围建立旅游经济学,也有人认为应该以旅游产业经济活动的范围建立旅游经济学。前者是一种研究旅游领域中经济现象的学科,后者则是将旅游行业作为一个国家或一个地区产业体系中的一个行业来研究它的运行、发展以及变革中的各种经济现象的学科。

以旅游领域的经济现象为研究范围和以经济领域的旅游行业为研究范围,不仅表现为研究范围的不同,在研究方法和所涉及的主要矛盾等方面也存着明显的区别。将旅游领域的经济现象作为研究范围,是以旅游者的移动现象为中心来展开其对旅游经济的认识,那么,学科必然涉及旅游与旅游经济现象的产生、旅游者的移动、由旅游者的空间移动所形成的旅游客源地与旅游目的地的经济联系,由旅游需求性质所决定的旅游企业的组成、发育与变革,由旅游类型的变化所形成的旅游地成长模式,由旅游需求的地域延伸所形成的旅游产业国际化发育等问题。这些都是旅游现象的发展变化所产生的经济问题,都是以旅游现象为中心或者以其为出发点来展开经济问题的研究。因此,可以将这种研究方法称作旅游现象研究法。

与旅游现象研究法不同,以经济领域的旅游行业为研究范围,是将旅游经济现象作为一种产业现象来展开研究的。就研究方法来说,它不能脱离现有的产业经济学的研究范式,更不可能创建不同于一般产业经济学的理论框架。这种研究范式不可能创建旅游产业经济学独立的核心概念、研究范式,无非是产业经济学在旅游行业的具体化或者是用产业经济学的理论来解释旅游现象。显然,只有通过旅游现象研究法确定学科的研究范围,建立旅游经济学的理论框架,才有可能创建新型的具有科学价值的旅游经济学。

其二,认识旅游经济的主要矛盾是确立旅游经济学研究对象的关键。有一种观点认为,在旅游经济活动过程中,旅游产品需求与供给这对矛盾自始至终贯穿其中,由于旅游产品需求与供给矛盾的存在,必然产生各种经济现象,发生多种经济关系,存在着支配其矛盾运动的规律。诚然,我们不排除旅游产品是旅游经济的一个重要范畴,但对研究以人的移动为主要特征的旅游经济学科来说,以旅游产品为核心或者以其为主线来展开研究,能否全面把握旅游经济现象的实质,是值得怀疑的。因为产品是微观经济或者企业市场营销的概念,它不是旅游经济运行的原因,而仅仅是旅游产业运动或者旅游经济的结果。旅游经济运行过程中的各个市场主体(如企业、政府和消费者)对旅游产品的认识和理解也是不同的,若以它为旅游经济学的研究核心,是无法进一步研究旅游经济活动中诸如旅游目的地的宏观分布、旅游企业跨国经营、旅游企业产权、旅游产业组织与产业结构等宏观问题的。在研究中如果将这些宏观问题都纳入旅游产品范畴去认识,那么就会出现旅游产品认识上的泛化现象,会形成一切旅游经济的现象都是旅游产品现象,都可以用旅游产品去解释和说明的误解。这种用微观代替宏观的研究方法不仅在理论上不科学,而且在实践中也难以对旅游经济各种现象进行解释。即使旅游产品作为研究旅游经济现象的核心立论成立,那么将旅游产品供给与需求作为旅游经济学研究对象,也是过于泛化了。

旅游经济学研究对象的确定,应该从旅游现象以及由此及彼的经济现象的特殊性入手。我们知道,旅游是人们空间移动的现象,旅游经济是一种由人们的空间移动消费而引起的经济现象,要研究旅游经济的特殊性,就必须深入研究旅游的特点以及旅游经济的特点。旅游是由旅游主体、旅游客体和旅游媒介体三个要素构成的,旅游活动以及旅游经济活动也都是围绕着这三个要素进行的。作为旅游主体即旅游者,是空间移动的主体,来自旅游客源地;作为旅游客体主要包括旅游景区景点、各种旅游饭店,主要是由旅游目的地提供的,旅游目的地是旅游者移动的终点;旅游媒介体主要包括各种旅行商社以及帮助旅游者实现移动的交通设施,在旅游经济活动中成为联结旅游客源地与旅游目的地的联结体。旅游经济活动就是在这样的基础上展开的。如果说旅游活动是由旅游主体、旅游客体和旅游媒介体三要素构成的,那么旅游经济活动则是在此基础上由旅游客源地旅游目的地和旅游联结体三者所构成的。旅游经济活动中的各种经济现象经济关系以及经济规律都是这三者关系的综合表现。因此旅游经济学研究对象就是研究由旅游者的空间移动而引起的旅游客源地、旅游目的地和旅游联结体三者运动表现出的经济现象、经济关系以及经济规律。

因此,旅游经济学通过对旅游经济活动中的各种经济现象、经济规律的研究,来为各级政府制定旅游方针、政策、法规等提供理论依据,从而促进旅游业的发展。为实现上述目的,旅游经济学的研究内容主要包括以下几个方面。

1. 旅游经济活动的产生、发展与旅游产业问题

旅游经济活动的产生和发展是受社会多种因素决定与制约的。研究这些因素的各自作用,对于促进旅游业的发展有着重要的指导意义。旅游产业是从事旅游经济活动的所有企业的集合。研究旅游产业化的标志、旅游产业的结构、旅游产业在国民经济中的地位等,这些都将对社会经济发展有着重要的影响。

2. 旅游资源与旅游产品

旅游资源是旅游企业存在和发展的物质基础,对旅游资源的研究是为了更加充分、有效、合理地开发和利用旅游资源。旅游产品是旅游企业提供给旅游者的产品。要研究旅游产品的价值与使用价值的特点,按照旅游者的各种不同需求组织旅游产品的生产和供应。

3. 旅游市场与供求关系

旅游市场是旅游产品交换的载体,供求矛盾是旅游市场中的主要矛盾。研究旅游市场问题,主要是为了充分运用价值规律的作用,在市场中不断增强旅游竞争力;研究供求关系问题,主要是为了掌握市场供求规律,了解市场供求矛盾的各种表现,为实现旅游市场的宏观平衡提供决策依据。

4. 旅游价格

价格是调节经济运行的重要经济杠杆,也是旅游企业获得效益的重要手段。通过对旅游价格的形成、构成、种类等问题的分析,掌握旅游价格的制定方法和策略,加强对旅游价格的管理和监督。

5. 旅游消费及消费的最大满足

旅游消费是旅游经济活动的重要环节。通过研究旅游消费者的心理倾向、消费行为和消费结构,探索出旅游消费合理化的途径以及在当前旅游消费个性化的浪潮中如何实现旅游消费的最大满足。

6. 旅游经济效益

旅游经济效益可分为旅游微观经济效益(又称旅游企业经济效益)和旅游宏观经济效益。研究二者之间的联系与区别,从不同角度寻求提高旅游经济效益的途径。此外,还要研究旅游经济效益与旅游社会效益、旅游环境效益的关系。

7. 旅游经济发展战略与发展模式

在发展旅游经济的过程中,各国大都依据本国的国情与世界旅游发展现状与趋势,制定本国的旅游发展战略和选择本国的旅游发展模式。通过对各国旅游发展战略与旅游发展模式的比较,可以为我国旅游发展方略的制定和旅游发展模式的选择提供现实的参考和理论上的指导。

二、旅游经济学的研究方法

1. 理论与实际相结合的方法

理论与实际结合是科学研究中的重要方法。理论带有普遍性,对实际具有指导意义;实际又是丰富多彩的,需要对新情况、新问题进行概括和总结。旅游经济学的研究中,理论与实际相结合的方法包含两层含义:一是运用经济学的有关理论,分析旅游活动中的经济现象和经济关系,解释旅游经济中的有关经济问题,说明旅游经济的具体表现形式和特点;二是在经济学有关理论指导下,对旅游活动区别于其他经济运行的经济现象、经济关系及其变化进行科学的总结,并将其升华为理论,然后再回到实际中进行检验。运用理论与实际相结合的方法研究旅游经济十分必要,旅游活动的蓬勃发展有待于在实践中不断总结、丰富和完善。

2. 定性分析与定量分析相结合的方法

任何事物都既有质的规定性,又有量的规定性,是质和量的统一。旅游经济活动中的各种经济现象也是质和量的统一。一方面,对旅游经济学中的许多范畴应具有质的规定性,才能区别各种不同的旅游经济现象;另一方面,旅游经济的许多范畴同时又具有量的规定性,因此,在旅游经济学的研究和学习中,必须把定性分析与定量分析有机结合起来,通过定量分析揭示各种旅游现象之间的变动关系及发展趋势,为定性分析提供科学的依据;通过定性分析,准确界定事物的本质和属性,为定量分析提供指导,从而达到事物的质和量的统一,促进旅游经济的持续发展。

3. 静态分析与动态分析相结合的方法

对旅游经济活动的研究,首先要分析它的一般特征,即在规定的理论前提下,运用抽象思维造就分析的纯粹条件,目的是揭示各变量本身的相互依存关系,这称为静态分析。动态分析是指纳入时间等变量,分析的结果随时间等变量的变化而变化的方法,也就是在发展运动中研究的方法。旅游经济的运行是静态结构与动态过程的统一。旅游经济现象内部各要素之间和旅游经济活动与其他社会活动之间存在相互依存、相互制约的关系,由此形成横向结构的状况,需要运用静态分析的方法对其进行结构研究同时,旅游经济现象又是处于运动变化过程中的动态变化系统,旅游经济系统内部各要素的变化以及其他社会因素的变化,都会引起旅游经济系统的变化,因而需要运用动态分析方法对其发展变化进行过程研究。

4. 微观分析与宏观分析相结合的方法

微观分析即对旅游企业经营管理的分析,宏观分析即对旅游经济整体运行状况的分析。在对旅游经济内部各要素进行研究时,只有运用微观分析的方法,才能有利于把握其特点,进行有的放矢的具体决策研究。但是旅游经济学的研究不能仅仅停留在微观研究的层次上,更要从整体出发研究和分析旅游经济运行规律,这就需要重视运用宏观分析的方法。所以,只有把宏观分析方法与微观分析方法结合起来运用,才能正确地认识旅游经济发展变化和运行的规律性。

旅游经济学的研究对象是现代旅游活动中所产生的各种经济现象、经济关系和经济规律。旅游经济学的主要研究内容有旅游经济活动的产生、发展与旅游产业问题,旅游资源与旅游产品,旅游市场与供求关系,旅游价格,旅游消费及消费的最大满足,旅游经济效益,旅游经济发展战略与发展模式等。

复习思考

拓展阅读

■ 课堂讨论题
1. 旅游经济学的主要研究内容是什么?
2. 旅游从业人员学习旅游经济学有何意义?

■ 复习思考题
1. 旅游经济学的研究对象是什么?
2. 旅游经济学研究的主要内容是什么?
3. 旅游经济活动中的经济现象和经济关系的基本规律是什么?
4. 旅游经济学的研究方法有哪些?

第二章
旅游经济活动

学习目标

了解旅游经济活动的产生和发展历程,明确旅游经济活动与经济、社会、环境的共生互动关系,概述旅游经济活动的运行机制,总结旅游经济活动的要素等。

重点/难点

掌握旅游经济活动运行机制的功能与特性,识别旅游经济活动的要素。

思维导图

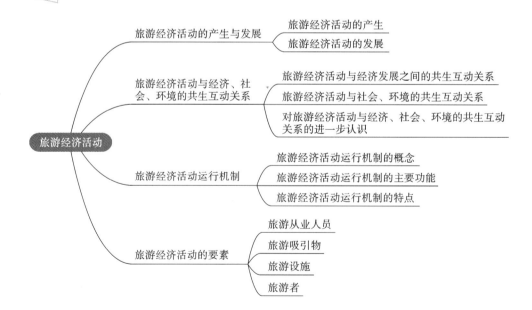

旅游经济活动,就是在市场经济条件下由旅游活动所引起的一系列经济现象和经济关系。

旅游经济活动广泛存在于经济活动领域。

一是在旅游企业与旅游者之间存在由旅游活动所引起的经济现象和经济关系。旅游企业生产、经营旅游者在旅游活动过程中所需要的旅游产品,以便使企业自身能够生存并发展壮大;旅游者则花费一定的金钱和时间来购买和消费旅游产品,以便使自己能顺利地进行旅游活动,从而引起旅游企业与旅游者之间的旅游产品生产、交换、分配和消费等一系列经济现象和经济关系。

二是在旅游行业内经营各类旅游产品的企业之间或经营同类旅游产品的企业之间存在由旅游活动所引起的经济现象和经济关系。如旅行社在组织旅游者进行团体包价旅游活动时,就和旅游客运企业、旅游酒店、旅游景点、旅游娱乐企业等发生密切的商品交换关系;此外旅游客源地的组团旅行社还与旅游目的地的接团旅行社发生密切的商品交换关系。

三是在旅游业与相关行业之间存在由旅游活动所引起的经济现象和经济关系。为了满足旅游者在旅游活动中对旅游设施设备的要求,旅游经营者须雇佣建筑工人、购买建筑材料以修建旅游设施,须购买家具、家电等以添置旅游设施,从而引起了旅游业与建筑业、建材业、家具业以及家电工业等行业之间的经济关系。为了满足旅游者在旅游活动对饮食、购物等方面的需求,旅游经营者须以商品交换为手段获得燃料、原料、土特产、工艺品等,从而又引起旅游业与燃料动力工业、农业以及轻工业等行业之间的经济关系。此外,为了更多地、更好地服务旅游者的旅游活动,一些旅游经营者向银行等金融机构贷款以改造旅游设施设备、扩大旅游经营规模,这样又引起了旅游业与金融业之间的经济关系。

四是在旅游业与政府之间存在由旅游活动所引起的经济现象和经济关系。一方面是旅游经营者向政府部门缴纳有关税金;另一方面是政府对旅游地的有关公共设施、一些旅游景点、景区的开发与保护以及旅游市场宣传促销等投入资金。

五是在旅游客源地与旅游目的地之间存在由旅游活动所引起的经济现象和经济关系。从国内旅游活动来看,旅游活动造成财富在国内各地区之间的转移,即旅游客源地因旅游活动而发生财富输出,旅游目的地则因旅游活动而发生财富输入。从国际旅游活动来看,旅游活动造成财富在国家(地区)与国家(地区)之间进行转移,即作为旅游客源国(地区)因旅游活动而使国家(地区)财富输出,作为旅游目的地国(地区)因旅游活动而使国家(地区)财富输入。

六是在旅游者与政府之间存在由旅游活动所引起的经济现象和经济关系。佐证之一是,有些国家的政府要求出境旅游者必须向政府缴纳一定数量的出境旅游税和其他费用。佐证之二是,有些国家的政府为了提高本国居民素质,往往采取多种途径资助一些相对贫困者参与旅游活动。

七是旅游者与非旅游经营者之间存在由旅游活动所引起的经济现象和经济关系。如进行国际旅游活动的旅游者,往往要到银行兑换货币,这样国际旅游者便与银行发生了经济关系;又如有些旅游者在旅游活动中因患急症不得不到旅游活动地的医院就诊,这样旅游者便与医院发生了经济关系。

旅游经济活动的存在、发展依赖于旅游需求与旅游供给双方同时存在、发展。在商品经济条件下,旅游需求与旅游供给通过商品交换产生一系列的经济联系,即产生一系列与旅游活动相关的经济现象与经济关系。旅游需求和旅游供给都互相以对方的存在、发展为本身存在、发展的前提条件。若没有旅游供给存在、发展,旅游需求因得不到满足而难以存在、发展;若没有旅游需求存在、发展,供给因其价值得不到实现而无法存在。正因为如此,旅游需求与旅游供给之间的矛盾,便成了旅游经济活动中决定其他一切矛盾的首要矛盾。

第一节 旅游经济活动的产生与发展

一、旅游经济活动的产生

旅游经济活动的产生,简而言之,是以较大规模的旅游活动为基础,以发达的商品经济为前提,以产业革命的成功为动力的经济活动的总称。

旅游活动于公元前 3000 多年就开始在地中海沿岸的一些地方兴起、发展。但是,直到资本主义社会产生的前夕,旅游活动的兴起、发展并未给旅游经济活动的产生、发展带来多少促进作用。在资本主义社会以前,人类旅游活动的基本特点是:旅游活动范围极其狭窄、旅游活动的目的极为单一,旅游活动的参与者极少。在那时,参与旅游活动的人绝大多数是一些进行商务旅游活动的商人、进行宗教旅游活动的宗教信仰者、进行士人漫游活动的文人骚客,以及进行消遣旅游活动的王公贵族和达官显贵。在古代的这些旅游者中,一部分旅游者外出旅游主要依靠亲戚朋友或寺院庙宇提供住宿,全凭自己解决旅游活动中所需的各种物品,甚至全靠自己解决车船之类的旅游交通问题;另一部分旅游者外出旅游时主要是以商品交换为手段从那些设备简陋的客栈、车马店以及小商小贩等处获得自己所需的旅游服务及有关物品,但这部分古代旅游者与客栈、车马店、小商小贩之间所进行的商品交换多数只是简单商品生产条件下的一种带有偶然性的商品交换。由此可见,在资本主义社会以前,无论是旅游需求还是旅游供给,均缺乏普遍性的社会意义,因而那时的旅游活动所引起的经济现象和经济关系具有个别性、偶然性和局限性,同整个社会经济活动没有发生多大的联系。

旅游活动在 18 世纪 60 年代至 19 世纪末这一个多世纪的时期内出现了飞跃性的大发展。其主要表现如下。①旅游者阶层结构变得较复杂。在这一时期,参加消遣性旅游活动的不再只是贵族,一些商人、银行家、自由职业者、学者、官吏也都参加旅游活动。②旅游活动内容变得较丰富。在这一时期内,不仅以消遣为目的的旅游在人数规模上迅速扩大,并且超过了以商务为代表的事务性旅游,而且消遣性旅游活动内容已广及游览自然山水、观赏文物古迹、领略风土人情、参加游乐活动、出入赌场与音乐戏剧场所、参观博览会等。③旅游活动组织形式发生了深刻变化。古代旅游一直几乎都是以个人为单位的单独活动,到了 19 世纪中叶,由于旅行社的兴起而出现了大量结伴同行的群体性旅游活动,即团体旅游。④旅游设施设备条件大大改善。18 世纪末,世界上出现了铁路、海陆联运,火车和轮船的设备条件日趋完善,为旅游的大发展创造了较好的交通条件。同时,酒店也开始了大发展,使旅游者在外旅游的食宿条件大为改善。⑤旅游组织开始出现并迅速增加。1845 年,托马斯·库克正式创办了世界上第一家旅行社——托马斯·库克父子公司(即现今的通济隆旅行社)。随后,许多类似于托马斯·库克父子公司的旅游组织在欧洲、美洲纷纷成立。1857年,英国成立了登山俱乐部,1885年又成立了帐篷俱乐部;法国、德国也于1890年成立了观光俱乐部;美国运通公司从1850年起,开始兼营旅行代理业务。旅游活动的这一飞跃性大发展,使旅游经济活动得以产生、发展并较广泛地渗透到社会经济活动之中。而旅游活动的这一飞跃性大发展在很大的程度上应该归功于产业革命的发展与成功。

(一)产业革命的发展与成功推动了旅游需求的迅速发展

首先,产业革命的发展与成功使各阶层人士的旅游欲望均有所增强。产业革命的发展与成功加速了城市化进程,城市居民大大增加,城市环境日益拥挤嘈杂,城市生活节奏日趋紧张,城市居民为暂时逃避令人压抑的城市生活,便产生了通过旅游这一途径到另一个环境中放松休息的愿望。产业革命的发展与成功改变了社会结构,出现了一批新兴资产阶级,他们有钱又有时间,便产生了定期度假旅游的欲望。产业革命的发展与成功促进了商业贸易的发展,出现了一大批商人,使较多的人产生了频繁地进行商务旅游的欲望。产业革命的发展与成功使普通劳动大众的经济收入及闲暇时间有所增加,导致部分普通劳动者也渴望外出旅游。

其次,产业革命的发展与成功使人们外出旅游的经济条件与时间条件有较大改善。产业革命的发展与成功使人们的劳动生产效率迅速提高,进而使人们的经济收入和空闲时间有较大幅度的增加,据有关历史资料介绍,在19世纪,欧洲的人均收入提高了2倍,美国的人均收入提高了3倍;美国平均每周工作时间在1850年时超过70小时,到1900年就缩短至53.2小时。伴随着人们旅游欲望的不断增强以及经济收入和余暇时间的大幅度增加,旅游者人数出现了前所未有的增长速度与规模。如1840—1882年,美国旅欧人数由约8000人增至52812人,到1890年,进一步增至124077人。又如19世纪中期,巴黎博览会吸引了来自比利时、荷兰、奥地利、瑞士等国的旅游者约40万人;同期伦敦博览会也吸引了来自英国各地及其他国家的旅游者达几十万人。

(二)产业革命的成功与发展推动了旅游供给的迅速发展

首先,产业革命的成功与发展带来了交通条件的大改善,不仅使大规模的人员流动成为可能,还扩大了人们旅行游览的地域空间,使人们能比较省时省力省钱地进行较大范围的旅游活动。1776年詹姆斯·瓦特发明了蒸汽机,这一技术很快被应用于制造交通工具。18世纪末,蒸汽机轮船便已问世。19世纪,蒸汽机轮船迅速普及和发展。1807年美国克莱蒙特号轮船已在哈德逊河上开始定期航行。1820年英吉利海峡的客货航运开办定期航班服务。1838年英国蒸汽机轮船西留斯号首次成功横渡大西洋标志着欧美之间的时空距离大大缩短。但对旅游发展影响最大的还要算铁路运输的发展。1825年英国享有"铁路之父"之称的乔治·史蒂文森建造的斯托克顿至达林顿的铁路正式投入运营。1830年,定期客运班次在利物浦与曼彻斯特之间的铁路上开始运行。此后,各地铁路的建设日益加快,客运业务的开展日渐广泛。轮船、火车的发明、发展使人们逐渐抛弃了马车,许许多多的人开始乘轮船、火车外出旅行游览。截止到1840年,横渡英吉利海峡的客运量每年达10万人次之多。到1875年,全英铁路运输年旅客周转量已超过6亿人·英里。轮船和火车同马车相比,优势甚多。一是旅行费用低廉。尤其是乘火车旅行,当时平均价格为每英里一个便士,更多的人有能力支付旅行费用,从而使外出旅游的人数增加了。二是旅行速度大大加快。当时马车的速度一般为每小时10公里,而火车的速度为每小时40~45公里,大约是前者的4倍。旅行速度的提高缩短了旅行所需要的时间,从而为人们利用较短的闲暇时间外出旅游提供了可能。三是运载能力大大提高,这为进行大规模的旅游活动创造了条件。四是铁路网络的不断扩展,加之火车速度的因素,使人们外出旅行游览的活动半径得以延伸。五是轮船客运的发展,弱化了海洋对人们外出旅行游览的空间障碍作用。

其次,产业革命的发展与成功带来了旅游住宿业条件、旅游餐饮条件及旅游娱乐条件的大改善。伴随着产业革命的进程,轮船、火车相继投入运营,外出旅游的人越来越多,从前的驿站、客栈已经无法满足旅游需求的发展,于是,铁路沿线及轮船码头附近兴建起较多的现代旅馆。1774年,在波士顿建成了闻名于世界的纽约城宾馆。该宾馆拥有300间客房,带有室内卫生间、私人餐厅、宴会厅、弹子房及舞厅等设施。19世纪初,德国的疗养胜地巴登出现了第一家豪华别墅式旅馆。19世纪50年代,巴黎建成了著名的格兰特饭店、卢夫勒饭店等。这些旅馆的建立,使旅馆不再是仅仅满足旅游者食宿之处,而是能满足旅游者食宿,娱乐等多方面综合需求的场所。

(三)产业革命的成功与发展给旅行社业的诞生与迅速壮大带来了良好的机遇

一方面,产业革命的发展与成功带来了社会经济的繁荣,使具有旅游欲望和有一定的旅游消费能力的人越来越多。但是,当时的人们缺乏旅游经验与传统,对异国他乡的旅游环境知之甚少,语言和货币方面的障碍也是人们想外出旅游时担心的问题。在此情况下,需要有人提供这方面的服务,而且这并不是个别人的需求,而是一种社会需求。在这一历史背景下,旅行社业便应运而生,且发展很快。旅行社业的出现、发展,使有组织地提供旅游活动所需的各种专门服务成为可能,从而使旅游活动开始了在商品生产和商品交换充分发展的基础上迅速发展的历程。

另一方面,产业革命的发展与成功带来了轮船客运业、火车客运业的兴起以及现代酒店业的兴起,使旅行社能够借助轮船客运业、火车客运业及酒店业等行业的力量服务团体旅游者。

二、旅游经济活动的发展

19世纪末期以后,旅游经济活动随着科学技术的进步和世界经济的发展而迅速发展。但是,纵观20世纪世界旅游经济活动的发展历程,就不难发现前半个世纪旅游经济活动的发展情况与后半个世纪旅游经济活动的发展情况有明显的不同之处。

(一)20世纪前半个世纪旅游经济活动发展概况

20世纪前半个世纪旅游经济活动发展的特征如下。

(1)旅游经济活动规模较以前更大。据记载,1900—1914年,大西洋航线平均每年运输旅客达100万人次;1921年仅英国出境包价旅游者已达70万人次;1939年仅英国就有3700万人次参加了长途汽车旅游。

（2）旅游经济活动已广泛地存在于社会经济活动领域。在这一时期，旅游经济活动不仅涉及旅行社业、住宿业、餐饮业、娱乐业及客运业等行业，而且还涉及政府部门。

（3）旅游经济活动的地域范围已十分广泛，几乎包括了人们所能抵达之地。

（4）旅游经济活动的发展具有明显的世界性大波动。在这一时期，资本主义世界经历了两次经济大危机和两次世界大战，使旅游经济活动的发展在经济危机期间和两次世界大战期间陷入较困难的境地。

20世纪前半个世纪旅游经济活动的发展主要受益于以下因素。

（1）第二次工业革命——电力的应用，此次工业革命，不仅促进了许多新兴产业的诞生和发展，而且也带来了劳动生产效率的大提高，进而使社会财富积累和社会闲暇时间大大增加。

（2）交通客运条件的进一步改善。进入20世纪后，汽车和飞机被广泛应用。世界上最早的一架客机于1914年1月1日在佛罗里达州起飞。1919年民用航空事业开始出现，当时英国、法国、德国共有20多家航空公司，客座也增加到12人。同时，出租汽车、公共汽车和私人小轿车也多了起来。在第一次世界大战爆发时，英国和美国已分别有13万辆和200万辆私人小轿车。在海洋运输上，也出现了玛丽皇后号和伊丽莎白皇后号这样能运载几千名旅客的快速巨轮。

（3）部分国家的政府已开始重视旅游业的发展，如法国1910年成立了国家旅游局。1919年意大利国家旅游局宣告成立。又如，英国于1928年发起"欢迎来英旅游"的旅游宣传促销活动；于1929年召开了旅游协会临时委员会第一次会议，由当时的贸易大臣任该协会主席。

（4）各类旅游行业组织相继成立。为了推动旅游经济活动的发展，指导和规范旅游经营行为，先后成立了国际性、地区性及全国性的旅游行业组织。例如，1898年成立了国际旅游协会联盟，它是一个汽车协会和旅游俱乐部的全球民间联合组织，1919年重新组建后将其名称改为国际旅游联盟；在旅行社方面：1919年成立了欧洲旅行社组织，它是一个地区性的行业组织；在酒店方面；1947年成立了国际旅馆协会；在航空运输方面，1945年成立了国际航空协会，1947年成立了国际民航组织；在旅游管理机构方面，1934年国际官方旅游宣传组织联盟（IUOTO，世界旅游组织的前身）在海牙正式成立。1946年10月1日至4日在伦敦召开了首届国家旅游组织国际大会。1947年10月在巴黎举行的第二届国家旅游组织国际大会上决定正式成立国际官方旅游联盟，其总部设在伦敦。

（二）20世纪后半个世纪旅游经济活动发展概况

20世后半个世纪旅游经济活动发展的基本特征如下。

（1）旅游活动已大众化、经常化。所谓旅游活动大众化，一是旅游活动在世界各地各个阶层都普遍开展起来；二是参与旅游的人数越来越多，所去的地方越来越远；三是结伴同行的群体性旅游活动在整个旅游活动中占有相当大的比重，使旅游这种在过去只有王室贵族、富贾巨商等少数人方可享受的游乐活动，变成了普通劳动阶层的人也能进行的一种广泛的民众性的社会活动。据有关资料介绍，2000年，全世界国际旅游人数达 6.98 亿人次,国内旅游人数约达 40 亿人次。2000 年,全世界参与旅游活动的人次约为当年全世界总人口的 75%。这一数据表明,现代旅游活动已普及到社会各个阶层。又据有关资料介绍,德国 1994 年出境旅游人数为 7700 万人次,约为当年该国总人口的 95%。我国的居民生活还未达到普遍富裕的程度,但近年来参加旅游的人数也逐年增长。据统计,1985 年全国国内旅游人数约 2.4 亿人次,1995 年约 6.3 亿人次,到 1998 年又增长到 6.9 亿人次,2000 年进一步增长到 7.4 亿人次。由此可见,旅游大众化这一特征,无论是在发达国家还是在发展中国家都表现突出。所谓旅游活动经常化,是说旅游休闲正在成为人们的一种经常性活动。例如,英国平均每年外出旅游 3~4 次的人约占全国人口的 55%;法国平均每年外出旅游 3~4 次的人约占全国人口的 45%;在瑞典,此比例更高,达 75%。

(2)旅游消费质量迅速提高。第二次世界大战后,国际旅游消费支出的增长速度明显快于国际旅游人数的增长速度,这说明战后旅游消费质量在迅速提高。根据统计资料分析,1950—2000 年,国际旅游消费支出年增长速度低于国际旅游人数年增长速度的年份只有 1961 年、1964 年、1970 年、1982 年、1983 年和 1993 年,其余年份都是国际旅游消费支出年增长率大于国际旅游人数年增长率。2000 年国际旅游人数是 1950 年的 27.82 倍,而 2000 年国际旅游消费支出却为 1950 年的 226.66 倍。

(3)旅游市场发育日趋成熟,竞争日益激烈。自从 20 世纪 50 年代以来,旅游市场的商品化、专业化程度不断提高,世界旅游市场日趋成熟。现在世界各国出现了大批专门从事旅游经营活动的组织,其数量和活动范围正在不断扩大。一些与旅游业有关的产业也应运而生,迅速发展起来,旅游产品更加丰富多彩,服务质量不断提高。市场销售手段也不断更新。在产品的组织和生产方面,除了因地制宜开展各种专项旅游项目外,还注重推出大型化、专题化旅游活动,以吸引旅游者。20 世纪 50 年代以来,工业化国家旅游业发展进程一直未停滞,发展中国家旅游业纷纷崛起,使旅游市场竞争更趋激烈。当前,旅游市场竞争不仅仅表现在企业层次竞争,而且成为国家间总体竞争。在激烈的旅游市场国际竞争中,输出资本、输出技术、输出管理连同客源,都成了旅游市场竞争的重要内容。

(4)旅游业的产业规模和经济地位已十分显赫。经过近半个世纪的发展,旅游业的产业规模和经济地位已非常显赫。从世界范围看,1996 年旅游业总产出已达 36000 亿美元,占世界经济总量的 10.7%;旅游业总投资为 7600 亿美元,占世界总投资额的 11.9%;旅游业总税收为 6530 亿美元,占世界税收总额的 10.4%。据调查,1984—1994 年,世界旅游业创汇平均每年递增 13.5%,远高于世界商品出口 10.1% 的增幅,旅游业创汇收入在世界出口中所占比重最大,达 8.5%,超过石油(6.5%)、汽车(5.6%)和机电设备(4.6%)。1996 年,世界旅游消费达 21000 亿美元,占全球消费总额的 11.3%。旅游业已是当今世界从业人口最多的行业。1996 年,全球旅游业有雇员 2.55 亿人,占全球雇员总数的 11.1%。旅游业通过刺激基础设施和其他公共工程项目建设的发展,所带动起来的经济活动比其自身投入高 2.5 倍,其结果又将促进对建筑、交通、邮电通信和工程方面的投资。此外,旅游业是较受外资青睐的部门。据统计,1990—1994 年,发展中国家旅游业吸收外资的增长速度是其他部门的 2.2 倍。

20 世纪 50 年代以来,无论是对于旅游需求来说还是对于旅游供给来说,都有许多有利条件促使其长足发展。就旅游需求的发展而言,有利的条件主要如下。

(1)经济迅速发展。20世纪50年代以来,世界经济发展非常之快。据统计,以1979年的美元价值计算,1949年的全球生产总值为25000亿美元,到20世纪60年代末则上升至年62000亿美元。又据有关资料介绍,世界市场经济国家国民收入按人均计算,1960年为520美元,到1979年增至2690美元,20年内增长了4.17倍。此外,值得一提的是:20世纪60年代以来,有些国家的居民一方面实际收入持续大幅度增长,另一方面实际物质消费支出却持续相对较大幅度下降。如日本居民实际收入逐年增长,1978年为1965年的4.6倍;至于实际消费支出,1978年只为1965年的3.3倍左右。世界经济的迅速发展,使得众多国家的人均收入增加,人们收入的增加和旅游消费购买能力的提高对旅游需求的迅速扩大与普及无疑起到了极其重要的刺激作用。

(2)人们的余暇时间逐渐增多。20世纪50年代以来,科学技术取得了长足的进步,生产自动化程度大大提高,因而生产效率成倍增长,工作时间缩短,社会闲暇增多,人们的余暇时间延长。如第二次世界大战前西方国家工人平均每天工作10~12小时,现在北美和许多欧洲国家都实行每周5天40小时工作制,每年连续带薪假期也增至半个月以上。世界性劳动时间的缩短和带薪假期的增多和普遍化,是旅游需求量不断扩大的一个重要原因。

(3)世界人口剧增。全世界人口,在第二次世界大战后初期约为25亿;到20世纪60年代末,已增到36亿;到20世纪90年代初,又增加到50多亿。世界人口基数的扩大也是战后旅游需求量扩大的一个重要因素。因为,当经济发展到一定程度时,人口越多,旅游需求量就越大。

(4)世界教育事业大发展。20世纪50年代以来,世界各国的教育事业不断向广度和深度发展,使人们的文化水平日益提高,于是越来越多的人对本乡本土和本国以外其他地区和国家的事物增加了了解,并由此而产生兴趣与好奇。这种兴趣与好奇心的增长增强了人们的旅游动机,形成了人们产生旅游需求的最初动因。

(5)世界城市化进程普遍加快。20世纪50年代以来,世界各国农村人口不断下降,城市人口不断增加,城市化进程普遍加快,因此导致了城市化浪潮席卷全球。据统计,1950年,世界的城市人口仅占世界总人口的29%;到1980年,已达到42%;而到20世纪90年代,已远远超过了50%。又据统计,在发达国家中,城市人口已占到80%以上。处于拥挤、嘈杂和污染严重的环境之中的城市居民,特别是城市的劳动就业人员,绝大多数都在从事单调乏味的重复性工作,身心受到极大的压力。他们迫切需要有机会使自己疲劳的身体和紧张的神经得到放松,从而更向往重返大自然、贴近大自然,向往能使人耳目一新的异域环境。自20世纪60年代开始,旅游度假就成了许多城市居民的选择,人们的消费观念发生了明显变化。经济的发展,使得人们生活水平提高,消费观念发生变化,与此相应的消费方式也开始改变了:从追求物质生活的丰富和充实向注重身心的享乐和探险猎奇的生活转变。据统计,美国人在闲暇活动上的消费额,每年都超过了1200亿美元,其中一半以上花在国内外旅游消费上。这种变化还表现在人们不再蜗居于狭小、拥挤的城市,不再把生活圈子划定在城市的范围之内,人们愿意在城市里工作,但喜欢在乡间别墅里生活,而且更喜欢到偏僻、遥远的,但风光旖旎的地方去休假和娱乐。人们不再把消费只投到灯红酒绿、喧闹拥挤的城市生活里,而更多地把消费兴趣转到游览乡村、沙滩、海滨和森林等自然景观方面。

20世纪50年代以来旅游需求的迅速发展,为旅游供给的迅速发展创造了良好的市场条件,但现代旅游供给的迅速发展,不仅仅是因为市场条件好,还因为有以下几个方面的条件。

(1)各国政府大力支持旅游业发展。旅游业能够创造外汇收入,回笼货币,带动国民经济各部门各行业的发展;旅游业能够促进各国之间的文化交流,传播文明,改变人们的传统观念和社会意识;旅游业有助于自然环境美化、保护以及文物古迹的整理、保护;旅游业有利于宣传自己,了解别人。因此,20世纪50年代以来,各国政府几乎都将大量的人力、财力、物力投入旅游产品开发与宣传促销,力求扩大旅游产品供给。据WTO公布的各国国家旅游局预算研究显示,1995年,澳大利亚、英国、西班牙、法国、新加坡、泰国、荷兰、奥地利、爱尔兰、葡萄牙等国家由政府提供的旅游产品宣传促销经费依次是8795万美元、7871万美元、7865万美元、7293万美元、5360万美元、5120万美元、4970万美元、4725万美元、3781万美元和3727万美元;这些国家由政府提供的旅游产品宣传促销经费1995年比1994年分别增长了16.01%、1.06%、1.54%、16.26%、7.85%、19.33%、13.47%、3.41%、9.61%和6.78%。

(2)交通工具的进步和交通网络的发展。20世纪50年代以后,世界旅游供给的突出特点是大规模性、普遍性,这就必须有发达的交通作后盾。没有先进的交通工具和发达的交通网络,世界上就会有相当大的一部分地区的旅游资源不能转化为旅游产品,旅游供给规模和范围将会受到很大的局限。20世纪50年代以后,交通高度发达,尤其是高速公路的发展,大大改变了欧美发达国家人士的旅行方式,使汽车成为80%以上的人们在假日里进行短途旅游生活的主要交通工具。而高速列车的出现,超音速客机的使用,相对地缩小了世界空间的距离,缩短了人们进行国内、国际旅游的旅行时间,延伸了旅游线路,甚至可把旅游者送到遥远而偏僻的角落。这样,使得偏僻、闭塞之地的旅游资源也能转化为旅游产品,形成有效旅游供给,从而大大扩大了旅游供给的规模与范围。

(3)旅游宣传效益和旅游组织工作效率的提高。20世纪50年代以后,由于信息传播手段高度发达,使"秀才不出门,能知天下事"完全变成了现实,当代的人们要了解世界范围内的事物已经有了多种渠道和条件。旅游供给者也可以通过能迅速传递信息的电视、电影、广播、报纸杂志来介绍世界各地的自然风光、文物古迹、风土人情,激发人们想看一看的兴趣,消除旅游产品无法让消费者——旅游者预先"看一看"的特殊性而造成的心理上的障碍,促使旅游者积极购买、消费旅游产品。这样,旅游供给者所开发经营的旅游产品就能较快、较充分地实现自身价值,形成有效供给。同时,由于现代旅游业综合运用了现代科学技术,不但使旅游者愈加方便、舒适,而且由于计算机技术的发明和使用,大大提高了世界各地旅游组织工作的效率,如使用计算机技术,进行客房的预订,使用传真及时传递国内外组团旅游的消息,使得现代化、国际化的大规模的旅游供给活动能高效率地开展。

一些大型的国际旅游组织相继成立。1975年,国际官方旅游宣传组织联盟正式改名世界旅游组织(WTO);2003年,世界旅游组织正式成为联合国专门机构(UNWTO)。1951年,亚太旅游协会(PATA)成立。2017年,世界旅游联盟(WTA)在中国杭州成立。

第二节　旅游经济活动与经济、社会、环境的共生互动关系

旅游经济活动与区域经济发展、社会发展、环境保护之间存在着共生互动关系，它们之间具有复杂而又广泛的互渗性、互制性及互促性。

一、旅游经济活动与经济发展之间的共生互动关系

(一)旅游经济活动对经济发展的作用

旅游经济活动对国家和地区的经济发展有着诸多的积极作用，主要表现在以下几个方面。

1. 有利于增加外汇收入，平衡国际收支

一个国家拥有外汇储备的多少，体现着该国经济实力的大小和国际支付能力的强弱。一个国家外汇收入的取得无非有两条途径：一条是对外贸易途径；另一条是非贸易途径。旅游收汇，是非贸易外汇的重要组成部分，它是由国际旅游者在旅游目的地国的各种消费支出所组成的。通过旅游获取外汇收入实际上是另一种形式的对外贸易，即通过旅游产品的就地输出而换取外汇的贸易活动。相对于贸易出口的换汇率来讲，这种非贸易出口的换汇率比较高，尤其对发展中国家来讲更是如此。因为发展中国家劳动生产率比较低，生产同量商品所花费的劳动时间一般要高于世界平均水平，而在国际市场上贸易出口商品的价格要由生产该商品的世界平均的社会必要劳动时间来决定，因而造成发展中国家的出口商品在国际市场上缺乏价格竞争力，换汇率比较低。对于发展中国家来说，更重要的现实意义在于：通过拓展入境旅游市场来换取外汇，增强本国外汇支付能力和平衡国际收支。发展中国家与发达国家相比，劳动生产率较低，而国际市场上商品的价格要由生产该产品的世界平均的社会必要劳动时间来决定，这样，由于发展中国家劳动生产效率较低，使得发展中国家生产同量商品所花费的劳动时间往往要高于世界平均水平，因而造成许多出口商品在国际市场上缺乏竞争力，导致出口越多，亏损越大。但是通过拓展入境旅游市场的途径"就地出口"的商品，一般可以按发展中国家的价格水平来销售，这样，通过拓展入境旅游市场的途径输出商品，不仅换汇率高，还能获得一定水平的盈利，用来平衡发展中国家国际收支。

2. 有利于回笼货币、繁荣市场

通过发展国内旅游，可以起到拓宽货币回笼渠道、加速货币回笼速度和增加货币回笼数量的作用，进而达到防止通货膨胀、稳定市场、积累建设资金的目的。旅游业越发达，通过旅游业回笼的货币就越多。首先，旅游业通过自己的经营活动，不仅回笼了货币，而且从盈利中以缴纳税金的方式为国家积累了建设资金。据统计，一些国家政府在旅游业投资的收益与投资比为2.9∶1至5∶1，也就是说，政府从旅游业的投资中所获得的收益是投资的3～5倍。其次，旅游业的"扩散作用"比较强，旅游活动的发展带动

了国民经济中大批相关部门和行业的发展,并由此使国家通过这些部门上缴税金的方式回笼货币积累资金。最后,国际旅游业的发展,使其他国家的物质财富以货币形式转移到旅游目的地国,从而为国家积累更多的外汇资金。大力发展旅游经济,采取提供旅游服务消费回笼货币的办法,既可节省大部分物化劳动,又能满足我国居民日益增长的旅游需求,收到回笼大量货币的效果。

3. 有利于加速旅游地经济的发展

旅游经济活动的发展有利于加速旅游地经济的发展。国际旅游具有使物质财富从客源国转移到接待国,进而完成国际财富再分配的功能,而国内旅游则具有平衡地区间的经济差别,使社会财富在有关地区间进行再分配的功能。就一个国家而言,不同地区经济发展水平不同,一般来说,经济较发达的地区能够外出旅游的人次较之经济欠发达地区能外出旅游的人次多得多,但经济欠发达地区的旅游资源往往具有强大的吸引力,从而形成游客从较发达地区向欠发达地区流动,同时也形成了旅游收入的同向流动,这种收入构成了欠发达地区的经济发展的新动力。比如,随着旅游业的发展,全国著名的风景旅游区——武陵源索溪峪的贫困人口由1995年的6500人骤减到1998年的1100人,2019年全部实现脱贫。

4. 有利于推动其他相关行业的发展

旅游业是一个综合性的经济性产业,它的发展依赖于国民经济各有关部门的同步配合发展和大力支持合作,同时它的发展又能推动国民经济中许多相关产业的发展。比如,韶山通过发展红色旅游带动相关产业发展,既惠民也富民,虽然很多景点免费,但是带动了相关的旅游服务类产业,比如购物、餐饮,还有一些其他配套的服务,包括农业种植、水产养殖以及农业观光旅游,居民都从中受益,从而富民。

5. 有利于优化产业结构

第三产业的迅速崛起,是生产力发展到一定阶段的必然趋势,也是社会发展的标志。在现代,第三产业相对于第一产业和第二产业来说发展速度越来越快,在国民经济产业结构中所处的地位越来越高。第三产业在国民经济产业结构中的地位高低,已成为衡量一个国家或地区经济发达程度的重要标志之一。旅游业是第三产业的龙头行业,是劳动密集型产业。作为综合性的产业,它的发展能够促进交通运输、邮电通信、商业、饮食服务、金融、保险、文化及卫生等第三产业的发展,从而在优化产业结构方面起到重要的带动作用。

6. 利于扩大就业机会

旅游产业接纳劳动力的能力较强。据有关资料统计,旅游业直接就业者与间接就业者的比例为1∶5。旅游业作为第三产业的重要组成部分,是劳动密集型产业,其产品的绝大部分是以劳务形式体现的,即需要面对客人提供直接服务,因而手工劳动比重较大。与现代化程度高的工业企业相比,旅游业的发展提供了更多的劳动就业机会。关于旅游经济对就业的积极作用,还须特别提及两点。一是旅游业不仅具有劳动力需求量大的特点,还具有就业领域广、就业成本低等特点,尤其是旅游交通、旅游餐饮、旅游商品、旅游景区等行业,大多数就业岗位对文化素质和年龄要求不太苛刻。二是随着科学技术的不断发展,工业、农业甚至金融业、邮电业等需要的劳动力将越来越少,而旅游业需要的劳动力则会越来越多。

7. 有利于优化社会消费结构和提高劳动力素质

旅游消费是一种以精神文化消费为主的消费,随着旅游经济活动的发展,它在整个社会消费结构中的比重会有所增大。与物质生活消费一样,旅游消费不单纯是个人的私事,而是关系到劳动力再生产的重要经济问题。马克思认为,消费也直接是生产,正如自然界中的元素和化学物质的消费是植物的生产一样。例如,在吃喝这一种消费形式中,人生产自己的身体,这是明显的事。而对于以这种或那种形式从某一方面来生产人的其他任何消费形式也都可以这样说。旅游消费就是从精神的角度生产出人。旅游消费主要是为了在紧张的工作、学习之后,通过旅游活动这种积极性休息,开阔人的视野,丰富人的知识,消除人的疲劳,调节人体的生理机能,以再生产出精力充沛的劳动力。物质生活消费固然是重要的,但精神文化消费是人自身的内涵式扩大再生产的主要原因,它能提高全体劳动者的精神文化素质,最终为生产力和整个社会经济的发展,源源不断地提供视野日益开阔、精力更加充沛的劳动力。

(二)经济发展对旅游经济活动的作用

1. 经济发展水平制约着旅游经济活动的规模

经济发展在促进旅游经济活动规模不断扩大的同时,客观上也制约旅游经济活动扩大的速度和总规模。众所周知,如果旅游经济活动规模太小,便不能适应经济发展的需要,不能满足社会成员日益增长的旅游消费的需要。反之,如果旅游经济活动规模太大,超过了国民经济所能承受的人、财、物等方面的能力,或者超过了社会成员旅游消费支付能力,又必然造成旅游产品的价值无法实现及旅游设施设备大量闲置,影响旅游经济活动的质量和整个国民经济的稳定、协调发展。

2. 经济发展水平决定旅游经济活动发展模式

不同国家或地区的社会经济发展水平存在着较大的差异。经济发达国家的社会经济发展水平高,科技发达,一方面使得社会基础设施和公共设施比较完善,另一方面又促成了居民收入水平的提高,两者为旅游业的发展奠定了坚实的基础,从而使旅游业的发展成为社会经济发展的必然结果。反之,在经济欠发达的国家或地区,其旅游业的发展方式必然与前者有所不同。在发达国家,由于经济发展水平高,旅游业的发展首先从国内旅游开始,而且由于社会经济体系比较完善,国内旅游产业在社会经济发展过程中随之形成,并随着社会经济的发展,国内旅游产业发展水平也不断提高。在这种情况下,入境旅游和出境旅游的发展只不过是地域的延伸而已,无论是国内游客还是国际游客,其服务质量和消费水平并无多大差异,因此国内旅游产业体系和国际旅游产业体系是合二为一的。这种旅游经济发展格局主要是依靠市场力量推动的延伸型发展模式。相反,在大多数发展中国家,由于其社会经济发展水平相对滞后,居民生活水平相对较低,国内旅游还未形成大量的需求。为了获取经济建设所需要的外汇和促进与旅游相关产业的发展,往往在政府的主导下首先发展入境旅游,并建立相应的国际旅游产业体系。在国际入境旅游的影响和带动下,一部分收入水平较高的居民率先产生了国内旅游的需求,在这种需求推动下,国内旅游产业体系逐步形成。随着经济发展水平的提高和国内旅游的进一步发展,人们进而产生了出境旅游的需要,从而建立起比较完整的旅游业体系。这种旅游经济发展格局是一种在政府主导下推进的旅游业发展模式。

3. 经济发展水平决定旅游经济活动的质量与结构

经济发展水平越高,社会成员的旅游服务需求量就越大,而且社会成员对旅游服务水平要求就更高;同时,经济发展水平越高,旅游服务供给效率及旅游服务水平就越高,旅游服务供给的内在结构就越丰富、越高级。相反,经济发展水平越低,社会成员的旅游服务需求量就越小,而且社会成员对旅游服务水平要求就越低;同时,经济发展水平越低,旅游服务的供给效率及旅游服务水平就越低,旅游服务供给的内在结构就越单调、越低级。

二、旅游经济活动与社会、环境的共生互动关系

(一)旅游经济活动对社会、环境发展的影响

旅游经济活动,实质上不是纯粹的经济活动,而是包括政治活动、文化交流、人民往来、体育比赛、学术讨论等多方面的内容。正如 1980 年世界旅游组织(WTO)在《马尼拉宣言》中所指出的:旅游的经济利益,不论如何实际或重大,不是,也不能构成国家决定促进这一活动的唯一标准。这一声明表明旅游经济活动不光讲求经济效益,而且追求社会、环境效益。

旅游经济活动对社会、环境发展的积极影响主要表现在以下方面。

1. 促进对自然环境的美化与保护

自古以来,美好的自然环境一直是旅游的第一环境,现在仍然约有 70% 的国际旅游者流向自然风景名胜地,尤其是那些清新优美、花香鸟语的自然环境,更使各地的观光旅游者川流不息、流连忘返,可见,自然环境越美,吸引力就越大,旅游价值就越高。所以,多数旅游胜地,都十分重视环境的整治、美化,增加各种基础设施和服务设施,搞好环境卫生,防止"三废"污染,维护生态平衡等,以满足旅游者的审美追求的需要,保持旅游目的地强有力的吸引力。如我国旅游名城——杭州,为保护西湖的独特景观,自 20 世纪 80 年代以来,就针对西湖的环境保护和治理进行了大量的工作。先后搬迁了有排污的工厂,沿湖安设了污水截流管道,疏导西湖,放养水草和食草浮游动物来净化水质,修建隧道引钱塘江水冲灌西湖,扩大、延伸了环湖绿地,使西湖之水变得纯净,确保"绿色明珠"的特色和魅力。

2. 促进对文物古迹的保护

人文旅游资源即人文景观是旅游的第二环境,而文物古迹是人文景观中一个十分重要的类型,对旅游者有着巨大的吸引力。因此,世界各国政府都非常重视文物古迹的保护。如印度政府就已采取措施来拯救泰姬陵。早在 20 世纪 90 年代初,印度政府就关闭了泰姬陵附近的一处铁路煤场和一座发电站;命令泰姬陵附近的 212 家工厂在安装控制污染物排放装置之前停止生产;政府还保证让新建的工厂符合生态标准。

3. 促进精神文明建设

大力发展旅游经济活动,促使社会成员旅游是繁荣社会的一个基本要素。因为,旅游是一种特殊的生活方式,通过旅游,人们可以开阔视野,丰富阅历,增长知识,观察和吸收外部世界人们的生活观念,逐步建立起与现代文明、商品经济相适应的思维方式和行为方式,增强市场经济意识,促进精神文明建设的发展。

4. 促进科技文化的交流

自古以来,旅游与科技、文化有着不可分割的关系,而现代旅游本身就是一种大规模的科技、文化交流活动。在现代世界旅游者中,有专家、学者、教授、工程师等各行各业的科技、文化人士,数以万计,他们在旅游过程中都乐于接触同行,进行广泛的科技、文化交流活动。如比利时的教授、科学家和学者比一般人更对旅游感兴趣。他们认为,旅游是获得"有利经验"的好机会,是开展国际学术交流的好方式。因此,每年约有 1/3 的各类科技、文化人士出国旅游。这批人外出旅游,几乎没有不开展学术活动的。比利时的教育部门为了鼓励他们外出,还专门制定了补贴措施。而旅游业的一个特殊贡献就是可使不同文化背景、不同价值观念的人群通过旅游不期而遇,为之提供异域科技、文化交流和思想沟通的机会和环境。同时,随着旅游重心越来越多地向文化方面转移,从宏观上说,异域的历史文化、建筑文化、民俗文化、宗教文化等就越来越具有吸引力,许多专为文化交流而来的教育、文化、美术、音乐、书法、建筑、美食等文化专业考察团的不断增多就是例证。而这种异域性、世界性的科技、文化交流是以旅游业为中介,通过旅游业的组织、协调并提供各种各样的服务和方便才得以实现的。可见,现代科技、文化交流的广泛开展并卓有成效是与旅游业的发展密切联系的。

5. 促进文化教育事业的发展

任何一个国家(地区)要发展旅游业,并在当今世界旅游市场的激烈竞争中站稳脚跟,稳妥发展,就得取决于两大条件:一是要有优越的旅游资源和设施;二是要有科学的管理和优质的服务。前者属于"土木工程",后者属于"人才工程",在某种程度上,人才工程的重要性胜于土木工程。因为,人类的旅游活动发展到今天的大众性旅游,是现代经济和科技迅速发展的产物,必然具有高度物质文明和精神文明的特点,是过去任何时代的旅游所不可比拟的。因此,要发展旅游业,特别是国际旅游业,首先要有一支具有一定文化素养、懂经济、懂技术、懂管理和懂外语的管理队伍,以及大量的经过严格的专业训练、熟悉一定国际旅游知识和掌握一定外语会话能力的导游人员、服务人员和工作人员,只有这样才能胜任现代化的旅游企业的经营和管理工作,才能为广大旅游者提供最完善、最优质的服务。由于旅游业的关联带动功能强,一业发展,百业兴旺,随之而来的是各类人才的需求量大幅度增加,在客观上为社会文化教育事业提供了发展的契机。世界上旅游业发达国家诸如美国、瑞士、西班牙等国在发展旅游业的过程中,都十分重视对人才工程的规划,致力于旅游人力资源的开发,有的还进行"超前教育"。如美国夏威夷的旅游业之所以能在较短的时间内突飞猛进,在世界上产生较大影响,靠的就是在各种旅游设施还不健全的情况下,早已为旅游业准备了大批人才。

旅游业是一个传播知识和信息的行业。随着旅游业的迅速发展,为了宣传、促销、引导旅游者观光游览,传播旅游信息,大量的旅游文化宣传品、旅游地图、旅游指南等书刊画报出版。同时,旅游教育和旅游科研的异军突起,各种旅游专业教材、专著、统计年鉴等的大量需求也大大地刺激了出版业的发展。

6. 有助于维护世界和平

旅游是人的活动,国际旅游为不同国籍、不同民族人民的直接接触创造了机会。旅游作为人民之间普遍性社会交往的一种活动,不仅有助于增进国民间的融合和相互了解,而且有助于加强国家之间的友好关系,有助于世界和平。有人称旅游是"和平的动力",并把旅游业称为"和平工业"。加拿大也有这样一个旅游口号是"旅游是保护世界和平的不可忽视的力量",这说明旅游业的发展对促进国家及民间的交流有很大的作用。

在我国,港澳同胞、台湾同胞回内地、大陆省亲和旅游观光,有助于增强民族自尊心和凝聚力,从而推进祖国和平统一大业。

另外,旅游业正日益成为世界了解中国,中国了解世界的重要窗口。

(二)社会、环境发展对旅游经济活动的作用

政治局势、政策法规、政府宏观管理、居民精神文明程度及自然环境等社会、环境因素都直接作用于旅游经济活动的发展。

政治局势,对旅游经济活动的发展起着先决保证条件的作用。第二次世界大战后,世界旅游经济活动之所以能迅速跨越几千年历史的局限进入一个全新的高速发展阶段,其根本原因当然是现代科学技术革命提高了社会生产力水平,但战后相对持续的和平大环境也是一个不容忽视的极其重要的原因。第二次世界大战以后,世界上出现了两大阵营的对垒,局部战争连绵不断;但就整个世界范围而言,仍然有着长期持续的和平大环境。这种持续的国际和平环境,一方面使多数国家能够集中力量来进行本国的经济建设,使在战争中受创的世界经济得以迅速恢复,并刺激科学技术的革命,加速了社会生产力水平的提高。另一方面,国际环境的和平气氛,也有利于加强各国之间的政治、经济、科技、文化的联系和交流,使各国人民之间的友好往来更加频繁,这对于扩大国际旅游的范围,加速世界旅游经济活动的发展起到直接的促进作用。此外,战后相对持续的和平大环境为人们外出旅游创造了一个相对安全的旅游大环境。

各国政府的政策法规对旅游经济活动的发展起着推动或抑制的作用。譬如:韩国出境旅游经济活动随韩国出国旅游政策的变化而发生明显的变化。韩国政府在1989年以前对本国居民出国旅游加以种种限制,实行严格的出境旅游政策,以致出境旅游规模小。1989年1月才开始逐步取消各种限制出国旅游的法规,如1989年1月取消了所有的年龄限制,1994年4月放宽对其居民旅华的限制,1994年5月放宽对政府公务员个人出国旅游的限制。不仅如此,韩国政府还提供了期限为3—5年的多用途护照,还开展多种活动大力宣传、鼓励国民多参与旅游。随着出境旅游政策的逐步放松,韩国人出国旅游的规模迅速扩大,1986—1995年韩国出境旅游情况如表2-1所示。

表2-1 1986—1995年韩国出境旅游情况

年份	1986	1987	1988	1989	1990	1991	1992	1993	1994	1995
总人数/万人次	45.8	51.1	72.5	121.3	156.1	185.6	204.3	242.0	315.4	381.9
比上年增长率/(%)	−6.0	11.5	41.8	67.3	28.7	18.9	10.1	18.5	30.3	21.1

(资料来源:《韩国观光统计(1994)》《中国旅游年鉴(1996)》)

政府宏观管理对旅游经济活动的发展来说起着保障作用。政府宏观管理水平越高,旅游经济活动的发展就越有可靠保障。

其理由之一是:旅游经济活动发展遇到的问题很多,其中,相当多的问题是旅游经营部门无法单独解决的,因为它们往往涉及许许多多的方面、许许多多的部门。如旅游经济活动发展需要有良好的交通环境、良好的社会治安环境、良好的自然环境等,但交通环境、社会治安环境、自然环境等的改善,并不是旅游部门能单独做得到的,需要交通部门、公安部门、环保部门等共同努力。而要使这些部门及其他部门与旅游部门一道同心协力地创造良好的旅游环境,就得由政府来进行协调。

理由之二是:当前旅游市场是个竞争十分激烈的市场,波动性十分明显的买方市场,容易导致广大的旅游经营者竞相盲目地开发旅游产品,纷纷削价竞争。而要最大限度地防止这种悲剧的发生,就得由政府部门运用行政命令和法规等手段,对旅游经营者及其活动进行组织、指挥、监督,以使旅游经营者努力做到产品开发合理、竞争有序、经营行为规范。

居民的精神文明程度对旅游经济活动的发展也有一定的影响。倘若旅游地居民的精神文明程度低,那么,前来旅游的人就较少,旅游经济活动的规模就小;反之,倘若旅游地居民的精神文明程度高,那么前来旅游的人就较多,旅游经济活动的规模就大。例如,新加坡并没有什么有特色的自然风景和文物古迹,然而多年来,其旅游收入已成为该国国民经济收入的重要来源,其中重要的一个原因就是这个国家的"文明化"已达到了一个相当高的程度。又如,我国江苏张家港市没有什么著名的景观,但是近年来成千上万的旅游者从四面八方涌向张家港市,其原因是该城市已成为我国"精神文明建设"的典范,而旅游收入正是"文明"这棵大树上结出的硕果。

自然环境对旅游经济活动的发展同样有着重要影响。一般来说,自然环境好的区域,旅游经济活动在那里就能得到充分的发展;自然环境差的区域,旅游经济活动在那里就难以得到充分的发展。如位于北半球高纬度的一些发达国家,由于气候长年寒冷潮湿,其旅游经济活动发展水平就远不如地处中纬度的发达国家甚至发展中国家的旅游经济活动发展水平。

三、对旅游经济活动与经济、社会、环境的共生互动关系的进一步认识

旅游经济活动的发展,能够促进经济、社会、环境良性发展,但也可能会有碍经济、社会、环境健康发展。能否充分认识到旅游经济活动发展对经济、社会、环境发展可能产生的消极影响,能否最大限度地弱化旅游经济活动发展对经济、社会、环境发展可能产生的消极影响,直接关系到旅游接待国(地区)的经济社会、环境可持续发展。因此,在认识了旅游经济活动对经济、社会、环境发展的积极影响之后,还须认识到旅游经济活动发展可能会给经济、社会、环境发展带来的不利影响。

旅游经济活动可能给旅游地经济发展带来的不利影响至少有以下三个方面。

一是可能使产业结构发生不利变化。譬如,在原先以农业为主的国家或地区,从个人收入来看,从事旅游服务的工资所得高于务农收入,因此常使得大量劳动力弃耕从旅,严重地损害了当地农业生产。另外,因建造酒店、旅游商场和娱乐场所占耕地较多,

导致可耕农田面积减少而影响农业生产的发展。这种产业结构不正常变化的结果是：一方面旅游业的发展扩大了对农副产品的需求，然而另一方面却是农副业产出能力的下降，如果再加上农副产品价格上涨的压力，很可能还会影响社会的安定和经济的发展。

二是可能引起物价上涨。就一般情况而言，由于外来旅游者的收入水平较高或者他们为旅游而长期积蓄的缘故，旅游者的消费能力高于旅游目的地的居民，因而他们能够出高价购买以食、住、行及旅游纪念品为代表的各种物质商品。在经常有大量游客来访的情况下，这难免会引起旅游目的地的物价上涨，从而势必损害当地居民的经济利益，特别是在引起衣、食、住、行等生活必需品价格上涨的情况下更是如此。如在意大利的"水上城市"威尼斯，如今全市人口不足 8 万人，许多外迁居民赖以生存的其他生意无法立足，咖啡店和餐馆的价格飞涨，超出了市民的承受能力。此外，随着旅游业的发展，地价也会上升。很多国家的大量事实证明，在某些最初来访游客不多的地区兴建旅馆时，对土地的投资只占全部投资的百分之一。但是在这一地区旅游业发展起来之后，新建旅馆的地皮投资很快上升到占全部投资的百分之二十。由此而造成的地价上涨，显然会影响当地居民的住房建设与发展。

三是过重依赖旅游业会危及国民经济的稳定。一般地讲，一个国家或地区（除其他资源严重缺乏，唯有丰富的自然或人文旅游资源的小国）不宜主要依靠旅游业来发展自己的经济，特别是对于像我国这样一个大国更是如此。第一，作为旅游活动主要组成部分的消遣度假旅游具有很大的季节性。虽然旅游需求方面的这种季节性有时可通过旅游业的努力加以减轻，但毕竟不可能完全消除。因而旅游接待国或地区在将旅游业作为主要产业的情况下，淡季时不可避免地会出现劳动力和生产资料闲置或出现严重的失业问题。从而会给接待国或地区带来严重的经济问题和社会问题。第二，旅游需求在很大程度上取决于客源地居民收入水平、余暇时间和有关旅游的流行时尚，而这些都是旅游接待国或地区所不能控制的。如果客源地出现经济不景气，其居民外出旅游的需求势必会下降。在这种情况下，旅游接待地区很难保住和扩大旅游市场。此外，一旦客源地居民对某旅游地的兴趣爱好发生转移，则会选择新的旅游目的地，从而使原旅游接待地区的旅游业衰落——至少是相当长一段时间的萧条。特别是从长远的观点来看，这些问题都难免可能发生。第三，影响旅游供给的因素过于庞杂，如交通运输、邮电通信、政治局势以及某些自然因素等。一旦这些非旅游业所能控制的因素发生不利变化，也会导致旅游需求大幅度下降，旅游业乃至整个经济都将严重受挫，造成严重的经济问题。

旅游经济活动可能给旅游地社会、环境发展带来的消极影响至少有以下六个方面。

(1) 污染和破坏自然环境。旅游经济活动的发展有可能加速自然环境的污染和破坏。其主要原因有以下三个方面。一是有的地方旅游资源开发缺乏科学规划，旅游资源开发宏观失控，一哄而起，大兴土木，随意改变和破坏自然景观，造成水土流失、生态环境变异，不但失去了旅游观赏环境，也导致了生态环境的恶化。二是有的地方旅游经营较混乱，如天涯海角是中外游人前往旅游观光较多的地方，那里沙滩十分洁净、迷人，然而曾有一段时间，一些人为了赚钱，竟将马和骆驼牵到沙滩上，租给游人骑着照相等，造成沙滩上马和骆驼的粪便遍地皆是，臭气熏天。三是游客带来的旅游垃圾。许多游客随手乱扔罐头壳、塑料容器等废物,产生了大量的旅游垃圾,污染了自然环境。每年7—8月的旅游旺季,蜂拥而至的1亿多各国游客聚集于地中海沿岸玩乐,他们所丢弃废物的80%不加任何处理就排入了大海。

(2)对文物古迹有较大的破坏作用。旅游经济活动的发展对文物古迹有较大的破坏作用。这种破坏作用不仅在发展中国家屡见不鲜,在发达国家也大量存在。如成千上万的旅游者的脚步几乎将意大利佛罗伦萨和威尼斯等世界历史名城的博物馆建筑物的珍贵的镶嵌地板磨平,过量的游客使得建筑物的空气温度和湿度过高,不利于名贵油画的保存。

(3)对传统文化有一定的破坏作用。旅游经济活动的发展,有可能对传统文化产生一定的破坏作用。旅游经济活动的发展,有可能导致当地文化被不正当地商品化。传统的民间习俗和庆典活动都是在传统规定时间、传统规定特点、按照传统规定的内容和方式举行的。但是很多这种活动随着旅游经济活动的发展很有可能被逐渐商品化。它们不再按传统规定的时间和地点举行。为了接待旅游者,随时都会搬上"舞台"。为了迎合旅游者的观赏兴趣,活动内容往往被压缩,并且表演的节奏明显加快。因此,这些活动虽然被保留下来,但在很大程度上已经失去了其传统的意义与价值。此外,为了满足旅游者对纪念品的需要,当地生产了大量工艺品,很多粗制滥造的产品充斥于市场。这些产品实际上已不再能充分表现其传统的风格和制作技艺。这对于只求价廉而不计真假的购买者不算什么,但一旦旅游者误认为这些就是反映当地传统工艺水平和特色的真正艺术品,以及带回家向亲友展示时,便会使当地工艺品的形象受到损害和价值降低。

(4)产生社会意识方面的污染。所谓旅游对社会意识方面的污染,即随着国际旅游经济活动的发展,将给接待国(地区)的道德观念、价值观念、政治信仰乃至生活方式等带来的某些消极后果。其主要表现是:随着国际旅游经济活动的不断发展,有些人开始对自己传统的朴实的生活方式感到不满和厌烦,从而先是在装束打扮和娱乐方式上盲目模仿,继而发展到有意识的追求。他们在思想和行为上的消极变化使诸如赌博、走私贩私等犯罪和不良社会现象增多,影响了社会秩序的安定,污染了社会风气,继而影响了下一代的受教育氛围。

(5)使患病者和意外事故增加。近年来伴随着旅游经济活动的蓬勃发展,产生了一种恐惧——患病者和意外事故增加。苏黎世大学预防医学研究所的一项研究表明,在10万个前往热带地区旅游的旅游者中,大约60%的人会感染疾病,其中35%的人会患上腹泻,20%的人会感染疟疾。在英国、瑞士和斯堪的纳维亚地区,人们发现40%~50%的甲型肝炎病例是与近期内的国际旅游有关的。在旅游中患上疾病,要说还有某种安慰的话,那就是旅游者一般不会因此而立即丧命,而外出旅游最容易致命的因素是伴随着旅游经济活动发展急剧增加的交通事故。引起交通事故或造成伤亡的主要原因包括驾车的旅游者过度疲劳、开快车或酒后开车。

(6)旅游者大量涌入,使旅游地居民不胜其烦。联合国教科文组织的一项研究报告曾经指出,世界上许多旅游地的居民对旅游者的态度往往经历了由欢迎到冷淡进而不满和厌恶四个阶段的变化。由于大量旅游者的涌入,与当地居民争夺有限的生活空间,致使交通紧张,商店拥挤,给当地居民带来某些不便,甚至加剧了环境污染和生态不平衡，造成旅游地的居民生活环境质量的下降与物价的上涨，从而引起旅游地居民的不满。如法国首都巴黎，每到旅游旺季总是人山人海，造成交通堵塞，市民外出困难。市民对此苦不堪言，怨声载道。

以上所述的诸多旅游经济活动对经济、社会、环境的消极影响，并非旅游经济活动发展的必然结果。西方很多社会学家在论及旅游业经济活动对经济、社会及环境的影响时，往往偏重消极影响，并且将已经发生了的大量事实作为结论的依据。的确，在世界各地旅游经济活动发展过程中，特别是一些发展中国家，出现了一些消极影响。但这些影响的形成和严重化并非没有条件，也并非不可避免、不可控制、不可克服和纠正的。任何影响的形成、发展都有一个从量变到质变的发展过程。在这个意义上讲，旅游经济活动的消极影响一般应指其潜在性或可能性。这些消极影响也仅是在部分而非所有的旅游地区都可能形成严重的后果。这恰恰说明了旅游经济活动的潜在消极影响并非绝对的，而是有条件的。

当然，促使旅游经济活动消极影响产生实际问题的条件是多种多样的。其中很重要的一点是同旅游业发展规划工作有关。随着旅游者的大量涌入和旅游者密度的不断增加，旅游经济活动给接待国（地区）带来的消极影响的程度也会随之增加。一旦旅游者数量超过当地的综合接待能力，这些消极影响的危害程度会成倍增加，从而引发出各种现实问题。所以，根据当地的自然条件和社会经济条件制定相应的旅游业发展规划，防止和控制旅游饱和或接待量超负荷是非常重要的。这并非仅是单纯的经济问题，更重要的也是通过制定量力而行的发展规划，既要尽量缩小和纠正大规模旅游经济活动所带来的消极影响，同时又要保证、维护和扩大旅游者与当地居民之间的文化接触与交流所带来的好处。

在认识旅游经济活动对社会文化的影响时，还应当看到，任何文化交流，不论是旅游产生的还是通过其他途径产生的文化交流，都不可避免地使交流双方面临对方的影响。至于双方在多大程度上接受和吸收对方的影响，则须视双方认识这些影响的具体情况。只有在对这些影响有了足够认识的情况下，才能做到取其精华，去其糟粕。古今中外的历史证明，一个国家或地区的社会文化需要得到外来文化的促进才能不断完善、发展和前进。

就旅游经济活动对环境的消极影响，我们也应该看到，影响是客观存在的。但它是可以避免和治理的，制定和实施科学有效的环境保护和综合治理规划应成为旅游地政府、旅游业直至每一个旅游企业不可推卸的责任。

综上所述，旅游经济活动的发展对全世界，无论是旅游客源国还是旅游接待国，在经济、社会和环境方面都有可能产生积极或消极的影响，关键在于发展旅游业的实际操作中对"度"的把握和科学的实践。面对大规模旅游经济活动带来的消极影响，我们不能因噎废食而反对发展旅游经济活动。其主要原因之一是旅游经济活动毕竟有众多的积极作用，原因之二是很多消极影响的产生未必是科学发展旅游经济活动的必然结果。当然，因此而盲目乐观，偏激冒进，过度发展旅游经济活动也是不科学的。

正确认识旅游经济活动对经济和社会、环境的影响，其主要目的是要在澄清认识的基础上采取合理措施，发挥旅游经济活动的积极作用，抵制和最大限度地减少其消极影响。

第三节 旅游经济活动运行机制

一、旅游经济活动运行机制的概念

旅游经济活动运行机制,是旅游活动运行中内在的、由一系列因素和环节的有机组合所表现出来的起调节作用的机制。

旅游经济活动运行机制一般是指旅游市场机制。旅游市场机制作为旅游经济活动的运行机制,它调节、协调、引导旅游经济活动过程中或旅游市场上的旅游经营者和旅游者的行为。在旅游经济活动中,通过价值规律的作用,来保持旅游供求的相对平衡;通过价值规律的协调,使社会经济活动或旅游经济活动中各种经济活动和各个组成部分,在旅游经济活动领域内建立内在的有机联系;通过供求关系的变化,旅游企业间的相互竞争,旅游产品价格的涨落,来带动和制约整个旅游经济活动机体的运行和发展,来调节、协调、引导旅游经营者、旅游者的行为。

旅游市场机制作为旅游价格、旅游供求、旅游市场竞争、旅游市场风险等因素相互联系,相互制约的体系,其作用是通过旅游价格机制,旅游供求机制,旅游竞争机制及旅游风险机制等来实现的。

二、旅游经济活动运行机制的主要功能

(一)旅游价格机制

旅游价格机制,是指旅游产品价格是旅游经济活动运行中的一个调节器。旅游价格机制的运行实际上是商品经济诸规律发生作用的过程,或是价值规律的作用通过旅游价格机制的运行来实现的。旅游价格机制这种调节器既可以自动产生作用,也可以在人们控制之下发挥其功能。如果在人们控制之下产生作用,通常就称它为旅游价格杠杆。

旅游价格机制是通过旅游价格与旅游供求之间相互依赖、相互制约而发挥其功能的。一般来说,旅游供求关系的变化,会引起旅游价格的变动;旅游价格的变动会引起旅游供求关系的变化。正是在这种联系和波动中,旅游供求趋向一致,旅游价格与价值趋向一致,价值规律的要求得到实现。旅游价格机制的功能主要有以下几点。

(1)旅游价格机制能促使旅游企业竞争。

对生产和经营同种旅游产品的企业而言,为在旅游市场上占有较大的份额,企业必须在旅游价格上以廉取胜,从而带动了劳动消耗的节约和劳动生产率的提高。

(2)旅游价格机制调整旅游产品的经营方向和规模。

旅游价格机制决定的旅游价格比例,可以向旅游经营者表明对哪个部门投资最有利,是旅游经营者选择投资方向的依据。旅游价格机制对不同旅游产品经营者来说,是

调整生产和经营方向、规模的信号。旅游价格比例之变动及其同价值比例趋于一致,会调节社会劳动在各旅游部门的重新分配比例,从而使各旅游部门按比例发展。

(3)旅游价格机制调节旅游消费结构。

旅游价格机制对旅游消费者而言,是改变旅游需求规模和旅游消费结构的信号。旅游价格水平的上升或下降,影响旅游消费者的购买力,从而调节旅游消费者的需求规模;旅游价格比例的变化,使旅游消费者考虑产品替代,由此调节旅游市场需求结构。

(4)旅游价格机制可以调节旅游市场总供给与总需求的平衡。

这主要是以其旅游价格总水平的变动为依据,一方面给国家宏观控制反馈信号,另一方面自动调节旅游企业总体活动,来推动旅游市场总供给与总需求的平衡。

(二)旅游供求机制

旅游供求机制,是指旅游供求规律是旅游经济活动运行中的一个调节器。它是通过旅游供求关系的不断变动而实现的。正是由于旅游供求关系的变动才形成了与旅游经济活动领域或旅游市场的各种因素相互联系和相互作用的运动过程,并使旅游供求机制作为旅游供求双方的平衡机制,通过旅游供求关系的变化而影响旅游经济活动的运行,最终调节整个旅游市场的运行。旅游供求机制同旅游价格机制、旅游竞争机制等旅游经济活动运行机制有内在联系,是与其他机制相互作用的。例如,没有旅游供求机制作用于旅游价格与价值相互关系之间,旅游价格机制就不能很好地发挥作用。旅游供求机制发生作用的条件使旅游供求关系能够灵活地波动。其要求主要如下。

(1)旅游供求关系背离的方向不可固定。

换句话说,旅游供求关系无论是朝着供大于求方向背离,还是向着供小于求方向背离,都不利于旅游供求机制发挥作用。

(2)旅游供求关系背离的时间是短暂的。

如果旅游供求关系较长时期背离,会使旅游价格等市场因素扭曲,使旅游供求机制难以发挥作用。

(3)旅游供求背离幅度不能太大。

如果旅游供求背离幅度太大,旅游供求机制也不可能发挥有效的调节作用。

(4)旅游供求背离的强度不能太高。

旅游供求背离不应是刚性的,也不应是不可逆的,而应该是有弹性的。如果背离是不可逆的,旅游供求机制也无法发挥作用。

(三)旅游竞争机制

竞争是商品经济固有的经济现象。在旅游经济活动领域各种要素和经济活动,以及它们的变化,都与旅游竞争机制相联系。旅游竞争机制和旅游价格机制、旅游供求机制、旅游风险机制等,都是紧密结合并共同发生作用的,因而存在于旅游经济活动领域或旅游市场之中。旅游企业的经营活动也都与旅游竞争机制相联系。旅游竞争机制的功能如下。

(1)保证旅游经济活动领域中各种经济机制充分发挥功能。

(2)保证旅游经济活动领域中各种经济机制对各种旅游经营活动或旅游企业的经

营活动的有效调节。

（3）促进旅游企业改善经营管理，实现以尽可能小的劳动耗费获得尽可能大的经济效益。

（4）促进企业的改革，增强企业的活力。旅游企业要有活力，必须在竞争中不断推陈出新，使经济机体生机勃勃。而经济机体的生机又是增强旅游企业活力的条件，两者相辅相成，相互促进。由于旅游竞争机制的引入给旅游企业提供了活跃的条件和场所，从而促使整个旅游经济活动充满生机。

旅游竞争机制有旅游价格竞争和非旅游价格竞争机制两种。所谓旅游价格竞争机制，是指经营同类旅游产品的不同企业，通过降低旅游产品价格来占有较大的旅游市场份额的竞争活动机制。简言之，是人们常说的"削价战"，即通过削价来争取更多的旅游消费者。旅游价格竞争机制对于竞争对手而言，其压力是直接且迅速的，同时又是猛烈的。所谓非旅游价格竞争机制，是指旅游企业不变动价格而通过另外的途径或运用其他方法，来扩大旅游市场占有率的竞争活动机制，也就是利用非旅游价格因素，如降低经营成本、扩大利润总量、增加旅游产品品种、改进销售方法、提高服务质量等。非旅游价格竞争机制的特点是，它所导致的效果一般不会迅速地产生，对旅游市场的影响也不会立竿见影，而是要经过一定的时间，才逐渐产生效果。但是，一旦非旅游价格竞争机制产生效果以后，那么竞争对手要想摆脱被动局面，弥补损失，则要花费较长的时间。

（四）旅游风险机制

旅游风险机制是旅游经济活动中重要的经济机制。旅游经济活动中商品交换行为受风险的制约，影响交换行为当事人的利益，这种受制约的旅游经济活动运行过程，形成风险机制。旅游经济活动过程中风险机制运行特点如下。第一，风险机制的运行是与其他经济机制发挥功能效用紧密联系而实现的。如旅游市场价格波动和旅游供求波动带来的风险；利率、税率的变化带来的风险；特别是市场竞争的客观存在是风险机制发挥功能的土壤。在旅游经济活动中充满激烈的竞争，而竞争行为实则是激烈的风险行为。第二，风险机制的运行更直接表现为旅游投资增值上。如果收回的货币额小于其投资额，则意味着亏损或经营失败。

在旅游经济活动过程中，旅游风险机制的作用主要表现在以下几方面。

（1）旅游风险机制具有影响和形成旅游经营决策的内在功能。旅游经营者在经营目标和经营策略的选择和决策的过程中，必须做出排除经营风险、避免经营失败的最优决策。

（2）促进旅游经营者承担风险和非经营者分担风险，保持最优组合。既不造成过度冒险，也不造成过度保险。因为，过度冒险意味着风险收益不能抵偿风险损失和其他成本，导致无益地浪费财力、物力，而不能取得足够的预期收益；过度保险则会放弃许多本应开发的经济机会，造成潜在的风险收益损失，从而放慢旅游企业进步的速度。

（3）旅游风险机制是制约商业企业素质的内在因素。旅游企业的素质直接表现为决策、预测、开拓、竞争、应变、组织、服务、盈利等能力。因此，旅游风险机制是制约旅游企业素质的一个内在因素。

（4）旅游风险机制的运行有利于建立旅游企业责、权、利相结合的动力、压力、活力相统一的行为机制。

(5)旅游风险机制是实现对旅游经济活动宏观调控的机制。首先,旅游经营是风险经营。旅游经营者受物质利益驱使,其行为有可能导致损害国家、企业、员工、消费者利益,或置国家宏观调控目标于不顾。因此,必须加强对旅游经营行为过程的必要制约。而旅游风险机制能使经营者的物质利益冲动受到一定程度的制约,使微观旅游经济活动在一定程度上符合宏观旅游经济的目标。其次,对旅游宏观决策而言,风险的客观存在和风险机制的压力,会促使宏观决策者尽可能不失误或减少失误。决策正确与否,对宏观调控目标的实现,关系重大。

三、旅游经济活动运行机制的特点

(一)自我调节性和自动调节性

旅游经济活动运行机制受旅游价格、旅游竞争、旅游供求机制的作用,具有自我调节的功能,特别是旅游经济活动价格机制是调节经营行为较权威的信号,是旅游经营决策的依据。旅游经济活动过程的调节,可从其自身内部着手,进行自我调节。人们可以根据旅游市场信号随机自主决定经营规模与方向。之所以具有自动调节性,原因在于:首先,它是反映旅游经济活动过程中内在必然性的联系,因而是一定的经济规律的作用机制,如它是价值规律、竞争规律、供求规律的作用机制,具有自动的特性;其次,它是体现旅游经济活动的参与者的利益关系的经济联系,因而具有自动性的特征。

(二)关联性

旅游经济活动运行机制中任何一个机制的作用,都会引起其他机制的连锁反应,并要求其他机制的配合。例如,旅游供求变化会引起旅游价格的涨落;旅游价格的涨落会引起利润的增减;利润的增减会引起旅游投资活动的变化;旅游投资活动的变化会引起利率和工资的变化;旅游投资、利率、工资等的变化会引起旅游供求关系发生新的变化;旅游供求关系的新变化又会引起旅游价格、利润、投资、利率、工资等新的变化,以此循环。如果某个机制停滞,那么其他所有的机制就很难正常地起作用,从而影响整个旅游市场机制的功能发挥,甚至停止发挥。

(三)内在性

旅游经济活动运行机制的作用是来自旅游经济活动过程中内在的某种机理,而并非由外部力量的作用造成的。例如,旅游供求变化会引起旅游价格的涨落,这是由旅游价格与旅游供求之间的相互联系和相互制约的作用决定的,换言之,是由它们内在机理所决定,不以人们的意志为转移。

(四)利益制约性

旅游经济活动运行机制是通过旅游经济活动过程中每个经济主体的经济利益或增或损来发挥作用的。旅游经济活动运行机制亦是调节旅游经济活动参与者的经济利益或经济行为的机制。因为,旅游经济活动领域或旅游市场是经济利益集中体现的场所,旅游经营者、旅游消费者彼此间要发生各种经济利益关系，同时，还有国家、企业、职工之间的经济利益关系，以及旅游业内部如旅游批发商与零售商的经济利益关系，乃至地区关系、国际旅游经济活动与国内旅游经济活动之间的关系等。在旅游经济活动的运行过程中，就必须组织、协调参与者之间的关系。这种协调、组织的功能，主要是通过旅游经济活动运行机制发挥作用的。

第四节 旅游经济活动的要素

本节所指的旅游经济活动要素，主要是指构成旅游经济活动系统内部的要素。旅游经济活动的要素有旅游从业人员、旅游吸引物、旅游设施以及旅游者。

一、旅游从业人员

旅游从业人员是旅游经济活动的要素之一。因为，旅游经济活动是在商品经济条件下，旅游从业人员运用其体力和脑力经营旅游产品的过程。旅游经济活动和其他一切社会经济活动一样，主要表现为具有一定生产经营经验和劳动技能的人即劳动者，利用各种资源创造物质财富和精神财富的过程。换言之，旅游经济活动和一切经济活动一样是由人引起和控制、支配的过程，即人对经济活动的客体如资金、物质的运用、支配过程。由此可以得出这样的结论：旅游从业人员是旅游经济活动的主体要素。

旅游经济活动对旅游从业人员的需求量大。旅游业中多数行业属于劳动密集型行业，其绝大部分产品的生产、经营无法借助机器来完成，更不可能全部实现自动化，以致劳动效率低，不得不吸纳大量的劳动力。正因为绝大部分旅游产品的生产、经营无法借助机器来完成，所以，可以预见：将来科学技术水平越高，生产自动化程度越高，工业、农业等物质生产部门吸纳的劳动力将越少，而旅游业吸纳的劳动力将越多。

旅游经济活动对旅游从业人员的思想道德、文化和服务技能的要求较高。这是由旅游产品的特殊性所决定的。旅游产品的核心是旅游服务，而旅游服务既不可储存，又不可转移。所以，旅游者对旅游产品进行消费的过程就是旅游从业人员为旅游者提供服务的过程，也就是旅游者与旅游从业人员互动的过程。由此可见，旅游产品的质量水平，在于旅游从业人员的素质水平。

旅游经济活动是由人来把控和驾驭的，也是由人来推动和发展的。人的智力、素质、潜力、创造力，才是旅游市场竞争取胜的决定性因素。正因如此，在世界许多国家或地区旅游教育、培训得到了长足发展。例如，我国自1978年诞生第一所旅游院校起，旅游院校建设迅速发展，教育质量不断提高。现在全国31个省（自治区、直辖市）都开设有旅游院校（指开设旅游有关专业的各类院校），已形成了较大的旅游教育规模。据统计，2017年全国开设旅游管理类本科专业（主要包括旅游管理、酒店管理、会展经济与管理等3个专业）的普通高等院校608所，开设旅游管理类高职专业（主要包括旅游管理、导游、旅行社经营管理、景区开发与管理、酒店管理、休闲服务与管理、会展策划与管理等 7 个专业）的普通高等院校 1086 所，开设旅游相关专业（主要包括高星级饭店运营与管理、旅游服务与管理、旅游外语、导游服务、会展服务与管理等 5 个专业）的中等职业学校 947 所。2017 年全国旅游相关专业（方向）博士研究生招生 336 人，硕士研究生招生 2832 人。2017 年全国旅游管理类本科专业共招生 5.9 万人。其中开设旅游管理专业的院校 501 所，全国共招生 3.5 万人。开设酒店管理专业的院校 222 所，全国共招生 1.4 万人。开设会展经济与管理专业的院校 105 所，全国共招生 5121 人。2017 年全国旅游管理类高职专业共招生 11.3 万人。其中开设旅游管理专业的院校 869 所，全国共招生 5.5 万人。开设导游专业的院校 90 所，全国共招生 4000 人。开设旅行社经营与管理专业的院校 27 所，全国共招生 616 人。开设景区开发与管理专业的院校 38 所，全国共招生 983 人。开设酒店管理专业的院校 669 所，全国共招生 4.5 万人。开设休闲服务与管理专业的院校 49 所，全国共招生 1176 人。开设会展策划与管理专业的院校 160 所，全国共招生 6831 人。2017 年全国旅游类中职专业共招生 10.2 万人。其中高星级饭店运营与管理专业全国共招生 2.2 万人。旅游服务与管理专业全国共招生 4.7 万人。旅游外语专业全国共招生 2122 人。导游服务专业全国共招生 5766 人。会展服务与管理专业全国共招生 647 人。其他旅游类专业全国共招生 2.4 万人。2019 年中国专科院校及中等职业学校旅游类专业招生人数达 49.76 万人，较 2018 年增加了 5.92 万人，其中普通专科旅游类专业招生人数为 15.60 万人，较 2018 年增加了 3.33 万人；成人专科旅游类专业招生人数为 2.74 万人，较 2018 年增加了 0.25 万人；网络专科旅游类专业招生人数为 1.28 万人，较 2018 年减少了 0.24 万人；中等职业学校（机构）旅游类专业招生人数为 30.14 万人，较 2018 年增加了 2.58 万人。

二、旅游吸引物

凡是足以吸引旅游者亲临其境，且其开发利用又完全符合国家政策法规的一切自然和社会因素，都可构成旅游吸引物。

旅游吸引物种类繁多。根据存在的原因和实际属性来划分，旅游吸引物可分自然旅游吸引物与人文旅游吸引物。自然旅游吸引物又可分山岳景观、溶洞景观、水域景观、生物景观、气候景观等类型的旅游吸引物。人文旅游吸引物又可分为历史文化名城、古镇、古村、古城堡、寺、塔、祠、庙、古桥、古亭、古楼阁、名人故居、陵墓、古城址、古文化遗址、碑刻、碣石、博物馆、纪念馆、民俗风情、物产风味以及文化、娱乐、体育事件等类型的吸引物。

旅游吸引物在旅游经济活动中占有十分重要的地位，它为旅游经济活动提供不可缺少的物质资料和精神资料，具有享受、参与和审美的价值。旅游吸引物通过满足旅游者的参观、游览、参与方面的需求而产生经济价值。因此，任何一个旅游地只有依赖于种类繁多、特色突出的旅游吸引物，才能持续不断地吸引旅游者前来参观、游览、参与，否则，旅游经济活动就会衰败下去。

旅游吸引物对旅游者吸引力的大小取决于：①旅游吸引物的交通地理位置；②旅游吸引物的特色；③旅游吸引物的知名度；④旅游吸引物的种类及数量的多少；⑤旅游吸引物的类型组合状况；⑥旅游吸引物被开发或被再生性开发的水平。

三、旅游设施

旅游设施是旅游者借以进行旅游活动的凭借物。根据旅游者对其依赖程度的不同,旅游设施可分为旅游服务设施和旅游基础设施。旅游服务设施是指旅游者直接依赖的设施,如旅馆、游船、旅游购物场所、旅游娱乐场所等。旅游基础设施是指旅游者间接依赖的设施,如环境卫生设施、邮电通信设施等。

旅游设施,尤其是其中的住宿餐饮设施、旅游交通设施,对旅游经济活动的发展起着重要的作用。

原因之一是旅游者有食、住、行、游、购、娱六个方面的需求,而游、购、娱等方面的需求能否得到满足则是以食、住、行等方面的需求能否得到满足为前提的。因此,一个地方旅游住宿饮食设施、旅游交通设施落后,旅游者的接待量必定不大,旅游市场占有率必然很小。原因之二是随着世界经济水平的提高,人们的生活水平也随之大大提高,因而旅游者外出旅游时既追求精神文化方面的享受,也追求物质生活方面的享受。因此,一个地方旅游住宿餐饮设施、旅游交通设施档次太低,前往此地的旅游者尤其是来自发达国家或地区高消费水平旅游者必然不多,其旅游市场占有率就无法上升,且旅游市场质量也无法提高。

旅游服务设施的建设应该遵循以下原则。

(一)现代化原则

旅游服务设施建设的首要任务是旅游服务设施现代化,其主要目标是旅游服务设施在技术性能上要现代化。即一般酒店要有现代化的照明设备、卫生设备、给排水设备,中高档酒店还应有制冷空调设备、取暖设备、健身娱乐设备等;交通工具要有防噪声、防震的功能,要有空调设备,交通工具上的座位宽度、高度、式样以及前后座距离均要符合体质人类学的基本要求,旅游点对外交通一般要有柏油公路,主要旅游中心地对外交通最好要有火车站甚至飞机场等。

旅游服务设施要与人们的现代意识相符合。譬如,当今人们环境保护观念越来越强,生态旅游意识越来越浓,旅游设施设备就须力求符合环境保护、生态旅游的要求。为此,旅游交通工具就得尽量使用噪声小、废气排放量少的交通工具,酒店就得建设成为"绿色酒店"。

旅游经营管理设施要现代化,即应在旅游行业中广泛普及使用计算机,对外与世界航空客运预订系统、酒店预订系统、旅游预订系统等联网,对内实现企业内部各部门之间进行联网,实现由手工操作到计算机操作的升级,做到办公自动化、预订国际化,使本地区旅游信息技术条件与国际旅游市场接轨。

(二)突出特色原则

旅游服务设施在逐步实现现代化的过程中,还须特别注意突出民族风格和地方特色。因为,旅游者外出旅游大多怀有追新猎异的心理,希望能在食、住、行、游、购、娱等各种旅游消费中看到或体验到异国他乡的情调。就旅游住宿餐饮设施设备建设来说,在造型、内部装潢和设置方面应尽可能反映出民族特色、地方风格,使旅游者进入旅游住宿餐饮设施后明显地感到自己确实来到了异国他乡。就旅游交通设施设备而言，也可在一定程度上突出民族风格、地方特色。譬如，旅游区内的交通设施设备就可利用一些当地民间交通工具。

(三) 多样化原则

无论是从广大的国内外旅游者需求方面来考虑，还是从旅游资源开发利用方面来考虑，旅游服务设施都必须多样化。因为就旅游者需求方面来说，当今旅游者需求已呈现明显的个性化、多样化的态势，而不同的旅游者需求对旅游服务设施的要求大不相同；就旅游资源开发利用来说，为了开发利用不同种类的旅游资源，往往也需要有相应的旅游服务设施类型。旅游服务设施建设多样化原则的具体要求是：①旅游目的地的食、住、行、游、购、娱等方面的设施要齐全；②各种旅游服务设施的类型要多样化。因为，即使同一种设施，类型不同，其功能、作用也就有所不同。以旅游交通设施中的各类交通工具为例，旅游经营部门不仅要凭借汽车、火车、飞机、轮船等现代交通工具提供安全、便利、快速、舒适、经济的旅游交通服务，还应该凭借帆船、手划船、各类坐骑及畜力车、人力车等民间交通工具提供旅游交通服务。因为，以民间交通工具为凭借物的旅游交通服务往往具有较强的地方风格，更富于娱乐性和享受性，符合旅游者接近自然、回归自然的需求，是一种集交通、游乐于一体的旅游服务方式。

(四) 结构协调原则

结构协调原则主要包括以下三个方面的内容。

(1) 旅游服务设施档次结构协调。现代旅游突出的特点是旅游者的大众性。因此，旅游服务设施的建设，只有高、中、低档设施兼顾并使其比例适当，才能满足来自世界各地各阶层的旅游者的需求，提高旅游市场占有率。

(2) 旅游服务设施类型结构协调。旅游设施设备不仅要种类多样化，而且各种、各类旅游设施设备所占比例要适当。否则，就会出现有的旅游设施设备因相对宽松而利用率低；有的旅游设施设备因短缺而满足不了旅游者的需要，以致影响旅游目的地的整体旅游形象，影响旅游目的地整个旅游业的协调发展。

(3) 旅游服务设施地区结构协调。旅游服务设施数量、档次的地区分布应与各地接待的旅游者的数量和消费水平相适应。例如，旅游酒店应该是旅游"热点"地区很多，旅游"温""冷"地区少。

四、旅游者

旅游者也是影响旅游经济活动的重要因素之一。因为，旅游经济活动，就是在旅游活动商品化的基础上所形成的各种经济现象和经济关系的综合。换句话来说，旅游经济活动，就是在商品经济条件下由旅游活动转变而成的。而旅游活动的主体是旅游者。

旅游者对旅游经济活动的发展有着多方面的重要影响。

第一，旅游者人数增长速度直接左右着旅游经济活动的发展速度。旅游者人数增长越快，意味着旅游产品的需求量、消费量增长越快，于是在旅游供求规律的作用下，旅游产品供给量增长就越快；反之，亦然。

第二,旅游者人数的多寡直接左右着旅游经济活动规模的大小。在一定的时期内,若旅游者人数越多,旅游产品的需求量、消费量就越大,受旅游供求规律的制约,旅游产品的供给量也就越大;反之,亦然。

第三,旅游者的旅游消费水平影响旅游经济活动的效益。在一定的时期内,旅游者的人均旅游消费水平越高,则旅游经营者平均每经营一个单位旅游产品所得到的收入就越大;反之,亦然。

第四,旅游者的经济支付能力影响旅游经济活动的结构。旅游者的经济支付能力越强,对旅游购物、旅游娱乐的需求量、消费量就越大,那么与旅游购物、旅游娱乐相关的各种经济活动规模就可能越大;反之,亦然。

第五,旅游者的精神文明程度影响旅游经济活动的成本。假如旅游者的精神文明程度低,生态环保意识淡薄,他们在旅游活动过程中经常有意或无意地破坏旅游资源和生态环境,那么旅游经营部门就要为此多支付一些环保费用。

本章小结　现代旅游是旅行与游览的统一。旅游活动发展成为旅游经济活动是社会经济发展到一定阶段的产物。旅游活动可以从多角度、多层面进行研究。现代旅游活动的外延已有了充分的扩展,但旅游活动的本质并未因旅游活动内容的丰富和旅游活动形式的演变而变更。旅游是人们的一种自然需求,是满足人们精神需求的一种高层次的消费方式,是实现人们社会交往的一种方式,是一种社会文化行为。旅游经济活动是随着旅游活动规模的不断扩大和社会商品经济的发展而产生和发展起来的。

复习思考

拓展阅读

■ **课堂讨论题**
1. 旅游经济活动要素在旅游经济活动中的重要性都是一样的吗?为什么?
2. 旅游经济活动对社会、经济、环境分别带来哪些影响?

■ **复习思考题**
1. 简述旅游经济活动产生和发展的过程。
2. 影响旅游经济活动的因素有哪些?
3. 现代旅游经济活动有哪些特点?
4. 我国近年来的旅游产业迅猛发展对国民经济发展起了哪些作用?

第三章
旅游产品

学习目标

了解旅游产品的分类,明确旅游产品的特点,概述旅游产品开发的原则与注意事项,理解旅游购物品的概念、分类、特征。

重点/难点

把握旅游产品开发内容,厘清发展旅游购物品生产、经营的意义与途径。

思维导图

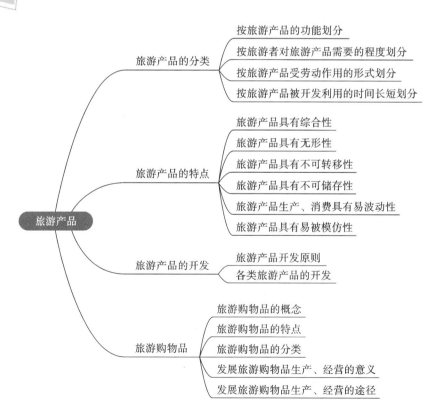

旅游产品，就是指旅游经营者为了满足旅游者在旅游活动中的各种需要而凭借各种旅游设施和环境条件向旅游者提供的各种商品和服务的总和。也就是说，旅游产品是旅游经营者向旅游者提供的住宿服务、饮食服务、交通服务、游览观光服务、娱乐服务等各种服务及旅游购物品。

旅游产品，从以下四个角度来看，是一个整体概念。

首先，从旅游目的地的角度来看，旅游产品是一个整体概念。即对于旅游目的地来说，旅游产品是由旅游交通服务、旅游住宿服务、旅游餐饮服务、游览服务、旅游购物服务以及旅游娱乐服务等多种旅游服务组合而成的混合体。其原因是，就任何一个旅游目的地来说，六大类旅游服务之间都存在着密切的互补关系，这些服务中的任何一种服务都是以其他种类服务的存在和发展为自身存在和发展的条件。

其次，从旅游线路的角度来看，旅游产品是一个整体概念。一条旅游线路就是一个单位的旅游产品。在这条线路中，旅游经营者除了向旅游者提供各类吸引物以外，还须在沿线向旅游者提供旅游交通、旅游住宿、旅游饮食、旅游购物及旅游娱乐服务等，方可保证旅游者顺利地完成旅游活动。

再次，从多元化经营旅游企业的角度来看，旅游产品是一个整体概念。因为，多元化经营旅游企业的产品是多种多样的，而非单一的。

最后，从旅游者的角度来看，旅游产品也是一个整体概念。即从旅游者角度出发，旅游产品就是指旅游者花费一定的时间、费用和精力所获得的一次经历。这个经历包括旅游者从离开常住地开始到旅游活动结束归来为止的全部过程中对所接触的事物、事件和所享受的服务的综合感受。

第一节　旅游产品的分类

一、按旅游产品的功能划分

按旅游产品的功能，可将旅游产品分为旅游交通服务、旅游住宿服务、旅游餐饮服务、游览服务、旅游购物服务及旅游娱乐服务，一次典型的旅游活动，包含了这六种旅游产品的提供与消费。

二、按旅游者对旅游产品需要的程度划分

按旅游者在旅游活动中对旅游产品需要的程度，旅游产品可分为基本旅游产品和非基本旅游产品。基本旅游产品就是对于旅游者而言都需要的旅游产品，如旅游交通服务、旅游住宿服务、旅游餐饮服务、旅游娱乐服务及游览服务。这类旅游产品的需求刚性强、弹性小。非基本旅游产品就是并非每个旅游者每次旅游活动都需要的旅游产品，如旅游购物、医疗服务等。这类旅游产品的需求刚性小、弹性大。

三、按旅游产品受劳动作用的形式划分

按旅游产品受劳动作用的形式,旅游产品可分为以下三种:一是受物化劳动作用的旅游产品。这类产品以一定的实物形状存在着,如人造景点、旅游购物品等。二是受活劳动作用的旅游产品。这类产品不具实物形状,只能凭感觉、体验获取某种享受,如导游服务、旅游娱乐服务等。三是不受任何劳动作用的旅游产品,如纯粹的自然景观(诸如雾凇、云海、日出之类的景观)。

四、按旅游产品被开发利用的时间长短划分

旅游产品,就被开发利用的时间长短来说,可分为常规旅游产品和新型旅游产品(图 3-1)。常规旅游产品是指开发利用时间较长的旅游产品。这类旅游产品主要有单纯观景旅游服务产品、文化旅游服务产品、宗教旅游服务产品、商务旅游服务产品及度假旅游服务产品等。新型旅游产品是指开发利用时间较短的旅游产品。这类旅游产品主要有健康旅游服务产品、业务旅游服务产品、享受旅游服务产品、刺激旅游服务产品等。这些类型的旅游产品中,有的又包括好几个类型的旅游产品。

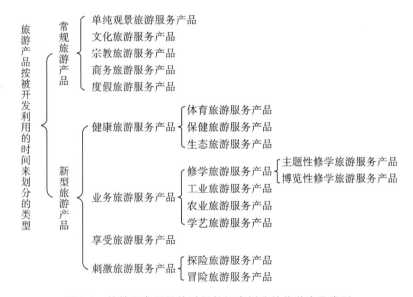

图 3-1 按被开发利用的时间长短来划分的旅游产品类型

第二节 旅游产品的特点

与其他劳动产品相比较,旅游产品具有以下特点。

一、旅游产品具有综合性

旅游产品具有很强的综合性,原因如下。①旅游产品是由各种有形产品和无形产品组成的混合性产品,它不仅包括了劳动产品,也包括了非劳动所致的一些自然因素、社会因素,既有物质成分,又有精神成分。②旅游产品的生产涉及众多部门、行业。参与旅游产品生产的既有直接的部门,也有间接的部门;既有物质资料生产部门,也有非物质资料生产部门;既有经济部门,也有非经济部门。

旅游产品的综合性,导致旅游企业的经营活动高度依赖于其他部门的配合。因此,旅游企业要制定行之有效的公共策略,积极地与有关部门进行有效的沟通、交流,使相关部门能积极地配合自己的旅游经营活动。同时,旅游行政管理部门必须认真地全面规划,积极协调旅游业内部各部门之间以及旅游部门与其他部门之间的关系。

二、旅游产品具有无形性

旅游产品的主体是旅游服务,而旅游服务是无形的、抽象的。所以说,旅游产品具有无形性。旅游产品的这一特点所产生的影响主要有以下几方面。①强化了旅游者的购买风险。对于某一有形产品而言,消费者可以先亲眼察看它,或亲手触摸它,或亲口品尝它,或亲手操作它,然后再作出购买与否的决定,这样可以降低购买风险。而对于某一无形的旅游产品来说,旅游者在购买之前无法用自己的感觉器官直接了解它,于是购买风险较大。②旅游产品不能储存,不能转移。③旅游产品的使用价值具有抽象性、无形性。④旅游产品的市场开拓高度依赖于旅游宣传促销,且增大了旅游产品宣传促销的难度。物质产品能够以其实物形态向人们展示、演示,让人们用感觉器官直接了解它们,也能通过广告这一形式向大家展示它们,将物质产品陈列也会经常引起人们注意它们的存在。正是因为这样,所以许多的物质产品的宣传促销的力度并不大,且易于宣传促销。而旅游产品的无形性使得人们在其常居地无法看到它们的存在,也使得经营者难以用广告的方式展示。所以,旅游产品的市场开拓,相对于物质产品的市场开拓而言,对宣传促销的依赖性要强得多,宣传促销的难度要大得多。

旅游产品的无形性这一特点,要求旅游经营者具有较强的旅游宣传促销意识,做到旅游宣传促销经常化、多样化,也要求旅游经营者切实保证旅游产品的质量,树立良好的口碑,借口碑促销旅游产品。

三、旅游产品具有不可转移性

旅游产品具有不可转移性的含义表现在两个方面:一是绝大多数旅游产品在空间上不可转移;二是绝大多数旅游产品在所有权上不可转移。其主要原因,首先是旅游产品是无形产品,其次是旅游产品的生产、经营依托旅游吸引物,而旅游吸引物无论是在空间上还是在所有权上都不能移动。

旅游产品的不可转移性的影响主要如下。①旅游产品的有关信息难以传递、扩散,加大了旅游产品宣传促销的难度。②旅游产品生产、消费集中于一地,进而使旅游产品生产、消费产生的旅游污染物高度集中在旅游目的地,易造成旅游目的地生态环境恶化。③要求旅游产品生产地时刻保持良好的环境卫生状况。由于旅游产品不能转移,消费者只得到旅游产品生产地进行消费,如果生产地的环境卫生状况差就会严重影响消费者的心情。而在现实中,有些产品虽然是在环境卫生较恶劣的状况下生产出来的,但由于消费者不在这些产品生产现场,所以当消费者购买、消费这些产品时并不了解产品生产场所的卫生状况。④旅游产品的买卖在实质上不同于一般意义的买卖行为,而是租赁或雇佣行为。从旅游经营者角度来说,是出租或受雇佣;从旅游者角度说是租借或雇佣。如旅游者支付一定费用购买到某风景区旅游的权利,实际上就是通过租借一定时间的旅游地空间的交易方式来实现的。又如,旅游者支付一定费用购买导游服务,实际上就是出钱临时雇佣一位导游员为自己提供导游服务。

为了弱化旅游产品的不可转移性所产生的不利影响,旅游经营者一方面要加大旅游宣传促销力度,把旅游产品信息及时、准确地传递给旅游者,通过强大的信息流刺激旅游者流动。另一方面旅游企业要时时刻刻讲究诚信,树立良好的形象,并把这种形象传播到旅游者中。

四、旅游产品具有不可储存性

旅游产品的不可储存性是由两方面的原因造成的:一是旅游产品是无形产品;二是旅游产品的生产过程与消费过程不可分离。

旅游产品的不可储存性对旅游经济活动的影响有三:首先,旅游产品的不可储存性使旅游产品的销售具有很强的时间性。即旅游产品必须及时销售,否则其价值就会白白丧失,并且永远无法补偿。其次,旅游产品的不可储存性使旅游资源、旅游设施不能充分利用,因为在没有旅游者前来进行消费之时,旅游资源、旅游设施就不会被旅游经营者用作生产旅游产品的凭借物。再次,使旅游产品的使用价值具有很强的时间性。如旅游者今晚花钱租一间客房,对于他来说,这间客房的使用价值就仅在今晚存在。此外,旅游产品的不可储存性还使旅游产品生产、经营难以适应旅游活动季节变化的需要。因为,物质产品可在淡季先生产并储存起来,待旺季再销售,这样就可在一定程度上平衡产品供求的季节矛盾。而旅游产品则不然。

旅游产品的不可储存性,使提高旅游产品的使用率成为旅游业发展的一个值得关注的问题。旅游经营者应采取各种灵活的销售策略(表 3-1),努力提高自己产品的使用率。

表 3-1 弱化旅游产品不可储存性带来的负面影响的对策

市场状态	基本策略
旅游需求波动大时	对旅游需求进行监控、预测; 建立旅游需求引导系统
旅游需求下降时	实行淡季价、优惠价; 加大旅游宣传促销力度; 增加旅游产品的附加值

续表

市场状态	基本策略
旅游需求剧增时	实行旺季价,取消部分优惠价; 引导旅游流合理分流; 开发、提供互代性旅游产品; 加大经营管理力度

五、旅游产品生产、消费具有易波动性

旅游产品生产、消费的波动性表现在以下三个方面。

一是旅游产品生产、消费的季节性波动,这是一种基本上较固定的周期性波动,也是一种几乎在世界各地的旅游经济活动中都存在的现象。如我国的黄山,在每年的4—5月、7—8月以及10月,旅游产品生产量、消费量都大于其他月份的旅游产品生产量、消费量。

二是旅游产品生产、消费的年际性波动,这是一种非固定性、非周期性的波动,这种波动对于整个世界旅游经济活动而言几乎不存在。如1960—2002年这43年的时间,国际旅游人数一直是逐年增长的,国际旅游收入除1982年、1983年以外,其余年份都是逐年递增,这表明自1960年以来,世界国际旅游产品生产、消费基本上没有年际变化。但是,对于某些国家或某些地区而言,旅游产品生产、消费的年际性波动可能常发生。

三是旅游产品生产、消费的突发性波动。如"9·11"事件后的头几天,东京成田国际机场取消航班360多架次,美国的航空公司的业务下降了60%,"9·11"事件后的一段时间内几乎没有日本旅客去美国。

旅游产品生产、消费具有波动性有自然方面的原因,也有社会经济方面的原因。第一,气候的季节性。在气候的季节性影响下,自然景观的观赏价值有明显的季节性变化,天气条件也有显著的季节性变化,而人们总是选择自然景观较佳、天气条件较好的季节进行旅游活动。第二,人们的闲暇时间有季节性的变化。第三,人们对旅游产品的需求弹性大。第四,影响旅游产品生产、消费的因素特别多。

旅游产品生产、消费的波动性对旅游经济活动有着多方面的不利影响。第一,不利于合理地利用旅游吸引物及旅游设备。在旅游淡季,旅游吸引物、旅游设施等因前来旅游的人少往往被闲置;在旅游旺季,旅游吸引物、旅游设施等因前来旅游的人太多而往往不堪重负。第二,不利于旅游从业人员工作的安排。在旅游淡季,旅游从业人员显得过多;在旅游旺季旅游从业人员又显得过少。第三,不利于旅游市场经营行为的规范化。在旅游淡季,因旅游客源短缺,旅游经营者竞相削价竞争,最终导致旅游产品质量下降;在旅游旺季,因旅游客源剧增,常常出现旅游产品供给大大小于需求,旅游经营者又纷纷哄抬价格,获取暴利,严重地损害了旅游者的利益,破坏了旅游地甚至整个旅游行业的形象。第四,不利于旅游地生态环境的保护。每到旅游旺季,一些旅游地接待的游客数量就大大超过了当地旅游承载限度,必然使生态环境遭受严重破坏。第五,不利于旅游经济活动稳定地促进国民经济发展。

为了弱化旅游产品生产、消费的季节性带来的不利影响,旅游经营者应该采取以下措施。①大力开发多种旅游产品,尤其是要多开发一些淡季旅游产品。②适当招聘季节性临时工。③制定合理的季节性旅游价格。④做好旅游市场调研工作,积极开发淡季旅游市场。

六、旅游产品具有易被模仿性

一个旅游企业开发出来的新旅游产品,很容易被竞争对手模仿出来。这是因为大多数旅游产品的技术含量较低;同时还因为新旅游产品的绝大多数不受国家专利法的保护。当然在许多物质产品市场,产品也同样能够仿制出来,但通常一项旅游产品能被更容易、更迅速、更省钱地模仿出来。

对于旅游产品易被模仿的问题,可采取的对策主要是,在旅游产品生产、经营中,不断创新,尽可能使旅游产品常变常新,尽可能借助某些政策法规的力量保护自己的新产品。

第三节 旅游产品的开发

一、旅游产品开发原则

(一)旅游市场需求原则

旅游市场需求原则就是以旅游市场需求特征为依据,开发出基本适销对路的旅游产品。在开发旅游产品过程中,坚持这一原则是非常必要的。因为,国内国际旅游市场竞争日益激烈,国内国际旅游市场均已进入买方市场。

旅游市场需求特征随时代变化而发生明显的变化。20世纪30年代以前,旅游市场需求以休养度假为主;第二次世界大战后,旅游市场需求逐步转变为以观光游览为主;未来,随着文化教育水平的不断提高,文化品位高的旅游产品市场需求将会有更大、更快地发展。人们外出旅游已不满足于走马观花式的旅游活动,因此,必须密切关注旅游市场需求的变化趋势,以便旅游产品开发能更好地满足市场需求与时代潮流。

旅游市场需求具有明显的地域性。即在不同的地域,由于自然条件、人文条件不同,人们的旅游需求有所不同。必须从充分了解各地尤其是主要旅游目标市场所在地的自然条件、经济水平、历史条件、宗教信仰和风俗习惯等入手,分析各地特别是主要旅游目标市场所在地的旅游需求特征,以使旅游产品开发具有较强的针对性,避免盲目性。

(二)旅游资源特征原则

旅游资源是旅游产品开发的依托。旅游产品开发成功与否,在较大程度上取决于旅游资源利用得当与否。所以,在开发某种或某类旅游产品时,必须充分考虑该旅游产品开发所依托的旅游资源的性质、特征。

在开发以自然景观旅游资源为依托的旅游产品时,必须严格控制建设量和建筑密度,避免冲淡或破坏自然美,尽量使交通、食宿、娱乐和购物等的配套旅游设施以及人造景观与自然环境协调统一,相映成趣。

在开发以历史古迹旅游资源为依托的旅游产品时,能借用的尽可能借用,必须转变的就转变。所谓借用,就是对一些历史古迹不进行任何"整旧如新"的修缮,刻意保持其残迹状态,让一切保持着旧貌(不是原貌)供旅游者游览观赏。这样,不仅节省了旅游产品开发投资,而且能给旅游者一种深沉而浓重的历史感,思古幽情往往油然而生。所谓转变,就是对一些历史古迹"整旧如新",恢复其原貌,以满足广大旅游者需求。

在开发以民俗风情旅游资源为依托的旅游产品时,主要是采取借用的途径。即通过广泛的横向联合,与有关部门共同对民俗风情进行挖掘、整理、改造、加工和组织经营,在此基础上将民俗风情开发出诸如文化艺术节、地方民族盛会、龙舟节之类的各种专题旅游活动项目和特殊旅游项目。

在开发以现代科技为依托的旅游产品时,须充分利用现代科学技术成果,使开发出来的旅游产品具有新颖、奇幻、趣味的特点,融娱乐、游览于一体。

在以原有景区、景点为依托开发新旅游产品时,可采取的主要途径有二:一是着眼于专题特色旅游项目的开发,目的在于增强参与性及文化内涵;二是进一步扩大景区和新添旅游景点,目的在于扩大旅游者游览空间与内容。

(三)旅游产品特色原则

有特色才有吸引力、竞争力和生命力,所以旅游产品开发必须坚持突出特色的原则。突出特色原则有以下三个方面的含义。

一是要以富有特色的旅游资源为依托来开发旅游产品,即选择那些稀有程度高、与现实环境和常规生活反差大、历史悠久且历史地位较高的旅游资源为依托来开发旅游产品。以这样的旅游资源为依托开发出来的旅游产品具有很大的特色辐射圈层和很高的特色层次,对旅游者有强大的吸引力,因而其市场进入能力和市场占有能力强。

二是在旅游产品开发过程中,要注意保持旅游资源、环境原有特色面目。即风景区的建筑、雕塑和对一些文化古迹的修缮,要注意返璞还真、修旧如故,绝不能因刻意追求旅游产品现代化而失去旅游资源本来的特色面目。

三是在旅游产品开发过程中要力戒重模仿、轻创新的做法,必须因地制宜,注重旅游环境,突出地方特色,突出民族特色。

(四)旅游产品质量原则

旅游产品的质量是增强旅游产品走向市场化的力度和加快旅游产品走向市场化的速度之根本保证。其原因有二。

一是旅游产品生产、消费的同时性使旅游产品的质量成为影响旅游产品走向市场化的核心因素。旅游产品生产与消费的同时性导致旅游者无法在决定购买和消费旅游产品之前检验和验证旅游产品质量。因此,尽管旅游产品的宣传和促销是旅游产品走向市场化的一个重要因素,但其核心却是旅游产品的质量。旅游产品生产与消费的同时性也向旅游产品的生产者或提供者提出了更高的要求。例如,洗衣机的质量可以在生产环节中严格把关,不符合质量的洗衣机可以不出厂门,出了故障的洗衣机也可以通过维修的办法补救,甚至可以报废重新生产一台,在这一环节中受损失的仅为生产者。但这一切都不适用于旅游产品。旅游服务人员因情绪不佳提供劣质服务的同时也就是消费者利益受到损害之时,而且这种损害无论是对消费者还是对生产者来说都是无法补救的。

二是国际旅游交易法治化大大弱化了旅游产品价格的竞争能力,大大强化了旅游产品质量的竞争能力。随着国际旅游交易法治化的推进,越来越多的客源国的旅行商要求和接待国的旅行商及服务供应者签订相应的合同,要求接待国的旅行商及服务供应者在旅游产品质量方面承担更多的责任。在此情况下,客源国旅行商在接待国选择合作伙伴时,客源国将会更多地考虑后者的信誉和产品质量,而不像原来那样,谁的价格低就与谁合作。

正因为旅游产品的质量是旅游产品走向市场化的重要保证,所以在大力丰富旅游产品品种的同时,应努力提高旅游产品的质量,始终坚持旅游产品质量第一的原则。

(五)旅游产品结构优化原则

旅游产品结构优化原则就是以本地旅游资源为依托,以国际国内旅游市场需求为导向,实现旅游产品多样化、系列化、配套化。旅游产品结构优化主要依赖以下五个方面的努力。

(1)食、住、行、游、购、娱等各类旅游产品开发兼顾。

旅游需求是一种包括食、住、行、游、购、娱等方面需求在内的综合性需求。因此,旅游目的地经营管理部门绝不可能仅凭某一类或某几类旅游产品就能有效地拓展旅游市场;只有对食、住、行、游、购、娱等各类旅游产品进行综合开发,使其协调发展,才有希望有效地拓展旅游市场。

(2)豪华等、标准等、经济等各档次旅游产品开发兼顾。

现代旅游活动最突出的特点是旅游者的大众性,即旅游活动在世界各地各个阶层都已普遍开展起来。所以,只有豪华等、标准等、经济等旅游产品开发兼顾,并使其比例适当,才能满足来自世界各地各阶层的旅游者需求,提高市场占有率。

(3)大力开发富有本地特色的专项旅游活动和特种旅游项目。

随着人们生活水平、文化水平的提高和旅游条件的改善,旅游消费需求多样化、特殊化的倾向越来越突出。在这种旅游消费需求倾向影响下,若不大力开发能反映本地自然景观及历史、文化、风俗、时代风貌等特色的各种专项旅游活动项目和特种旅游活动项目,就不可能快速、有效地拓展旅游市场。考虑到目前和未来的旅游热点是回归大自然、休闲度假和文化交流,专项旅游活动项目和特种旅游活动项目开发的重点宜为绿色生态旅游、文化交流旅游和休闲度假等方面的旅游活动项目。

(4)大力开发散客旅游产品和自由组合式旅游产品。

现代交通、通信事业的发展以及旅游服务标准国际化,旅游者外出旅行日益方便。旅游者多次出游,见多识广。旅游经验丰富,对旅行社的依赖性日益弱化;旅游心理日益个性化,使旅游者倾向于外出旅游时按自己的意愿去寻求、体验与众不同的经历。正是因为这些原因,散客旅游与自由组合式旅游受到越来越多的旅游者偏爱。因此,大力开发诸如零星委托、小包价、自选式、组合式、定制式之类的适合散客旅游、自由组合式旅游所需的旅游产品,形成多品种、少批量、小单元的旅游产品结构,是拓展旅游市场的一大行之有效的举措。

(5)大力开发参与型旅游产品。

现在越来越多的人把旅游当成丰富人生经历的一项重要活动,而不是单纯地看一看外面世界到底有多精彩。尤其是越来越多的国际旅游者已不满足于"走马观花"式的观光型旅游,而偏向参与、经历型旅游。因此,在充分发挥一些观光型旅游产品优势的同时,针对旅游者重经历、喜参与的旅游心理,大力开发参与型产品,将会大大增强拓展旅游市场的能力。

(六)旅游产品开发的经济效益原则

旅游产品开发的经济效益原则就是旅游产品开发力求投入最少,产出最多,获得较高的经济效益。在旅游产品开发过程中要遵循这一原则就必须做到以下几点。

(1)认真进行技术经济论证工作。

在旅游产品开发之前,须反复进行投资效果估算和技术经济论证,力争投资总额在保证旅游产品顺利开发的基础上尽可能节省,使投资见效快且回收期短。

(2)集中资金开发拳头旅游产品。

旅游产品开发讲究新、优、奇、特,因此必须把有限的资金重点用于深度开发那些唯我独有、唯我独优的旅游产品上。

(3)最大限度地利用现有基础设施。

旅游产品开发对基础设施有很大的依赖性,而基础设施的兴建往往需大量投资,从而导致旅游产品开发成本过高。因此,旅游产品开发的总体规划要尽可能利用现有基础设施。

(4)尽可能地把旅游产品开发与其他部门建设结合起来。

尽可能把旅游产品开发与工业、农业、交通运输业、商业及科研教育等部门的建设结合起来。这样既可节省一些旅游产品的开发投资,又可使旅游产品开发与工业、农业、交通运输业、商业及科研教育等部门建设相互促进。

(5)尽量延长旅游产品的市场寿命周期。

(七)旅游产品开发的社会效益原则

社会效益原则,就是指旅游产品开发要有益于社会主义精神文明建设。旅游产品开发不仅要获得良好的经济效益,还要对社会进步、人类智力开发、思想教育、社会道德风尚等方面产生积极的作用,做到有益于社会发展的旅游产品尽力开发,有碍社会进步的旅游产品坚决废弃不用。在开发以社会旅游资源为依托的旅游产品时,更须注意社会效益原则。为了适应不同层次的旅游者的文化娱乐需求,为了取得理想的经济效益,我们应该大力开发以古典故事、民间传说、历史名人轶事、民风民俗等方面的旅游资源为依托的旅游产品,但绝不能利用那些有浓厚迷信色彩的东西来开发旅游产品,否则,不仅不利于破除迷信思想,还违背了我国旅游产品开发的社会效益原则。

(八)旅游产品开发布局合理化原则

旅游产品开发布局合理化原则有多方面的含义。

首先,在一定区域范围内,旅游景点应特色各异、相互辐射、相互促进,而不可形成近距离的内容雷同的旅游景点,也不可搞许多分散的、一般性的、彼此之间无相互辐射与促进作用可言的旅游景点。

其次,旅游景点开发布局要与旅游路线的制定和旅游区域规划有机地结合,以使旅游者在一条旅游路线上的各旅游点之间,或在一旅游区域各旅游点之间始终保持旺盛的游兴而不乏味、疲劳,这样必然会赢得更大的旅游市场份额。同时,制定旅游路线时要注意以热点带温点、冷点,使冷点变温点,温点变热点,提高经济效益。

最后,旅游产品开发的合理布局,既包括自然景点和人文景点在空间分布上的协调统一,又包括旅游景观和旅游设施在空间分布上的协调统一,还包括大、中、小型娱乐及服务项目在空间分布上的协调统一。

(九)旅游资源保护原则

旅游资源是旅游产品开发的基础。旅游资源一旦被毁坏就难以复原,其经济价值就会大大下降。所以,毁坏了旅游资源就是毁坏了旅游产品,保护了旅游资源就是保护了旅游产品。保护旅游资源的措施主要有以下几项。

(1)制定保护法规,加强管理。

(2)克服重重建、轻保护的思想。

(3)减少"三废"污染源,大力栽草种花植树,保护林木花草,美化自然环境。

(4)严格控制旅游污染。

(十)旅游产品品牌建设原则

20世纪90年代以来,在全球范围内旅游产品开发经营活动已出现了品牌大战,而且这一没有国界、永无终结的品牌大战日益激烈。因为,在当今旅游产品开发经营活动中,旅游资源趋同、建设主题趋同、质量标准趋同、服务规范趋同、促销手段趋同的现象越来越明显,在此发展趋势下,谁拥有旅游品牌,谁就能在激烈的市场竞争中获胜,取得良好的效益。因此,旅游产品的开发经营已不能再停留在产品经营阶段,而应该迅速进入旅游产品的品牌经营阶段。

二、各类旅游产品的开发

旅游产品之间存在着密切的互补关系:它们之中的每一种产品,都各自满足旅游者在旅游活动中的某方面的需求,其使用价值不尽相同,不可互代;它们相互依存、相互补充,以满足旅游者在旅游活动中的整体需求。正是这个原因,要有效地拓展旅游市场,就必须全面开发各类旅游产品。

(一)旅游交通服务产品的开发

旅游交通服务,就广义而言,是指为满足旅游者在整个旅游活动过程中对"行"的需求而提供的服务;就狭义而言,是指为满足旅游者在旅游目的地国家、地区内进行旅游活动时对"行"的需求而提供的服务。对于旅游目的地来说,旅游交通服务在大多数情况下是指狭义的旅游交通服务。

旅游交通服务产品的开发,可从以下几个方面进行努力。

1. 以"安全、便利、快速、高效、舒适、经济"为旅游交通服务的准则

随着人们生活水平的普遍提高,旅游者对旅游交通服务的要求越来越高。旅游者对旅游交通服务的基本要求是"安全、便利、快速、高效、舒适、经济"。这12个字也是旅游经营部门向旅游者提供旅游交通服务时必须严格遵守的基本准则。

2. 进一步完善交通线路网络,更新、增加旅游交通工具

交通线路网络、旅游交通工具是旅游经营部门提供旅游交通服务的凭借物,是实现"安全、便利、快速、高效、舒适、经济"的旅游交通服务的根本保证。所以,进一步完善交通线路网络,更新、增加旅游交通工具对于旅游交通服务产品开发来说意义重大。

进一步完善交通线路网络须做好以下两项工作:首先,改善那些直接影响旅游景区、景点可进入性的交通线路;其次,以口岸交通建设为重点,初步形成比较便捷的、符合国际旅游需要的交通线路网络。

更新、增加旅游交通工具,主要是购置一些大众化或功能更齐全的交通工具取代那些陈旧的交通工具,并使旅游交通工具日益增多。

3. 尽可能提供多种多样的旅游交通服务

各种交通方式各有其优劣,在交通体系中各有其特定的地位与作用。彼此之间是相互依赖、相互联系、相互补充的;同时,旅游者对交通服务的要求是复杂的、多方面的。因此,旅游经营部门应尽可能凭借多种交通工具提供多种旅游交通服务。旅游经营部门不仅要凭借汽车、火车、飞机、轮船等现代交通工具提供安全、便利、快速、舒适、经济的旅游交通服务,还应该凭借帆船、手划船、各类坐骑及畜力车、人力车等民间交通工具提供旅游交通服务。因为,以民间交通工具为凭借物的旅游交通服务往往具有较强的历史意义和地方风格,更富于娱乐性和享受性,特别符合旅游者接近自然、回归自然的需求,是一种集交通、游乐于一体的旅游服务方式。

当今,旅游者来自社会各个阶层,而处于不同社会阶层的旅游者对旅游交通服务档次的要求有所不同。因此,旅游经营部门必须以不同档次的交通工具为凭借物提供多种档次的旅游交通服务。

4. 旅游交通服务与公共服务紧密配合

旅游者在多数情况下都是先凭借公共交通服务到达旅游目的地,然后再依靠旅游交通服务抵达旅游景点。因此,旅游交通服务必须和公共交通服务密切配合,以便连贯地满足旅游者"行"的需求。

5. 因时制宜、因地制宜地提供旅游交通服务

因时制宜地提供旅游交通服务,就是在旅游旺季尽可能扩大旅游交通服务供给量,如可增加旅游包机交通服务;在旅游淡季则适当减少旅游交通服务供给量,如在旅游淡

季可将部分旅游专营交通服务转为公共交通服务。

因地制宜地提供旅游交通服务,就是要根据旅游客源地和旅游目的地的具体情况提供相适应的旅游交通服务。如在地势险要、无法修建交通道路的景区兴建空中缆车,提供空中缆车交通服务;在一些景观特色十分突出但不易进入的景区为游客安排乘坐直升机的交通服务。

(二)旅游住宿、饮食服务产品的开发

旅游住宿、饮食服务产品是旅游经营部门凭借住宿、饮食设施设备及其他物质条件向旅游者提供的产品,是基本旅游产品,是旅游者进行旅游活动的重要保证。

对于旅游住宿饮食服务产品的开发,可采取以下途径。

1. 不断改善旅游住宿、饮食设施设备

旅游住宿、饮食设施设备是旅游经营部门开发旅游住宿、饮食服务产品之依托。旅游住宿、饮食设施设备的不断改善须着力于以下方面。

(1)兴建专业型旅游住宿、饮食设施。

应依据旅游市场需求和当地旅游资源情况,有针对性地、创造性地兴建各种专业型旅游住宿、饮食设施,为当地开发大量专业型旅游住宿、饮食服务产品创造物质条件,以使当地更广阔地拓展旅游市场。

(2)建设一批具有地方特色、民族风格的旅游住宿、饮食设施。

富有地方特色、民族风格的旅游住宿、饮食设施不仅可作为旅游者良好的休息场所,甚至也可成为旅游者的观赏对象,使旅游者感受异国他乡的风情。所以,各地应建设一批具有地方特色、民族风格的旅游住宿、饮食设施。

(3)适度发展临时性旅游住宿、饮食设施。

在一些主要旅游区,可适度发展临时性旅游住宿、饮食设施(如野营地、活动住房、居民私人住宅等),提供临时性旅游住宿、饮食服务。这样做,不仅可以解决旅游住宿、饮食服务在旺季供给不足在淡季供过于求的矛盾;而且还有利于更好地满足旅游者返璞归真的需求(如通过提供野营住宿服务可使旅游者更贴近大自然)。

2. 积极发展旅游住宿、饮食企业集团化(联号式)管理

积极发展旅游住宿、饮食企业集团化(联号式)管理,有益于开发旅游住宿、饮食服务产品。因为,集团化(联号式)管理具有以下优越性:第一,具有较强的融资调控能力,能广泛地吸纳社会资金,加快旅游住宿、饮食设施设备及技术的更新;第二,具有较强的旅游客源优势,可以得到独家旅游住宿、饮食企业无法得到的更多旅游客源;第三,具有较强的人才优势;第四,具有较强的价格优势,无论是旅游住宿、饮食服务产品的销售价格,还是旅游住宿、饮食设备及其他物品的采购价格,在价格策略上均可赢得主动;第五,具有综合的抗风险优势。

3. 对旅游住宿、饮食服务产品的开发进行标准化管理

旅游住宿、饮食服务产品要有竞争力,就要有高质量,而高质量来自标准化的管理。所以,必须为旅游住宿、饮食服务产品开发的所有管理工作和服务工作制定一套完整的数量和质量标准。以此为基础,构建旅游住宿、饮食服务产品开发质量管理系统。

4. 提高旅游住宿、饮食服务产品的营销水平

旅游住宿、饮食服务产品营销水平的提高,有赖于做好各方面的工作。如要提高旅

游饮食服务产品营销水平,至少要做好以下几方面的工作。

(1)强化服务意识。服务人员对待旅游者如同对待亲友一样,使旅游者在旅游饮食服务产品的消费过程中有自然、方便、宾至如归之感。

(2)建立周全的服务项目和措施。如:为残疾人准备轮椅;为儿童准备儿童餐椅;根据不同的旅游饮食服务方法使用相适应的结账方式。

(3)保持卫生、安静的用餐环境。餐厅装饰有特色;科学地布局餐厅,使空间不拥挤,让旅游者感到舒适。

(4)营造酒店的文化氛围。当今旅游者越来越喜欢参与文化品位高的旅游活动。所以酒店的命名、徽章、布局、内部装饰和艺术品配置等各个方面都应带有深厚的文化内涵。

(5)提高服务效率,使旅游者感到服务人员忙而不乱,工作有条理。

(6)方便旅游者用餐。营业时间、餐厅座位和食品加工数量等工作安排都以旅游者需求为前提。

(7)重视菜单设计。在旅游饮食服务产品开发中充分发挥地方菜的特色,以满足旅游者猎奇心理。与此同时,还应该瞄准旅游目标市场,开发和设计出既有古代和地方特色又符合现代人的生活节奏、饮食习惯,深受旅游者欢迎的新产品。

5. 大力发展"绿色酒店"

"绿色酒店"意为"生态效益型酒店"(ecology-efficient hotel),是指那些为旅游者提供的产品与服务既充分利用资源,又保护生态环境,有益于顾客身体健康的酒店。简而言之,就是环境效益和经济效益双赢的酒店。大力发展"绿色酒店",对于旅游住宿、饮食服务产品的开发颇有积极作用。第一,发展"绿色酒店"有利于降低旅游住宿、饮食服务产品开发的经营成本。如著名的凯悦饭店集团仅因推行废物回收计划每年就可节省300万美元。第二,发展"绿色酒店"有利于树立良好的旅游形象,吸引更多的旅游者前来消费旅游住宿、饮食服务产品。美国旅游协会所提供的一份报告称:有85%的美国旅游者都倾向于支持有环保意识并实施环保政策的旅游企业或公司,并愿意为这类公司的产品和服务多支付8%的费用。第三,发展"绿色酒店"可使旅游者在良好的旅游环境中消费旅游住宿、饮食服务产品。

(三)游览观光服务产品的开发

游览观光服务就是凭借各种自然旅游吸引物和人文旅游吸引物,为满足旅游者求新猎奇、度假疗养等方面的目的而提供的游览观光性的服务。

1. 常规旅游观光服务产品的开发

(1)单纯观景旅游服务产品的开发。

单纯观景旅游服务产品的开发可从以下一些方面进行努力。

①继续合理开发景点、景区。

景点、景区是开发单纯观景旅游服务产品的基础和魅力所在。对于我国来说,景点、景区继续开发的基本思路宜为:以"软处理"为主要方式进一步开发传统骨干景点、景区,以"少而精"为原则配套建设第二代、第三代骨干景点、景区。"软处理"方式,就是通过智力投入、文化投入和技术投入等而不是简单的资金投入,在景观外延的多样性和文化内涵的丰富性上下功夫。"软处理"的主要做法是：在保持和发扬景点、景区原有的传统特色的前提下，通过修葺古迹、增添新景、园林绿化、生态环境改善、观赏内容重新安排组合及技术手段更新等来强化主题，增加新的吸引点和吸引力。

②使旅游者在有限的时空范围内获得较多的美感情趣和信息容量。

观景旅游者兴趣构成具有多样性、广泛性，这决定了旅游项目内容在安排上应具有较强的综合性。因此，观景项目内容安排力求做到对自然风光、名胜古迹、民情风俗、物产及现代工程等的观赏兼容并包，尽量在有限的时空范围内向旅游者提供较多的美感情趣和信息容量，努力做到"阳春白雪""下里巴人"各得其所。

(2) 文化旅游服务产品的开发。

文化旅游服务产品开发可凭借的东西很多，如文化历史、建筑、艺术、工艺美术、书法绘画、影视剧、戏剧、音乐、舞蹈和摄影等。文化旅游服务产品开发一般只需做些必要的组织安排工作，比较省力、省钱，有时则几乎是"坐享其成"。文化旅游服务产品的开发须做到纯朴真实、毫无矫揉造作。文化旅游的吸引力主要在于其与旅游者所属民族或所居地区的差异性。因此，文化旅游服务产品的开发须特别重视保持真实性，在一切细节上都要力求突出本民族、本地区文化的特色，但要力戒矫揉造作、为表演而表演。

(3) 宗教旅游服务产品的开发。

宗教旅游服务产品是以宗教建筑、宗教文化艺术活动为吸引物，为满足宗教人士和旅游者朝觐膜拜、潜心养心或考察、体验宗教文化艺术的需要而开发的一种旅游产品。

宗教旅游服务产品开发的当务之急就是要大力增加宗教旅游活动项目。如，对于佛教旅游服务产品来说，可开发礼祖、纪念、体验、研讨等旅游项目。

(4) 商务旅游服务产品的开发。

①以位置优越的、档次较高的酒店为依托提供高消费服务。

通常而言，绝大多数商务旅游者具有一定身份、地位，消费层次偏高，旅途中的住宿、交通、通信等消费都由所属单位承担，他们在选择酒店时，通常下榻星级档次较高的酒店，即使价格及各种服务消费偏高，他们也不会过多计较；同时，为了更好地开展商务活动，商务旅游者在选择酒店时，也非常注重选择位置优越(如地处商务中心城市、一个城市的闹市区或商业中心地带)、交通便捷的酒店。所以，对于商务旅游者，应该以位置优越的、星级档次较高的酒店为依托向他们提供高消费服务。

②凭借设施完善的商务中心提供各种各样的商务服务。

商务旅游者是以从事商业贸易活动为主要旅游目的的旅游者。所以，旅游经营者必须凭借设备完善的商务中心，向商务旅游者提供国际国内直拨电话、传真、译传业务、复印、中英文文字处理、翻译、商务咨询、旅游预订、机票确认等各类商务服务。

③为商务旅游者提供尽可能多的生活、安全等方面的服务。

商务旅游者出于商务活动的需要，往往需要一些较为特殊的生活、安全等方面的服务，旅游经营部门应设法满足他们的需要。如，美国新月酒店对2858名商务旅游者进行问卷调查表明，在服务因素方面，90%的人要求有24小时干洗熨服务，71%的人要求有近距离的交通服务，50%的人要求有个人清洁服务。

2. 新游览观光服务产品的开发

新游览观光服务产品的开发，可使我国游览观光服务产品向多元化、高级化方向发展,进而可促进旅游市场开发的多元化、高质量化。

(1)健康旅游服务产品的开发。

健康旅游服务产品是指能够使旅游者身体素质和体质得到不同程度改善的旅游服务产品,主要类型有体育旅游服务产品、保健旅游服务产品和生态旅游服务产品。

①体育旅游服务产品的开发。

体育旅游服务产品可分为水上体育旅游服务产品、驾车体育旅游服务产品和狩猎旅游服务产品。

水上体育旅游服务产品的开发,主要是充分利用一些水体,开发与快艇、帆船、水上自行车及游泳、漂流相关的水上体育旅游服务产品。

驾车体育旅游服务产品的开发主要是利用赛车、摩托车或自行车等运动交通工具为长途或中途越野旅行的旅游者提供服务。

狩猎旅游服务产品开发的主要措施如下。

第一,选择拥有丰富的野生动物资源的区域,辟为狩猎旅游服务产品开发基地。

第二,加强天然狩猎场所的管理,制定限猎的数量、期限等有关措施规定,并坚持野生动物饲养与狩猎相结合,以确保狩猎旅游服务产品开发的资源永不枯竭。

②保健旅游服务产品的开发。

第一,利用温泉的特殊医疗、防病作用来开发保健旅游服务产品。

第二,利用高山、林地洁净清秀的环境和空气中氧气和负离子多的特点开发保健旅游服务产品。

第三,利用特殊医疗保健技艺开发保健旅游服务产品。联合中医研究所、中医医院、武术教学和研究单位以及民间著名中医医师等共同开发特殊医疗保健技艺旅游服务产品。如酒店可与武术界人士合作,设立武术培训中心,可与著名中医医师合作设立康复旅游咨询部;旅行社可与武术界人士和中医界人士合作,推出健身气功旅游、中医研修旅游等。

③生态旅游服务产品的开发。

生态旅游服务产品之所以被列为一种健康旅游服务产品,主要是从某种意义上看,生态旅游服务产品具有休闲、疗养的功效,如目前许多发达国家都建立了"森林和香花医院"。生态旅游服务产品开发的主要途径如下。

第一,高度重视旅游的安全性和专业性。生态旅游与在完善的旅游服务设施设备基础上发展起来的常规旅游相比较,对旅游服务设施设备条件和全面配套服务的依赖性较小,但对旅游安全性、专业性有较高要求。因此,在开发生态旅游服务产品时,对旅游行程控制的严密性和安全性、向导的专业性、后勤支援的可靠性等须予以高度重视。

第二,尽可能多安排具有参与性、体验性的旅游活动内容。

第三,注意保护生态旅游区内的自然环境。为充分保护好生态旅游区的自然环境,应建立生态监测站,限制生态旅游的人数和时间,提高生态旅游的价格,发放可装废弃物的袋子,以及在大多数旅游者必经之地放置一定数量的垃圾箱。此外,在生态旅游区尽可能少设置人工景物;确要设置时,也须设置于隐蔽处,并要和周围自然环境特点相协调。

(2)业务旅游服务产品的开发。

①修学旅游服务产品的开发。

修学旅游服务产品是一种寓教育于旅游活动之中的旅游产品类型。开发修学旅游服务产品的主要措施如下。

第一,主题性修学旅游服务产品开发与博览性修学旅游服务产品开发并举。主题性修学旅游是带有一定的专题方向的学习考察活动,适合文化程度较高的青年、成年旅游者,可依托文化古迹、外语教学机构等开发诸如书法碑帖游、学习外语游之类的专题性修学旅游服务产品。博览性修学旅游以增长常识为主,适合青少年,可依托历史博物馆、动物园、自然博物馆等开发博览性修学旅游服务产品。

第二,学校交流活动的开展与夏令营活动的开展并举。学校交流,就是旅游经营部门以条件较好的学校为依托,招徕、组织青少年修学旅游者同这些学校的学生自由交谈,举行田径和球类比赛、书画交流、文娱联欢等各种有益的交流活动。夏令营,就是旅游经营部门利用暑假,凭借某些旅游资源、旅游设施,招徕、组织青少年修学旅游者进行参与性、经历性、知识性都较强的旅游活动。

第三,讲究导游服务质量。在开发修学旅游服务产品时,必须配备经验丰富、知识渊博或学有专长的导游员。

②工业旅游服务产品的开发。

开发工业旅游服务产品的成功之路主要在于以下方面。

第一,以和大众生活密切相关的厂家或富有特色、知名度高的厂矿为工业旅游服务产品开发的主要依托。对于大多数人来说,都希望了解自己平时吃的、穿的、用的物品是怎样生产出来的。旅游经营部门应抓住人们的这一心理来开发工业旅游服务产品,以使工业旅游服务产品拥有较大的市场。同时,旅游经营部门也可凭借富有特色、知名度高的一些厂矿企业开发工业旅游服务产品,因为大多数旅游者都具有慕名而游的心理。

第二,以具有良好组织能力的厂矿企业为依托开发工业旅游服务产品。

第三,将工业旅游与购物旅游紧密地结合起来。旅游经营部门可建议厂家将其产品按出厂价销售一些给来厂旅游者。这样,既满足了旅游者工业旅游和购物旅游的需求,又为厂家的产品扩大了潜在消费市场。

第四,力求工业旅游活动具有较强的参与性、体验性。

③农业旅游服务产品的开发。

农业旅游服务产品开发须以农耕文化为资源条件。农耕文化有以下三个特性。

第一,内容的丰富性。农耕文化内容丰富,内涵广博。如农耕形式、传统农用器具、农村生活习俗、农事劳动、农业节庆、农业工艺等都属于农耕文化范围。由此可见,利用农耕文化可开发出许多农业旅游服务产品。

第二,民族性。农耕文化是一种古老的民族文化。所以,利用农耕文化可以开发出富有地方特色、民族特色的农业旅游服务产品。

第三,奇趣性。置身于优美的农耕环境会让人有赏心悦目之感,各种陌生的农业器具、植物更会引起人们的探知心理和操作欲望。

农业旅游服务产品开发须以农业旅游点为依托。而农业旅游点的建设又须注意以下几点。

第一,合理地选择、确定农业旅游点的地址。农业旅游点的选址应靠近都市和交通要道,以便都市居民前来旅游。

第二,大力优化和美化农业旅游点的旅游环境。对纳入旅游开发的农村、庄园、景点,不仅要从产品角度来安排生产和销售,而且要从美感角度来设置各项设施。

第三,力求农业旅游点的功能多样化,尽量使农业旅游点成为集生产、游玩、美食等为一体的旅游活动地。

④学艺旅游服务产品的开发。

学艺旅游是一种较受欢迎的、旅游花费较大的新兴旅游方式。如在法国普瓦蒂埃、巴奥尔等地区,学习纺织、绘画、雕塑、制陶、淘金等技术的学艺旅游者不少,学艺费多则2000法郎,少则340法郎。

我国纺织、刺绣、制陶、制瓷、烹饪等技艺历史悠久、技术精湛、驰名世界,因而具有学艺旅游服务产品开发的条件。开发学艺旅游服务产品的成功因素在于对学艺旅游活动内容的科学设计、安排和配备技艺精湛、能言传身教的能工巧匠。

⑤科学考察旅游服务产品的开发。

科学考察旅游服务产品就是旅游经营部门利用具有重大科学价值的自然、人文、历史景观资源,招徕、组织旅游者进行专业或业余学术调查、研究、交流与旅游观光融为一体的特殊游览观光。

从我国可供科学考察的旅游资源的实际情况来看,至少可以开发出以下几种类型的科学考察旅游产品:地质地貌考察旅游服务、气象气候考察旅游服务、动植物资源考察旅游服务、生态环境保护考察旅游服务、工农业生产考察旅游服务、历史考古旅游服务、宗教考察旅游服务以及现代科技考察旅游服务等。

(3)刺激旅游服务产品的开发。

刺激旅游服务产品,是指旅游经营部门凭借旅游者从未见过、听过的景观,招徕、组织旅游者进行既标新立异又使人特别兴奋或惊心动魄的游览观光。世界各国的刺激旅游服务产品出现时间虽然不长,但其品种繁多。目前主要有探险旅游、冒险旅游、秘境旅游、海底旅游、沙漠旅游、观看古怪比赛旅游、太空旅游等刺激旅游服务产品。其中,又以探险旅游服务产品和冒险旅游服务产品开发较为普遍。

①探险旅游服务产品的开发。

探险旅游服务产品,是指旅游经营部门招徕、组织旅游者进行一些在一般情况下能够确保人身安全,但又能使人产生不同程度的兴奋或刺激的游览观光。探险旅游服务产品的品种有许多,如激流探险、岩洞探险、矿井探险、森林探险等。

探险旅游服务产品的开发主要依赖于以下方面。

第一,成立大区域性探险旅游服务产品开发协调机构,负责对全区域探险旅游服务产品开发作出长远的、有计划的、有步骤的规划,协调管理各探险旅游服务企业之间的关系,并积极引导探险旅游服务产品的开发,推出几项具有全国意义的甚至具有世界意义的探险旅游服务拳头产品。

第二,成立一些专营探险旅游业务的旅行社。在这类旅行社里,要有一批富有冒险性、挑战性的特殊的导游人员;这些导游人员要有较强的安全救护能力,以尽量避免不幸事故的发生。

第三,搞好市场定位,加强宣传促销,扩大探险旅游服务产品的消费市场。

②冒险旅游服务产品的开发。

冒险旅游服务产品,是指旅游经营部门招徕、组织旅游者前往人迹罕至之地进行游览观光或参加对人身安全有一定威胁的游览观光。对于冒险旅游服务产品,我国目前尚不具备足够的开发条件。

(四)旅游购物服务产品的开发

旅游购物服务产品就是旅游经营部门为满足广大旅游者购物需求所提供的服务。

旅游购物服务产品开发策略主要如下:建立旅游购物品生产基地,突出产品特色,更新产品花样,提高生产水平;建立合理的旅游购物品销售网络;提高旅游购物品商店的生命力、竞争力;强化旅游购物品广告宣传等(关于这些策略的详细阐述请见本章第四节)。

(五)旅游娱乐服务产品的开发

旅游娱乐服务产品的开发有多方面的积极意义。

(1)可使旅游活动内容更加丰富多彩,树立良好的旅游形象。如在轮船、汽车、飞机等交通工具上提供娱乐服务,可在一定程度上解决旅游者不知如何消磨闲暇时间的问题,使本来无所事事地乘坐交通工具的过程变为一个有意义的旅游活动环节,同时也为交通部门树立了良好的形象。

(2)可使旅游收入大大增加。旅游娱乐服务产品的开发可给旅游目的地带来大量的娱乐收入,如美国和泰国的旅游收入中约有10%的收入源于娱乐服务产品开发;也可给旅游目的地带来丰厚的非娱乐收入,如在罗马尼亚,团体游客每到一处景点,参观之后必进餐馆观看当地歌舞,游客兴高采烈之际,食品饮料销售量激增,餐饮服务收入随之大增。

(3)投入少,产出大。与其他旅游服务产品相比较,旅游娱乐服务产品开发可能投入最少而产出最大,因而最有经济效益。

(4)易开发。如果说要大规模地开发其他旅游服务产品会受到较多的外部条件限制,那么扩大旅游娱乐服务产品开发规模则相对易行。在我国,旅游娱乐服务产品的开发,相对于其他旅游产品而言,则显得落后。因此,我国旅游娱乐服务产品开发力度必须加大,其主要措施如下。

1. 改变观念,提高对旅游娱乐服务产品开发的认识

要加大旅游娱乐服务产品开发力度,就得改变两个观念。一是要改变传统的文化消费观念。我们要充分注意民族性格和文化消费观念的差异,开发出各类旅游者所喜好的旅游娱乐服务产品。二是要改变传统的商品观念。目前,还有不少旅游经营者认为货币是用来购买实体物品的,因而相对来说,热衷于旅游购物服务产品的开发,轻视旅游娱乐服务产品的开发。所以,如果不改变这一单一的观念,旅游娱乐服务产品开发就难上档次,难上规模。

2. 合理规划、建设旅游娱乐设施设备

合理规划、建设旅游娱乐设施设备是加快旅游娱乐服务产品开发步伐的一个重要举措。合理规划、建设旅游娱乐设施设备的基本原则有二:一是因地制宜,因景制宜,多发展一些与山水风景、地方民俗有关的旅游娱乐设施设备,以达到情景交融、游娱相辅、地方色彩浓郁的目的。二是旅游娱乐设施设备尽量建于旅游者所经之处、必到之地。因为,旅游者在旅游过程中对旅游娱乐服务产品的消费往往具有强烈的即兴性和随意性。

3. 充分利用乡土艺术开发旅游娱乐服务产品

为增强旅游娱乐服务产品的吸引力、竞争力,必须依托乡土艺术来开发旅游娱乐服务产品。如湖南,可以唯湘独有的民间艺术——湘剧、花鼓戏、祁剧、巴陵戏、湘西阳戏、湖南山歌、哭嫁歌、盘王歌、长鼓舞、毛古斯舞、衡山布龙和纸龙等为主要资源,开发可供旅游者观赏、可让旅游者参与的丰富多彩的旅游娱乐服务产品。

4. 广泛联合社会力量,共同开发旅游娱乐服务产品

旅游娱乐服务产品需要特殊人才的智力型精神生产,旅游经营部门不可能包罗万象全部承担开发,而应该广泛联合社会力量,共同开发。这样做,对于合作各方均有益处,如:现在观看地方戏曲、民间歌舞和杂技等乡土艺术表演的旅游者有严重减少的趋势,不少专业演出人员很少有演出,场地闲置或半闲置,而他们的演出正好是外国旅游者所向往观赏的,旅游经营部门只要与他们合作,不仅能开发旅游娱乐服务产品,满足旅游者需求,改善旅游地旅游形象,增加旅游收入,而且能为乡土文艺工作者创造发展机会,同时还能弘扬了乡土文化。

5. 在旅游活动过程中尽可能多地安排娱乐活动

旅游娱乐活动是旅游六要素中的关键环节,是旅游者参与意愿最高的活动环节。完善、舒适的旅游娱乐服务产品能够增强旅游者的消费欲望。旅游娱乐消费作为一种弹性消费,在激烈的市场竞争条件下,有着较大的发展空间。放眼世界,澳大利亚、新加坡等旅游设施相对完善的国家都十分重视娱乐项目的开发,最大限度地提高旅游收入。很多国家和地区,旅游娱乐产品的开发已经成为旅游经济新的突破口。

第四节 旅游购物品

一、旅游购物品的概念

旅游购物品,是指旅游者在旅游过程所购买的具有纪念性、艺术性及实用性的物质产品。

从基本属性来看,旅游购物品同一般百货商品一样,具有经济学意义上的价值和使用价值两种属性,都经历从生产到销售,最后到达消费者手中的社会经济活动,但是二者之间存在着以下差异。

(一)购买者有所不同

旅游购物品的购买者主要是来自异国他乡的旅游者,一般百货商品的购买者主要

是当地居民。

(二)品种、档次、特色有所不同

旅游购物品必须具有纪念性、艺术性、民族性、地方性及实用性,以满足旅游者高层次的精神文化消费的需要。一般百货商品必须具有实用性、经济性,以满足当地居民日常生活需要。旅游购物品和一般百货商品相比较,在品种选择上、档次要求上、产品造型上、包装设计上有着更高层次的要求。

(三)销售网点布局有所不同

旅游购物品的销售网点大多位于旅游景点、景区的出入口以及旅游酒店内、车站与码头及其附近等地。一般百货商品的销售网点一般位于城乡居民集中居住地附近。

(四)生产、销售的稳定程度有所不同

旅游购物品的生产、销售随着政治、经济及气候变化而发生较大波动。相对于旅游购物品而言,一般百货商品的生产、销售大多不易受政治、经济及气候变化的影响而发生较大的波动。

(五)使用价值有所不同

一般来说,旅游购物品具有实际使用效能和抽象使用效能,但以抽象使用效能为主。一般百货商品的使用价值主要是实际使用效能。

二、旅游购物品的特点

(一)纪念性

旅游购物品的纪念性就是以旅游地的自然风光、名胜古迹、历史故事、历史人物为题材设计产品的造型与图案,或选用当地特有材料进行加工生产,以使产品具有纪念、提示的功能,让人睹物生情,马上回想起昔日到此一游。旅游购物品只有具有独特的纪念性,才会真正具有馈赠性、传播性,而且旅游者与亲朋好友之间的转赠,将使旅游购物品的购买量成倍增加,同时还有利于旅游地知名度的提高。

(二)艺术性

旅游购物品的艺术性,就是旅游购物品具有浓厚的艺术内涵和特色,能给人新颖奇特、美观别致之感,能成为文化艺术交流的媒介与见证。

(三)民族性

旅游购物品的民族性,就是旅游购物品可以反映旅游目的地的民族文化特色。例如,湖南湘西北地区土家族的"西兰卡普",贵州少数民族的蜡染等传统工艺品。

(四)实用性

旅游购物品的实用性,就是旅游购物品可以使旅游者在结束旅游之后,能在生活中派上用场。旅游购物品可作为艺术装饰,如书画品、艺术挂毯等;或作日常生活之用,如竹制保健品、厨房盛器等。

三、旅游购物品的分类

从我国目前旅游市场经营状况来看,旅游购物品大体可分为六大类。

(一)旅游工艺品

目前,我国旅游工艺品品种主要有以下几类。

1. 雕塑工艺品

这类工艺品包括牙雕、石雕、核雕、煤精雕刻、玉雕、竹刻工艺品、雕塑类工艺品及装饰工艺品等。

2. 陶瓷工艺品

这类工艺品中,著名的产品有景德镇的青花瓷、粉彩瓷、玲珑瓷和颜色釉瓷,以及醴陵的釉下彩瓷、唐山新彩瓷等。

3. 编织工艺品

这类工艺品包括草编、竹编、藤编、柳编、棕编、麻编和葵编等。

4. 漆器工艺品

这类工艺品主要品种有雕漆、金漆、脱胎漆等。

5. 金属工艺品

这类工艺品主要包括景泰蓝、烧瓷、金银器皿和首饰、斑铜、铁画及工艺刀剑等。

6. 花画工艺品

这类工艺品主要包括绢花、绒花、纸花、羽毛花、塑料花等。

7. 玩具工艺品

目前,我国玩具种类很多,按原料分有竹木、泥塑、金属、布绒、塑料玩具等类;按采用的动力分有惯性、发条、电力、声控、遥控玩具等类;按适合儿童年龄分有乳儿期、婴儿期、学龄期玩具等。

8. 抽纱、染织、刺绣工艺品

这类工艺品主要包括手绣、机绣、绒绣、珠绣、抽纱、桃补花、编织、蜡染、扎染工艺品,以及绣衣、羊毛手工地毯、化纤机织毯、丝毯、天鹅绒毯等。

(二)文物古玩

文物古玩是人类历史上物质文明和精神文明的遗存物,既具有历史、艺术和科学价值,又具有教育意义和纪念意义。文物古玩包括端砚、徽墨、宣纸、湖笔,统称为"文房四宝";出土文物复制品、碑帖、拓片以及不属于国家严禁出口的古玩等。

(三)旅游纪念品

以旅游景点的文化古迹或自然风光为题材,利用当地特有的原材料,体现当地传统工艺和风格，富有纪念意义的小型纪念品称为旅游纪念品。旅游纪念品的范围较广。许多工艺品也可以转化成为旅游纪念品。

(四)土特产品

我国国土辽阔，气候类型多样，地形复杂，使得我国拥有种类繁多的土特产品。其中，便于旅游者购买的有以下几类。

1. 干果类

这类土特产主要包括核桃、柿饼、板栗、红枣等。

2. 干菜类

如黄花菜。

3. 中药材类

这类土特产主要包括人参、鹿茸、冬虫夏草、天麻、三七、首乌等。

4. 调味类

这类土特产主要包括胡椒、八角、桂皮、花椒等。

5. 菌类、藻类

这类土特产主要包括香菇、黑木耳、白木耳、发菜等。

(五)旅游食品

可供旅游者购买的食品主要有各类方便食品、罐头等。

(六)旅游日用品

旅游日用品是指旅游者在旅游活动中购买的具有实用价值的旅游小商品。如日用化妆品、毛巾、手帕、餐巾、牙刷、香皂、旅游鞋、旅游包、地图指南、急救药、防寒防暑用品等。

四、发展旅游购物品生产、经营的意义

(一)可提高宏观经济效益

旅游业是个投资少、见效快、收益大的重要产业。而旅游购物品生产经营又是旅游业内部投资少、见效快、收益大的一环。故加强旅游购物品生产经营能大大地提高旅游业经济效益，并由此带动宏观经济效益的提高。首先，旅游者在食、住、行等基本旅游需求方面的消费具有较强的刚性，所得收入是有限度的，弹性小的。而旅游者在"购"这一非基本旅游需求方面的消费具有较强的弹性，所得收入是无限度的，弹性大的。其次，旅游目的地若有丰富多彩的旅游购物品供旅游者购买、消费，就能延长旅游者逗留的时间，使其在旅游目的地食、住方面的消费更进一步增加。再次，旅游购物品本身也是一种旅游资源，它可满足旅游者购的需要，对旅游者颇具吸引力。如我国的香港地区，名胜古迹虽然很少，但以丰富多彩的旅游购物品吸引着世界各地的旅游者，成了世界著名的"购物天堂"。可见尽善尽美地做好旅游购物品生产经营工作，便可在一定程度上扩大旅游客源市场。

(二)可促进轻工、农、外贸等行业的发展

许多旅游购物品都是由轻工业部门和农业部门提供的,这是因为旅游购物品与非旅游购物品之间并无不可逾越的界限,一件轻工业部门生产的各地均可购到的上衣,印上风景名胜地的文物古迹图案、山水图案和地名,便兼有穿着的使用价值和旅游纪念的特殊使用价值,引起旅游者的消费欲望并产生消费行为而成为旅游购物品。农副产品是轻工业部门所需原料的最主要的来源,旅游购物品中那些特产又为农业所提供。故而提高旅游购物品生产水平,能为轻工业、农业提供更广阔的发展前景。同时,也有利于外贸发展。因为,旅游购物品生产经营部门是外贸部门的广告公司、业务推销员、试销部,是出口商品的情报所。

(三)有利于降低换汇成本,减少商业利润和外汇外流

旅游业换汇成本低、风险小、创汇弹性大,而旅游购物品生产经营又是旅游业内换汇成本低、风险较小、创汇弹性最大的一环,故发展旅游购物品生产经营,有利于多创外汇。具体地说,国际游客购买、消费旅游购物品对目的地国(地区)而言是一种"就地出口"。这种"就地出口"同外贸出口相比,有以下四个好处。①换汇成本低。据有关资料介绍,1982年浙江省自营出口的蚕丝、绸缎、罐头等九种商品的平均换汇成本1美元需要2.78元人民币,但同期旅游购物品换汇成本1美元只需1.89元人民币。②减少商业利润外流。外贸出口商品需经过多次流通中的转手和长途运输才能进入国际市场,其商业利润多为中间商所得,而经营旅游购物品则是就地出口,商业利润为当地所得。③减少部分包装运输费用,风险性较小。④提高旅游购物品生产水平能以更多的名优旅游购物品替代一些进口商品,减少外汇支出,使之有更多的旅游外汇沉淀下来,增加结汇。

(四)可广辟就业门路

在旅游购物品中占有很大比重的传统工艺品、民族用品等属于典型的劳动密集型产品。发展这些产品的生产能容纳大量劳动力。据不完全统计,在20世纪90年代,仅陕西临潼从事民间传统工艺品产销的妇女劳力就达10万人左右。毫无疑问,加速旅游购物品生产经营的发展能增加许多就业机会。这不仅有益于社会安定,而且可借助社会闲散劳力为国家多创财富,多赚外汇。

(五)可提高资源利用率,变废为宝

旅游购物品生产原料来源十分广泛、数量很多,树根、竹子、石头、贝壳、边角废料均可作为旅游购物品生产原料。发展旅游购物品生产经营不仅容易获得原料,而且能变废料为创汇之宝。如在天子山景区一位香港游客就花150港元买下了一根根雕拐杖。假若把这一树根当作薪柴来卖,恐怕值不了多少钱。

五、发展旅游购物品生产、经营的途径

旅游购物品生产经营水平的提高应从以下几个方面努力。

(一)控制宏观、搞活微观

控制宏观,首先要建立健全旅游购物品生产经营管理机构,以该机构牵头,做好三件事。

①根据国民经济发展战略规划,提出旅游购物品生产经营发展战略目标、重点、布局及步骤,给旅游购物品生产经营基层企业以必要的指导和控制,防止一哄而上,盲目发展。②定期召开由生产、加工、商业、外贸、旅游等有关部门及有关地区代表参加的协作会,尽可能处理好横向联合与各自为政之间的矛盾,以及整体利益与局部利益之间的矛盾,尽早解决诸多部门插手旅游购物品生产经营的问题,否则导致市场混乱、结构失衡、削价竞争、利润外流、外汇漏损,出现旅游购物品生产经营缺乏后劲的局面。③及时向旅游购物品生产经营基层企业提供市场信息,使之对旅游购物品消费动向心中有数,以便有的放矢地作出正确的生产经营决策,避免生产经营资金搁置和库存积压。

其次,要运用经济杠杆影响和引导旅游购物品生产经营企业,使之为实现宏观计划控制目标各尽其能,各尽其力。

最后,要制定一套较完整的法规条例、规章制度和专业技术标准等,用以规范旅游购物品生产经营基层企业的经营行为。

搞活微观的关键是要明确宏观控制只能以间接管理为主,要彻底实现政企分开,对旅游购物品生产经营企业的内部管理及具体经营活动,除违反国家政策、法令之外,不得运用行政手段过多地干涉。不断扩大旅游购物品生产经营基层企业的自主权,使之成为真正的责、权、利紧密结合、独立经营、自负盈亏,具有自我改造、自我发展能力和权限的经济法人。

(二)建立生产基地,突出产品特色,更新产品花样,提高生产水平

为了加强旅游购物品生产,要组织、动员有条件生产旅游购物品的企业、个体户加入旅游购物品生产、开发的行列。尤其是要以就地选题、就地取材、就地生产、就地销售和就当地传统技艺或现代工艺优势为原则,通过多种途径建立一大批旅游购物品生产供应基地,以保证旅游购物品的正常供应,以满足旅游购物品的消费的需要。

生产旅游购物品时,首先要突出产品特色,即突出以下"六性"。①地方性,这是体现旅游购物品质量的关键。地方性主要表现在地方性的原料、地方性的设计、地方性的包装。②纪念性,即在设计产品图案造型时应以当地名胜及民情风俗为题材,产品明确标明旅游地名称。③艺术性,即产品要富有艺术欣赏价值。④实用性,即产品要具有日常使用价值。⑤方便性,即产品不宜重、大、笨、粗,包装宜牢固又轻便,便于旅游者携带。⑥礼品性,即产品要外形美观,内在价值较高,包装华丽精美,以利旅游者馈赠亲友。

其次,要实行多种题材、多种色彩、多种式样、多种档次,尽可能使旅游购物品系列化、配套化,以使旅游者随意选择、各购其好。

最后,根据旅游需求变化情况,不断更新产品花样,尽量做到不断出新产品、新品种、新花色,以满足旅游者求新猎异的需求。

(三)建立合理的旅游购物品销售网络

绝大多数旅游者在旅游地区因时间仓促,往往忙于游览主要景区、景点,较少顾及次要景区、景点,更无暇到离景区、景点较远的商店选购旅游购物品。因此,建立旅游购物品销售网点时应该注意:在地理位置方面,旅游购物品商店须沿旅游线布局,坚持"三就"原则,即旅游购物品商店须就近(或位于)旅游区、景点,就近(或位于)涉外旅游宾馆酒店,就近(或位于)离景区、景点较近的车站、码头、机场;在密度方面,主要景区、旅游城市的旅游购物品商店密度须大于次要景区、非旅游城市,在闻名遐迩的景区出入口处可聚集若干旅游物品商店形成一条旅游购物品商业街;在规模方面,旅游购物品商店规模须因地制宜、大小适度,在著名景区、景点的出入口处的旅游购物品商店规模宜大,在知名度低的景点附近旅游购物品商店规模宜小。

(四)增强旅游购物品商店的生命力、竞争力

提高旅游购物品商店经营者的素质是增强旅游购物品商店生命力、竞争力的关键之一。如果旅游购物品商店的经营者未受过足够的或根本未受过专业训练,对本店所经营的旅游购物品的特征知之甚少,销售艺术缺乏,普通话说不好,外语更不懂,无能力应付国际游客甚至国内游客,这样的经营者素质水平不适合旅游业的发展。因此,从现在起就应该采取多种形式强化旅游购物品商品经营者的教育,努力提高经营者的思想水平和业务素质。

突出旅游购物品商店特色是增强旅游购物品商店生命力、竞争力的关键之二。现在,许多旅游购物品商店特色不突出,而对能吸引旅游者真正创汇的本地产品经营持消极态度。这样的旅游购物品商店在竞争激烈的旅游市场是难以求得生存和发展的。有特色才有竞争力、生命力,因此,旅游购物品商店须突出自身特色。旅游购物品商店的特色表现在:它的服务对象是广大的远道而来的国内外游客,它所经营的购物品须具有地方性、纪念性、艺术性、实用性、方便性和礼品性。突出旅游购物品商店的特色可从以下三个方面努力。①以经营买卖地方特色突出的特产为主。如,就湖南的旅游购物品商店而言,就应从该省的实际情况出发,宜以经营买卖唯湘独有、唯湘独优的物产为主,而不宜像香港的一些旅游购物品商店那样,以汇集世界名优产品取胜。②尽可能使经营买卖的旅游购物品与当地旅游活动内容相适应。例如:佛殿道观、古刹禅寺内的旅游购物品商店经营的旅游物品宜以仿古文物制品、古玩与香、烛之类为主;名山(地势较高的名山)之麓的旅游购物品商店对于旅游鞋、手杖之类的登山用品的经营买卖必不可少。③掌握旅游者的消费心理,以旅游购物的"六性"为准则认真组织货源。

灵活经营、完善服务是增强旅游购物品商店生命力、竞争力的关键之三。灵活经营,完善服务是诱发旅游者消费欲望的重要因素,应充分予以认识。在旅游购物品价格方面,应薄利多销,按质定价,采取数量折扣、季节折扣、老顾客折扣等促销。在服务方面,讲究文明经营,提高服务质量,开展如购物咨询、开架售货、送货、代邮寄、托运之类的多种服务项目。

(五)强化宣传广告

大多数旅游者来去匆匆,逛商店选商品的时间极少,他们对旅游地物产的了解往往

是从广告宣传资料中获得的。所以,要加大旅游购物品销售量,须强化广告宣传,即借助导游图、购物指南手册、客房电视的宣传功能,提高旅游目的地名优物产的知名度,使旅游者慕名而购。

(六)加强横向联合

在商品经济发达的今天,任何行业、企业都不可能孤军奋战。所以旅游购物品生产经营企业必须通过多种途径与其他相关企业发生广泛的横向联合,并不断完善、巩固。旅游购物品商店与旅行社联合,可以从旅行社那里及时了解旅游业的发展动态和旅游需求的变化,做出正确的旅游购物品经营决策;可以通过旅游接待部门进行适当的广告宣传和引导游客购物。旅游购物品商店与相关生产部门联合,把得到的旅游购物品需求信息及时反馈给生产部门,既可以促进旅游购物品生产水平的提高,又可稳定自己的货源。

> **本章小结**
>
> 旅游产品是旅游者集中消费的对象,是旅游业供需沟通的载体,其质量好坏直接影响旅游经济效益以及旅游业的可持续发展。旅游产品由实物和服务构成,旅游产品的升级迭代会影响旅游产业整体结构的调整。未来,旅游业与其他各产业融合发展趋势愈加强烈。随着旅游市场发展日渐成熟以及旅游需求的日益复杂化和多样化,旅游供给也将顺应发展趋势,推动多种产业融合发展,而新的旅游产品也必将不断涌现,以满足消费者日益高要求多元化的旅游需求。

复习思考

■ 课堂讨论题
1. 开发旅游产品过程中要注意哪些问题?
2. 旅游购物品对旅游业发展有什么作用?

■ 复习思考题
1. 旅游产品是怎么分类的?
2. 旅游产品有哪些特征,旅游产品开发的原则是什么?
3. 旅游相关产品应该如何开发?
4. 旅游购物品有哪些特征?旅游购物品有哪些类型?
5. 为什么要开发旅游购物品?开发方式有哪些?

第四章
旅游供给与需求

学习目标

了解制约旅游供给与需求的基本因素,理解旅游供需规律的内涵,明确旅游供给与需求价格弹性,正确看待旅游供求矛盾等。

重点/难点

掌握旅游供需规律,总结实现旅游供求矛盾均衡的方法。

思维导图

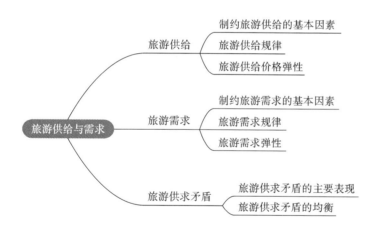

旅游供给,是指旅游经营方(旅游的供给方)以一定的价格向旅游者(旅游需求方)提供的旅游产品的数量。旅游供给含义中所指的旅游产品,既包括基本旅游供给又包括辅助旅游供给。也就是说,旅游产品既包括旅游资源、旅游设施、旅游服务等,又包括供水、供电、供气、污水处理、供热、电信、医疗等系统,以及车站、码头、机场、桥梁、道路等各种配套工程。

旅游需求,就是具有一定支付能力和余暇时间的人们在一定的时间内,愿意按照一定的价格购买的旅游产品的数量。

第一节 旅游供给

一、制约旅游供给的基本因素

(一)旅游价格因素

旅游经营者从事旅游产品经营大都是以获取利润为目的,所以旅游经营者总是根据旅游市场上旅游产品价格的变化趋势和盈利状况来确定自己的旅游产品供给计划的。当旅游市场上旅游品产的价格上涨时,旅游经营者因所得利润增加,就愿意向旅游市场提供更多的旅游产品;当旅游市场上旅游产品的价格下跌时,旅游经营者因所得利润减少,便会减少旅游产品的提供量。旅游产品价格的高低,从动态上看,是与其生产成本相对而言的。当旅游产品的生产要素价格提高时,旅游产品的生产成本增加,客观上就要求旅游产品价格上涨,否则将使旅游经营者的盈利减少,也将使旅游产品供给量缩减;反之,当旅游产品的生产要素价格下跌时,旅游产品的生产成本减少,如果旅游产品价格仍保持不变,则将使旅游经营者的盈利增加,也将使旅游产品供给量增加。

(二)旅游资源因素

旅游资源是所有旅游产品开发的依托,是影响旅游供给的因素。一个国家或地区的旅游产品的总供给量,首先取决于这一国家或地区可开发利用的旅游资源状况。有了旅游资源的开发、有了旅游的吸引力,才能为其他旅游产品提供发展的空间。一个国家或地区的旅游资源的状况,不仅决定其旅游产品开发的方向和特色,而且影响着旅游供给的数量和质量。

(三)自然环境因素

自然环境是旅游的第一环境。如果自然环境不理想,旅游供给就会受制约。如高纬度地区以及一些热带雨林气候地区的旅游供给量就很小。此外,恶劣天气的出现及地震、火山等自然灾害的发生也会使旅游供给大大减少。

(四)社会状况因素

社会状况对旅游供给的影响也不可忽视。居民精神文明程度高,富有好客精神,社会秩序良好,必然使旅游经营的社会成本降低,从而间接地导致旅游供给扩大。

(五)社会经济因素

一个区域的经济水平越高,该区域对旅游资源开发、旅游设施建设、旅游服务网点建设、旅游宣传促销、旅游专业人才培养、自然环境保护等的投入就越多,旅游供给水平就越高。

(六)科学技术因素

科学技术的发展,为丰富旅游产品品种、拓宽旅游供给领域创造了良好的条件。如有了航天技术,太空旅游产品供给已不是神话;有了潜水技术,海底旅游产品供给已成为现实;有了电力技术,溶洞旅游产品早已大量供给;有了声、光、电技术,诸如迪斯尼、仿真恐龙展览之类的人造景点如雨后春笋般涌现。科学技术的发展,使各种专门性旅游服务预订网络进入了设备更先进、使用更方便的阶段,从而极大地提高了服务效率与服务水平,也相应地增加了旅游供给。

(七)政策因素

旅游目的地国家或地区政府的政策,对于旅游供给的规模、数量、品种和质量都有着很大的影响。

1. 税收政策

政府如果降低旅游经营者的有关税率,使经营者获利增加,旅游供给量就会扩大。政府如果提高旅游经营者的有关税率,使旅游经营获利减少,旅游供给量就会减少。在我国改革开放初期,我国政府采取了以旅游养旅游的政策,规定三年内旅游收入全留在旅游部门和企业中,用于旅游设施改造、更新。这在我国旅游业发展初期,对旅游供给量迅速扩大起到了巨大的作用。

2. 银行贷款政策

旅游企业的发展需要大量的资金投入,单靠企业自身力量很难解决。因此,银行对旅游企业的贷款利率越低,还本付息时间越长,就越有利于旅游供给量的扩大。如20世纪60年代,南斯拉夫为了推动旅游业发展,曾规定对旅游设施建设提供为期20年的低息贷款。在这种低息贷款政策的促进下,南斯拉夫旅游设施建设很快就出现了长足发展。

3. 财政补贴政策

为了促进旅游供给水平的提高,世界上有不少国家的政府采取财政补贴政策。如国家为了促进乡村旅游发展,采取了补贴休闲农业项目、田园综合体等乡村旅游项目,大大促进了乡村旅游产品供给。

4. 其他政策

在一定的时期内,政府为了调节旅游供给还会制定许多其他政策。如2018年国务院办公厅发布《关于促进全域旅游发展的指导意见》,要求"大力推进旅游领域大众创业、万众创新,开展旅游创客行动,建设旅游创客示范基地,加强政策引导和专业培训,促进旅游领域创业和就业。鼓励各类市场主体通过资源整合、改革重组、收购兼并、线上线下融合等投资旅游业,促进旅游投资主体多元化。培育和引进有竞争力的旅游骨干企业和大型旅游集团,促进规模化、品牌化、网络化经营。落实中小旅游企业扶持政策,引导其向专业、精品、特色、创新方向发展,形成以旅游骨干企业为龙头、大中小旅游企业协调发展的格局。"此举拓宽了我国旅游产品供给渠道,有效地推动了旅游供给量的大幅度增加。

二、旅游供给规律

(一)旅游供给价格规律的概念

旅游供给与旅游产品价格之间存在着一定的关系。一般而言,如果仅从旅游产品价格方面考虑,当旅游产品价格上涨时,旅游供给量就会增加;当旅游产品价格下跌时,旅游供给量就会减少。由此,我们可以对旅游供给价格规律的概念作如下表述:在影响旅游供给的其他一切因素都不发生变化的情况下,旅游供给量与旅游产品价格之间成正相关变化。

(二)旅游供给价格函数式

旅游供给价格函数,是指旅游供给量与旅游产品价格之间的正相关变化关系。其公式为

$$Q_s = f(P)$$

式中:Q_s——旅游供给量;

P——旅游产品价格;

$f(P)$——旅游供给量与旅游产品价格之间的函数关系。

(三)旅游供给价格曲线图

若将一定时期内旅游产品价格的变化情况和与之相对应的旅游供给量的变化情况描绘在坐标图上,则坐标图上反映两者之间变化关系的轨迹就是旅游供给价格曲线图(图4-1)。

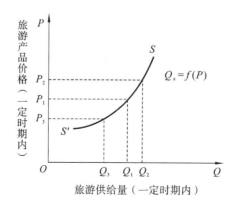

图4-1 旅游供给量与旅游产品价格之间的关系曲线图

图 4-1 中,曲线 SS' 是旅游供给价格曲线,P_1、P_2、P_3 分别代表不同的旅游产品价格,Q_1、Q_2、Q_3 分别代表不同的旅游供给量。当旅游产品价格为 P_1 时,旅游供给量为 Q_1;当旅游产品价格上升到 P_2 时,旅游供给量也增加到 Q_2;当旅游产品价格下跌至 P_3 时,旅游供给量随之减少至 Q_3。

(四)旅游供给价格曲线的位移

图 4-1 所表明的是假定其他因素不变的情况下,旅游产品价格变化导致旅游供给量沿着旅游供给曲线 SS' 发生上下移动。事实上,影响旅游供给的其他因素时刻处于动态变化之中,从而使旅游供给量也时刻处于动态变化之中。但是,当旅游产品价格变化态势保持不变时,尽管影响旅游供给的其他因素发生明显的变化也不会导致旅游供给价格曲线的形状发生变化,仅仅是使旅游供给价格曲线发生平行位移。影响旅游供给的其他因素发生变化时有两种可能性:一是其他因素的变化从总体来看有利于旅游供给增加;二是其他因素的变化从总体来看会使旅游供给减少,所以旅游供给价格曲线就会随其他因素变化而向右下方或左上方平行移动(图 4-2)。

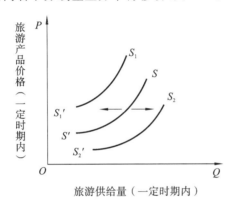

图 4-2 旅游供给价格曲线移位图

在图 4-2 中,曲线 SS' 表示在一定时期内旅游产品价格与旅游供给量之间的变化关系。曲线 S_1S_1' 则表示,在一定时期内当其他因素发生变化,且从总体上来说对旅游供给产生抑制作用时,旅游供给整体水平下降的情况。譬如,在一定时期内,旅游地社会经济发展水平有所下降,或政府提高旅游经营税率,或银行提高贷款率,或灾害性天气较频繁,或社会秩序较混乱,受这些不利因素的作用,就是旅游产品价格保持不变,旅游供给整体水平也会呈下降态势,于是原旅游供给价格曲线向左上方平行位移,形成一条新的旅游供给价格曲线 S_1S_1'。而曲线 S_2S_2' 则表示,在一定时期内当其他因素发生变化,且从总体上来说对旅游供给扩大起促进作用时,旅游供给整体水平上升的情况。譬如,旅游产品生产要素成本下降,或旅游地政府加大对旅游业的扶持力度,受这些促进因素的作用,即使旅游产品价格仍维持不变,旅游供给整体水平也会呈上升态势,于是原旅游供给价格曲线向右下方平行位移,也形成一条新的旅游供给价格曲线 S_2S_2'。

(五)在旅游供给价格规律中,旅游产品价格变动是相对变动

在讨论旅游供求价格规律时,所说的旅游产品价格变动是相对变动,而非绝对量的变动。这有以下两层意思。

一层意思是指旅游产品价格变动幅度相对于其他产品价格变动幅度的大小。若在一定时期内,旅游产品价格上涨幅度大于其他产品价格上涨幅度,或旅游产品价格下跌幅度小于其他产品价格下跌幅度,则旅游产品价格相对于其他产品价格来说是上涨了,旅游供给就会扩大。若在一定时期内,旅游产品价格上涨幅度小于其他产品价格上涨幅度,或旅游产品价格下跌幅度大于其他产品价格下跌幅度,则旅游产品价格相对于其他产品价格而言是下跌了,旅游供给就会缩小。

另一层意思是指旅游产品价格变动幅度相对于旅游产品生产要素价格变动幅度的大小。如果在一定时期内,旅游产品价格上涨幅度大于旅游产品生产要素价格上涨幅度,或旅游产品价格下跌幅度小于旅游产品生产要素价格下跌幅度,则旅游产品价格相对于旅游产品生产要素价格来说是上涨了,旅游供给就会增加。如果在一定时期内,旅游产品价格上涨幅度小于旅游产品生产要素价格上涨幅度,或旅游产品价格下跌幅度大于旅游产品生产要素价格下跌幅度,则旅游产品价格相对于旅游产品生产要素价格来说是下跌了,旅游供给就会缩减。

三、旅游供给价格弹性

(一)有关概念

1. 旅游供给价格弹性

旅游供给价格弹性,是指旅游供给量与旅游产品价格之间变化的比率关系。

2. 旅游供给价格弹性系数

旅游供给价格弹性系数,是测定旅游供给量对旅游产品价格变化反应程度大小的指标。

(二)旅游供给价格弹性系数计算公式

$$旅游供给价格弹性系数 = \frac{本期旅游供给量 - 上期旅游供给量}{\frac{本期旅游供给量 + 上期旅游供给量}{2}} \div \frac{本期旅游价格 - 上期旅游价格}{\frac{本期旅游价格 + 上期旅游价格}{2}}$$

在此,用 E_{sp} 代表旅游供给价格弹性系数,Q_1 代表本期旅游供给量,Q_0 代表上期旅游供给量,P_1 代表本期旅游价格,P_0 代表上期旅游价格,则

$$E_{sp} = \frac{Q_1 - Q_0}{\frac{Q_1 + Q_0}{2}} \div \frac{P_1 - P_0}{\frac{P_1 + P_0}{2}} = \frac{(Q_1 - Q_0)(P_1 + P_0)}{(Q_1 + Q_0)(P_1 - P_0)}$$

例:有一旅游产品 2003 年的价格为 1548 元,2002 年的价格为 1742 元。该旅游产品 2003 年的供给量为 15832 人次,2002 年的供给量为 19674 人次。求该旅游产品的旅游供给价格弹性系数。

解:根据题意得知,$Q_1 = 15832$,$Q_0 = 19674$,$P_1 = 1548$,$P_0 = 1742$,则

$$E_{sp} = \frac{(15832 - 19674)(1548 + 1742)}{(15832 + 19674)(1548 - 1742)} = 1.84$$

答:该旅游产品的旅游供给价格弹性系数为1.84。

(三)旅游供给价格弹性的种类

在实际工作中,旅游供给价格弹性系数经计算所得出来的值,大体有以下三种情况。

1. 旅游供给价格弹性系数大于1

旅游供给价格弹性系数大于1,即$E_{sp}>1$。这种情况表明,旅游供给量对旅游产品价格的变动反应很敏感。换而言之,就是旅游产品价格变动1%时,所导致的旅游供给量的变动超过1%。因此,当$E_{sp}>1$时,就可以称旅游供给富有价格弹性,或旅游供给价格弹性充足。$E_{sp}>1$的旅游供给价格曲线图见图4-3。

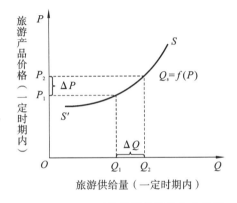

图4-3　$E_{sp}>1$时的旅游供给价格曲线图

可以看出,在图4-3中,$E_{sp}>1$时的旅游供给价格曲线SS'倾斜度较小,旅游供给量变动的幅度ΔQ要比旅游产品价格变动的幅度ΔP大得多。

2. 旅游供给价格弹性系数小于1

旅游供给价格弹性系数小于1,即$E_{sp}<1$。这种情况表明,旅游供给量对旅游产品价格的变动反应不太敏感。换而言之,就是旅游产品价格变动1%时,所导致的旅游供给量的变化不到1%。因此,当$E_{sp}<1$时,就可以称旅游供给缺乏价格弹性,或旅游供给价格弹性不足。$E_{sp}<1$的旅游供给价格曲线图见图4-4。

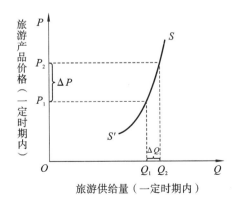

图4-4　$E_{sp}<1$时的旅游供给价格曲线图

可以看出,在图 4-4 中,$E_{sp}<1$ 时的旅游供给曲线 SS' 倾斜度较大。旅游供给变动的幅度 ΔQ 要比旅游产品价格变动的幅度 ΔP 小得多。

3. **旅游供给价格弹性系数等于 1**

旅游供给价格弹性系数等于 1,即 $E_{sp}=1$。这种情况表明,旅游供给量对旅游产品价格的变动反应比较敏感。也就是说,旅游产品价格变动 1% 时,所引起的旅游供给量的变动也为 1%。这一情况可称为旅游供给具有单元弹性或单位弹性。$E_{sp}=1$ 的旅游供给价格曲线图见图 4-5。

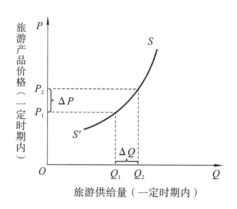

图 4-5　$E_{sp}=1$ 时的旅游供给价格曲线图

可以看出,在图 4-5 中,$E_{sp}=1$ 时的旅游供给价格曲线 SS' 倾斜度较大。旅游供给变动幅度 ΔQ 和旅游产品价格变动幅度 ΔP 相同。

(四)旅游供给价格弹性的大小

旅游供给价格弹性的大小与旅游产品价格上涨或下跌延续时间的长短相关。

一般而言,旅游价格上涨或下跌延续的时间较短,那么旅游供给价格弹性就小或缺乏。在较短的时间内,旅游供给量不能随着旅游产品价格的上升而明显增加。其理由有三:一是旅游供给包含了一定的生产过程,不能随旅游产品价格的上涨而很快地增加。二是旅游供给深受其他许多相关部门的制约,不能简单地作出直接快速的反应。三是旅游设施、旅游景点等基本供给的开发耗资巨大,所需的巨额资金往往一时难以筹集。在较短的时间内,旅游供给量也不能随旅游产品价格的下跌而明显减少。因为,旅游经营者难以在较短的时间内转向经营其他行业的产品,而退出旅游市场。

一般情况下,旅游产品价格上涨或下跌延续的时间较长,那么旅游供给价格弹性就大或充足。因为旅游经营者就会有较充足的时间,针对旅游产品价格的变动情况来调整自己的旅游供给计划,并付诸实际行动。

第二节 旅游需求

一、制约旅游需求的基本因素

(一) 人口因素

旅游需求深受人口因素影响。人口因素中,又以人口数量、人口结构、宗教信仰及心理因素等对旅游需求的影响最大。

1. 人口数量

一般而言,在经济发展水平基本相同的情况下,人口越多的国家或地区,旅游需求量就可能越大。这一点,在国内旅游需求方面显得尤为突出。据统计,2019年国内旅游人数60.06亿人次,大大超过了世界上各发展中国家的国内旅游人次。其主要原因之一,就是我国人口数量特别大。人口数量虽然对旅游需求量的大小有影响,但不是绝对有影响。如1995年,美国出国旅游人数约为5000万人次,出国旅游支出约为448亿美元;同年,经济发展水平与美国大致相当但人口大大少于美国的德国旅游人数多达约7400万人次,居世界第一,出国旅游支出高达约473亿美元,也居世界第一。

2. 人口结构

人口结构,包括人口的城乡结构及人口的年龄结构、性别结构、职业结构、文化结构、民族结构等。其中以人口的城乡结构及人口的职业结构、年龄结构等对旅游需求的影响较突出。

人口的城乡结构对旅游需求的影响主要表现在:城市居民所占比重大的地区一般旅游需求量较大;城市居民所占比重小的地区,一般旅游需求量较小。也可以说城市居民旅游需求量相对农村居民旅游需求量来说要大一些。其主要原因如下:①城市居民的经济收入一般高于农村居民的经济收入;②城市居民的旅游消费条件较好,如旅游交通方便,旅游信息来源较广,旅游服务机构多等;③城市居民的旅游欲望比农村居民高。

人口的职业结构对旅游需求的影响表现在职业不同的群体旅游需求量有所不同。据抽样调查,1995年,我国国内旅游者中,政府职员、专业技术人员、工人、离退休人员就占了64.1%;1996年,我国国内旅游者中,有73.6%的人是属于企事业管理人员、工人、专业技术人员、离退休人员、政府工作人员。人口的职业结构对旅游需求的影响还表现在职业不同的群体对旅游产品类型的需求不同。如政府职员、专业技术人员对差旅型旅游产品需求量较大;而工人对差旅型旅游产品需求很少,但对观光型旅游产品、探亲访友型旅游产品等的需求量大。

人口的年龄结构对旅游需求的影响表现在两个方面。

一是年龄层次不同的群体旅游需求量有所不同。据抽样调查,2020年,我国城镇居民旅游者中,20～29岁游客群体占比约50%,30～39岁游客群体占比约20%,"90

后"已成为我国旅游消费市场出游的主力军,对旅游消费的发展和消费市场活力的释放起到关键作用;我国农村居民旅游者中,35岁以下的游客占比微小且持续下降,从2003年的6.21%下降至2018年的1.44%。35~44岁游客占比则从2003年的24.25%下降至2018年的4.33%,降幅巨大;与之类似,45~54岁游客占比从2003年的40.28%下降至2018年的21.65%。相反,老年组的占比持续上升。55~64岁游客占比从2003年的20.84%上升至2018年的34.02%;65岁及以上游客占比从2003年的8.42%上升至2018年的38.56%,涨幅最大。随着时间的推移,主要游客群体由以中年群体为主转向以老年群体为主。

二是年龄层次不同的群体旅游消费水平差异较大。据抽样调查,2018年,浙江省农村居民旅游者中,35~44岁的人均旅游支出处于较高水平,在2016年首次突破1000元,达1541.99元,2018年高达7602.20元。45~54岁游客人均旅游支出从2003年的34.73元增长至2018年的638.61元,年复合增长率达21.42%。

3. 宗教信仰

无论是从历史上来看还是从当今来看,宗教信仰在世界各地的社会生活中都占有一定地位。时至今日,世界上信仰基督教、佛教、伊斯兰教的人仍然很多。宗教教徒即使经济不宽裕,也常常受教规的影响设法去一些他们所信奉的宗教圣地,进行一系列旅游活动。如每年12月8日至12日,世界各地成千上万的穆斯林都要汇集在圣地麦加,在克尔白圣殿巡礼朝觐,到麦地那向穆罕默德行圣礼受戒,还要到各地游览。可见,宗教旅游需求是一种巨大的旅游需求。

4. 心理因素

心理因素是影响旅游者旅游需求的最初因素。不同的心理因素会导致旅游者产生不同的旅游需求。

(1)身心心理因素会使旅游者摆脱嘈杂的环境,回避寒冬和酷暑,去外地疗养、避寒和避暑、治病或进行体育活动。

(2)文化心理因素会使旅游者去异国他乡了解那里的风土人情、文化历史传统,进行学术交流,观赏文物古迹等。

(3)习惯心理因素会使旅游者往往习惯于在同一时间去同一地点进行某项旅游活动,因为他们祖祖辈辈都去同一地点旅游。

(4)时髦心理因素对旅游者的旅游需求也起很大的促进作用。在某一段时间作为某种方式的旅游也许成了一种时髦,很多游客如同在穿着上赶时髦那样赶旅游的时髦。如有些西欧国家的居民想到国外阳光充足之地旅游,有把皮肤晒得黝黑的心理欲望,这便是时髦心理因素影响旅游者旅游活动的一个佐证。

(5)慕名心理因素也是旅游者的普遍心理特征。所以,慕名心理因素对旅游者的需求也有很大的影响。有些地方虽然旅游资源的特色并不怎么突出,但因知名度高而拥有很大的旅游需求量。

(二)资源因素

旅游者往往是慕名去一个地方游览,欣赏自然风光、名胜古迹、风土人情,以满足身心需求和文化需求。所以,一个地方所拥有的旅游需求量的大小,在很大的程度上取决于当地旅游资源知名度的高低、特色的强弱以及旅游资源时空分布、类型组合。我国北京、上海、桂林、杭州、西安等地之所以拥有较大的旅游需求量,其主要原因就在于它们的旅游资源知名度高、特色突出,对旅游者颇有吸引力。北京是我国著名的古都和我国当代政治、经济、文化的中心,长城、故宫、天坛、颐和园、十三陵等旅游景点世界闻名;上海历来是我国的商业中心,经济实力雄厚,旅游购物品产销两旺,豫园、龙华、玉佛寺等为游客所向往;桂林以山青、水秀、石美、洞奇而驰名,素有"桂林山水甲天下"之美誉;杭州地处世界著名的大运河南端,是我国七大古都之一,除举世闻名的西湖和钱塘江外,还有岳飞墓、灵隐寺、凤凰寺和六和塔等,旅游资源以江南秀色、水乡风貌见长,自古就被誉为人间天堂;西安是西周、秦、汉、隋、唐等朝的国都,主要名胜古迹有号称世界八大奇迹之一的秦陵兵马俑,闻名遐迩的骊山风景区和全国重点文物保护单位大雁塔、小雁塔等。

(三)经济因素

1. 经济水平影响着旅游需求产生的数量

一般而论,经济水平高的地方,居民的收入就高,外出旅游的人数就多,旅游目的地也就越远。据国际上的经验统计,当某一国家人均国内生产总值达到 800～1000 美元时,居民将普遍进行国内旅游;达到 4000～10000 美元时,将进行国际旅游;超过 10000 美元时,将进行洲际旅游。反之,如果一个地方的经济水平低或下降,该地游客量就小或随之下降。如 1991 年美国经济出现衰退,就导致美国当年出国旅游人数下降。经济水平高的地方,居民不仅收入高,而且闲暇时间多,一年中多次外出旅游的人数也就较多。如欧洲国家带薪假期平均每年达 22～25 个工作日,许多国家还有法定的最少天数。随着带薪假期的延长,越来越多的人打算在一年中多次进行旅游活动。

2. 旅游客源产生国与旅游接待国货币相对汇率,以及两国的通货膨胀率,对旅游需求量变化起着重要作用

旅游客源产生国的货币若相对旅游接待国货币升值,而后者的商品价格又未相应提高,则前者的居民去后者旅游时支付的货币就会减少,从而促进旅游需求的扩大;反之,会抑制旅游需求的扩大。例如,1994 年,由于日元升值,赴日本旅游的外国游客比 1993 年减少 17 万人,减幅为 4.75%;日本出国旅游人数净增 14 万人,这一增一减使日本国际旅游贸易出现 309 亿美元的逆差。美国利用美元贬值日元升值大力促销,1993 年日本旅游者在美国花掉 137 亿美元(1993 年美国旅游收入为 750 亿美元)。货币相对汇率的变化还影响一国国内旅游需求,货币升值时,出国旅游的人次就增加,国内旅游人次就会因此而减少;货币贬值时,国内旅游人次就增加,出国旅游人次就会因此而减少。

通货膨胀对旅游需求变化的影响是,一个国家通货膨胀率如高于其主要竞争对手或者主要旅游客源产生国,国际游客就会转向其他旅游接待国,该国的国际游客就随之减少;而该国的居民则可能前往通货膨胀率较低的国家去旅游,国内游客也就会随之减少。

(四)政治因素

旅游需求量变化与国家政策、国内局势、国际关系等密切相关。

1. 国家政策

作为旅游客源产生国,若政府对出国旅游持支持态度,并制定一系列有利于本国公

民出国旅游的政策,那么出国旅游人次就会增多;反之,出国旅游人次就会受到限制。下面两个例证就足以说明这一点。英国外汇管制在1966—1970年为每人限额60英镑,1970—1977年放松到每人限额300英镑。所以,在20世纪70年代初期,英国去国外特别是乘飞机包价旅游的游客较20世纪60年代后期有了明显的增长。马来西亚政府过去规定60岁以上的本国公民方可来华旅游,至1988年马来西亚政府将这一年龄下限降至30岁,1990年马来西亚政府又解除了以往该国公民来华旅游的全部限制,于是马来西亚来华旅游的人迅速增加。据统计,1986—1989年每年马来西亚来华游客约1万人次,1990年猛增至3.7万人次。国家政策也影响国内旅游需求。若政府采取鼓励国内旅游的政策,并设法降低国内旅游费用,或改善国内旅游条件,则国内旅游人次就增多;反之,就少。

作为旅游接待国,政府对国际旅游是采取鼓励还是限制的政策,对入境旅游需求会产生促进或抑制的作用。国际游客入境时,海关边防部门采取宽容的政策,简化手续,处处方便国际游客,就会对入境旅游需求的增长起促进作用;反之,会引起国际游客的反感,抑制对入境旅游需求的增长。

2. 国内局势

一般来说,游客向往的是一个安全、舒适而美好的旅游环境,安全尤为重要。在社会动荡、战火纷飞之际,总是有许多游客会放弃旅游需求。据意大利旅馆业协会估计,仅1991年1月,因海湾战争爆发,在威尼斯—佛罗伦萨—罗马这一条旅游线上国内游客就减少了一半。国际游客减少得更多,有组织的外国旅游团几乎90%取消了原定来意大利的旅游计划,美国、日本、加拿大游客都不来这里;直接卷入海湾战争的欧洲国家也很少有游客来,甚至意大利本身的国内游客也大大减少。与此同时,意大利的米兰、都灵、博洛尼亚、那不勒斯等地的商务旅游游客也减少了30%～35%。又据世界旅游业理事会(WTTC)发布的伊拉克战争对世界旅游业的影响的研究报告称,伊拉克战争对整个世界的旅游需求都产生了较大的消极影响,尤其是对一些旅游经济强国的旅游需求所产生的消极影响更大(表4-1)。

表4-1 伊拉克战争对十大旅游经济强国的旅游需求的影响

国家	旅行旅游需求	出境人数
美国	−2.3%	−13.0%
日本	−1.6%	−16.3%
德国	−2.6%	−8.2%
英国	−2.1%	−8.3%
法国	−3.4%	−8.0%
意大利	−2.3%	−7.9%
中国	−1.5%	−8.4%
西班牙	−3.1%	−7.9%
加拿大	−2.6%	−14.7%
墨西哥	−2.9%	−15.1%

3. 国际关系

国际外交、贸易和文化技术交流等方面的关系左右着国际旅游需求的变化趋势。例如每年出国旅游的美国人中有1/3以上是去加拿大,而加拿大去美国的旅游者占其出国总数的80%以上。美加两国居民之间相互旅游人次一直较多,除了美加是邻国且亲缘关系较密切外,还有一个重要的原因,即美加自由贸易协定取消了海关手续,这就大大方便了出入境游客。

(五)亲缘因素

探亲访友、寻根问祖是人之常情。因此,亲缘因素对旅游需求有不可忽视的作用。据统计,1998年港澳同胞及侨胞到福建旅游的人数约占当年游客接待总数的73%,外国游客仅占27%;而外国游客中相当多的还是外籍华人游客。港澳同胞及侨胞和外籍华人游客之所以在福建入境游客中占绝对优势,是因为他们都是中华儿女,并且他们之中的许多人的先辈生活在福建这块土地上,他们来福建旅游比外国人更积极是理所当然的。

(六)自然因素

自然因素在客观上对旅游需求有较大的影响,自然因素的地域差异常常影响着游客流动方向,因为游客的旅游欲望往往来源于对异地自然风光的向往。如生活在平原地区的游客常去名山欣赏奇峰云海,生活在内陆的游客常去游览风景如画的江南水乡,生活在沿海地带的游客常到内陆游览苍茫的沙漠或草原。自然因素的时间差异,或者更确切地说,气温、降水的季节性变化,导致许多地方的旅游需求量呈现出明显的季节性增减。如美国到加拿大旅游的游客50%以上是在夏季的6月、7月、8月三个月,而加拿大到美国旅游的游客则以7月、8月两个月为多。又如到杭州西湖旅游的游客以春、秋两季较多。气温、降水的季节性变化还常常导致游客的流动方向发生季节性变化。如冬半年严寒地区的游客流向温暖而又阳光充足的地方,夏半年炎热而又湿润地区的游客流向凉爽而又不潮湿的地方。

(七)突发意外情况

地震、恶劣气候、疫病流行等灾害以及交通事故、谣传等人为突发事件,是人们难以预料的,一旦出现,对旅游需求的消极影响极大,甚至,会成为短期内旅游需求发展的最大限制因素。如1985年墨西哥发生大地震后,有50%的旅游活动被取消,导致墨西哥太平洋沿岸的五个主要游览地的客房使用率下降到5%~13%,加勒比海岸的两个主要游览地客房使用率下降20%。又如,2003年4月18日《华尔街日报》专文报道:"非典"沉重打击了新加坡这个以商业活动、跨国贸易和交流为经济命脉的国家的经济,病毒引起的焦虑情绪已在该国造成了严重的混乱。由于旅游者纷纷避开该地区,新加坡的酒店入住率和航空公司的乘坐率都越来越低。仅4月份的头一周,新加坡樟宜机场的航班就减少了82个班次,较上月同期下降5%。希腊雅典国际机场2020年4月份发布的数据显示,由于新冠肺炎疫情导致各国普遍中断航线,同时各国政府相继发布管控限令,这对雅典国际机场造成毁灭性打击。数据显示,2020年第一季度雅典国际机场旅客运输量同比下降20.5%,其中境外旅客运输量下降24.4%,境内旅客运输量下降18.6%。值得注意的是,尽管新冠肺炎疫情于年初暴发,该年度1月份和2月份雅典国际机场旅客运输量增长率仍为正数,并未受到太大影响,但由于3月份疫情在欧洲大规模暴发并蔓延至希腊,希腊政府宣布管控限令,导致3月份雅典机场旅客运输量骤减61.3%。该数据还显示,该年度第一季度航班数量同比减少10.9%,该年度1月份和2月份航班数量仍为正增长,3月份航班数量则锐减33.7%,其中国际航班减少30%,国内航班减少36.3%。

二、旅游需求规律

旅游需求的大小虽受到许多因素的制约,但对旅游需求的产生、变化起关键性作用的是三大因素:旅游产品价格、人们的可自由支配收入及闲暇时间。因此,旅游需求规律主要有旅游需求价格规律、旅游需求收入规律以及旅游需求时间规律。

(一)旅游需求价格规律

1. 旅游需求价格规律的概念

旅游需求价格规律,是指在影响旅游需求的其他因素不变的情况下,旅游需求量与旅游产品价格成反相关变化。即当旅游产品价格上涨时,人们对旅游的需求量就会随之减少;当旅游产品价格下跌时,人们对旅游的需求量就会随之增加。旅游需求的这一规律又称为旅游需求法则。

2. 旅游需求价格函数式

旅游需求价格函数,是指旅游需求量与旅游产品价格之间的负相关变化的关系。其公式为

$$Q_d = f(P)$$

式中:Q_d——一定时期内的旅游需求量;

P——一定时期内的旅游产品价格;

$f(P)$——旅游需求量与旅游产品价格之间的函数关系。

3. 旅游需求价格曲线图

关于旅游需求价格规律的含义,可用旅游需求价格曲线图来直观地表达(图4-6)。

在图4-6中,曲线DD'是旅游需求价格曲线。P_1、P_2、P_3分别代表不同的旅游产品价格,Q_1、Q_2、Q_3分别代表不同的旅游需求量。当旅游产品价格为P_1时,旅游需求量为Q_1;当旅游产品价格上升到P_2时,旅游需求量便减少至Q_2;当旅游产品价格下降到P_3时,旅游需求量便增加到Q_3。

4. 旅游需求价格曲线的位移

图4-6所表达的是假定在其他因素不发生变化的情况下,旅游产品价格的变化引起的旅游需求量沿着曲线DD'上下移动。实际上,影响旅游需求的其他因素时刻处于动态变化之中,从而导致旅游需求量也时刻处于动态变化之中。但是,当旅游产品价格变化态势保持不变时,不论影响旅游需求的其他因素(如可自由支配收入、闲暇时间、社会秩序、国际关系等)怎么变化也不会改变旅游需求价格曲线的形状,而只是引起旅游需求价格曲线左右平行移动。当影响旅游需求的其他因素发生变化,且从总体上来说

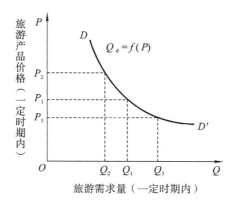

图 4-6　旅游需求量与旅游产品价格之间的关系曲线图

是有利于旅游需求增加的,那么旅游需求价格曲线 DD' 就会向右上方平行移动,形成一条新的旅游需求价格曲线 D_1D_1'。当影响旅游需求的其他因素发生变化,且从总体来说是促使旅游需求减少的,那么旅游需求价格曲线 DD' 就会向左下方平行移动,又形成一条新旅游需求价格曲线 D_2D_2'(图 4-7)。

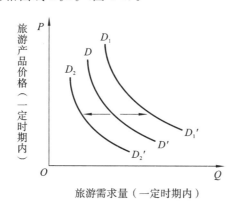

图 4-7　旅游需求价格曲线位移图

5. 在旅游需求价格规律中,旅游产品价格变动是指相对的变动

在旅游需求价格规律中,所提及的旅游产品价格的变动是相对于其他产品价格的变动而言的。如果在一定的时期内,旅游产品价格上涨幅度大于其他产品价格上涨幅度,或旅游产品价格下跌幅度小于其他产品价格下跌幅度,那么消费者就可能会增加对其他产品的需求量而减少对旅游产品的需求量。如果旅游产品价格上涨幅度小于其他产品价格上涨幅度,或者旅游产品价格下跌幅度大于其他产品价格下跌幅度,那么消费者就可能会减少对其他产品的需求量而增加对旅游产品的需求量。

(二)旅游需求收入规律

1. 旅游需求收入规律的概念

旅游需求收入规律,就是指在影响旅游需求的其他因素不变的情况下,人们的可自由支配收入越多,人们对旅游产品的需求量就越大;反之,人们的可自由支配收入越少,人们对旅游产品的需求量就越少。换句话说,旅游需求收入规律,就是指旅游需求量与人们的可自由支配收入之间存在着正相关变化的关系。

2. 旅游需求收入函数式

旅游需求收入函数式,是指旅游需求量与人们的可自由支配收入成正相关变化的关系。其公式为

$$Q_d = f(I)$$

式中:Q_d——一定时期内的旅游需求量;

I——一定时期内的人们的可自由支配收入;

$f(I)$——旅游需求量与人们的可自由支配收入之间的函数关系。

3. 旅游需求收入曲线图

对于旅游需求收入规律的概念,可用旅游需求收入曲线予以直观的表达(图4-8)。

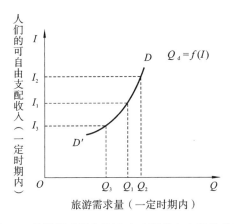

图 4-8　旅游需求量与可自由支配收入之间的关系

图 4-8 中,曲线 DD' 是旅游需求收入曲线。I_1、I_2、I_3 分别代表不同的人们的可自由支配收入,Q_1、Q_2、Q_3 分别代表不同的旅游需求量。当人们的可自由支配收入为 I_1 时,人们对旅游产品的需求量为 Q_1;当人们的可自由支配收入增长到 I_2 时,人们对旅游产品的需求量增长到 Q_2;当人们的可自由支配收入降低到 I_3 时,人们对旅游产品的需求量减少至 Q_3。

(三)旅游需求时间规律

旅游产品在空间上和所有权上都具有不可转移性,这就决定了旅游消费是一种典型的异地性消费活动。由此可见,旅游者要使自己的旅游需求得到实现,除了要有钱以外,还要有一定的闲暇时间到异国他乡去实现自己对旅游的需求。因此,一般来说,在影响旅游需求的其他因素不变的情况下,旅游需求量与人们的闲暇时间呈正相关变化。这一现象就是旅游需求时间规律。

旅游需求量与人们的闲暇时间呈正相关变化的首要前提条件是,人们的可自由支配收入必须达到一定的高度。这就导致旅游需求时间规律不能准确地利用函数关系式来表达,更不能利用关系曲线图来直观地表达。

三、旅游需求弹性

(一)旅游需求价格弹性

1. 有关概念

(1)旅游需求价格弹性的概念。

旅游需求价格弹性,是指旅游需求量与旅游产品价格之间变化的比率关系。

(2)旅游需求价格弹性系数的概念。

旅游需求价格弹性系数,是指测定旅游需求量对旅游产品价格变化反应程度大小的指标。

2. 旅游需求价格弹性系数公式

(1)点弹性系数计算公式。

$$\text{旅游需求价格弹性系数} = \frac{\text{本期旅游需求量} - \text{上期旅游需求量}}{\text{本期旅游需求量}} \div \frac{\text{本期旅游产品价格} - \text{上期旅游产品价格}}{\text{本期旅游产品价格}}$$

在此,用 E_{dp} 代表旅游需求价格弹性系数,Q_1 代表本期旅游需求量,Q_0 代表上期旅游需求量,P_1 代表本期旅游产品价格,P_0 代表上期旅游产品价格,则

$$E_{dp} = \frac{Q_1 - Q_0}{Q_1} \div \frac{P_1 - P_0}{P_1} = \frac{P_1(Q_1 - Q_0)}{Q_1(P_1 - P_0)}$$

点弹性系数计算公式,反映的是在旅游产品价格变化很小的情况下(在某一点附近),旅游需求量的变化。

(2)弧弹性系数计算公式。

$$\text{旅游需求价格弹性系数} = \frac{\dfrac{\text{本期旅游需求量} - \text{上期旅游需求量}}{\dfrac{\text{本期旅游需求量} + \text{上期旅游需求量}}{2}}}{} \div \frac{\dfrac{\text{本期旅游产品价格} - \text{上期旅游产品价格}}{\dfrac{\text{本期旅游产品价格} + \text{上期旅游产品价格}}{2}}}{}$$

在此,仍然用 E_{dp} 代表旅游需求价格弹性系数,Q_1 代表本期旅游需求量,Q_0 代表上期旅游需求量,P_1 代表本期旅游产品价格,P_0 代表上期旅游产品价格,则

$$E_{dp} = \frac{Q_1 - Q_0}{\dfrac{Q_1 + Q_0}{2}} \div \frac{P_1 - P_0}{\dfrac{P_1 + P_0}{2}} = \frac{(Q_1 - Q_0)(P_1 + P_0)}{(Q_1 + Q_0)(P_1 - P_0)}$$

弧弹性系数计算公式,反映的是在旅游产品价格变化较大的情况下,旅游需求量的变化。

3. 旅游需求价格弹性种类

由于旅游需求量与旅游产品价格呈负相关变化,所以,旅游需求价格弹性系数为负值。根据旅游需求价格弹性系数的绝对值的大小,旅游需求价格弹性大体上可分为以下三种类型。

(1)旅游需求价格弹性系数的绝对值大于1。

旅游需求价格弹性系数的绝对值大于1,即 $|E_{dp}| > 1$。这种情况表明,旅游需求

量对于旅游产品价格的变动反应很敏感。即旅游产品的价格变动1%时,所引起的旅游需求量的变动就会超过1%。所以当$|E_{dp}|>1$时,就可以称旅游需求富有价格弹性,或旅游需求价格弹性充足。$|E_{dp}|>1$时的旅游需求价格曲线见图4-9。

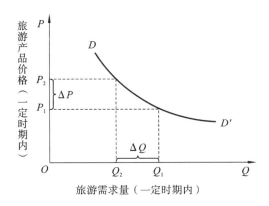

图 4-9　$|E_{dp}|>1$ 时的旅游需求价格曲线图

在图 4-9 中,可以看出$|E_{dp}|>1$时的旅游需求价格曲线DD'倾斜度小,旅游需求量变动的幅度 ΔQ 要比旅游产品价格变动的幅度 ΔP 大。

(2)旅游需求价格弹性系数的绝对值小于1。

旅游需求价格弹性系数的绝对值小于1,即$|E_{dp}|<1$。这一情况表明,旅游需求量对于旅游产品价格的变动反应不太敏感。即旅游产品价格变动1%时,所引起的旅游需求量的变动小于1%。所以当$|E_{dp}|<1$时,就可称旅游需求缺乏价格弹性,或旅游需求价格弹性不足。$|E_{dp}|<1$时的旅游需求价格曲线见图4-10。

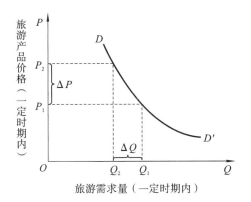

图 4-10　$|E_{dp}|<1$ 时的旅游需求价格曲线图

在图 4-10 中,可以看出$|E_{dp}|<1$时的旅游需求价格曲线DD'倾斜度大,旅游需求量变动的幅度 ΔQ 要比旅游产品价格变动幅度 ΔP 小。

(3)旅游需求价格弹性系数的绝对值等于1。

旅游需求价格弹性系数的绝对值等于1,即$|E_{dp}|=1$。这一情况表明,旅游需求量对旅游产品价格的变动反应较敏感。即旅游产品价格变动1%时,所引起的旅游需求量的变化也为1%。对于这种情况,可称为旅游需求具有单元弹性或单位弹性。$|E_{dp}|=1$时的旅游需求价格曲线见图4-11。

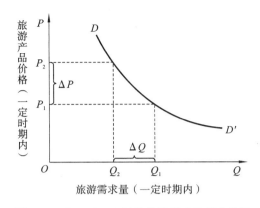

图 4-11 $|E_{dp}|=1$ 时的旅游需求价格曲线图

在图 4-11 中,可以看出,$|E_{dp}|=1$ 时的旅游需求价格曲线 DD' 倾斜度较大,旅游需求量变动幅度 ΔQ 与旅游产品价格变动幅度 ΔP 相同。

4. 旅游需求往往富有价格弹性

一般来说,旅游产品需求的价格弹性要比基本生活资料需求的价格弹性大得多。其主要原因是旅游需求是一种超出人类生存需要的高级需求。在价格上涨时,人们仍然会购买、消费一定数量的基本生活资料以保生存,但可能会因价格上涨而不购买任何旅游产品;在价格下跌时,人们由于生理上的限制对许多基本生活资料如盐、糖、粮食、油之类的也不会多买,但可能会因价格下跌而大量购买旅游产品。

5. 档次不同、品种不同的旅游产品的需求价格弹性有所不同

就旅游产品本身而言,档次不同的旅游产品其需求价格弹性有明显的不同。譬如购买经济等旅游产品的旅游者对旅游产品价格十分敏感,因此稍有涨价就会大大抑制旅游需求,稍有降低就会大大刺激旅游需求;而购买豪华等旅游产品的旅游者注重的是高质高价,追求一种心理上的满足和成就感。因而并不太在意旅游产品价格的高低,其旅游需求价格弹性就低。就旅游产品本身而言,品种不同的旅游产品的需求价格弹性也有所不同。譬如,观光旅游产品的需求价格弹性大,而会议旅游产品、商务旅游产品及公务旅游产品的需求价格弹性相对较小。因为观光旅游者的旅游花费一般由自己承担,对价格变动的反应敏感;而会议旅游者、商务旅游者及公务旅游者的花费一般不是自己支付,加之他们更注重的是事件的本身,因此他们对旅游产品价格变动的反应不如观光旅游者敏感。

6. 了解旅游需求价格弹性的意义

了解旅游需求价格弹性,有利于我们正确地利用价格策略进行旅游产品促销。如果某种旅游产品的需求价格弹性充足,我们就可实施薄利多销的营销策略,以获得良好的收益。因为旅游产品价格稍有降低,就可更多地增加需求量,进而增加总盈利。如果某种旅游产品的需求价格弹性不足,我们就不可采取薄利多销的营销策略,因为一旦这样做,就会使企业得不偿失。

(二)旅游需求收入弹性

1. 有关概念

(1)旅游需求收入弹性的概念。

旅游需求收入弹性,是指旅游需求量与人们的可自由支配收入之间变化的比率关系。

(2)旅游需求收入弹性系数的概念。

旅游需求收入弹性系数,是指测定旅游需求量对人们的可自由支配收入变化反应程度大小的指标。

2. 旅游需求收入弹性系数公式

$$\frac{\text{旅游需求收}}{\text{入弹性系数}} = \frac{\text{旅游需求变化量}}{\text{本期旅游需求量}} \div \frac{\text{人们的可自由支配收入的变化量}}{\text{本期人们的可自由支配收入}}$$

在此,用 E_{di} 表示旅游需求收入弹性系数,Q 表示本期旅游需求量,ΔQ 表示旅游需求变化量,即本期旅游需求量与上期旅游需求量之差;I 表示本期人们的可自由支配收入,ΔI 表示人们的可自由支配收入的变化量,即本期人们的可自由支配收入与上期人们的可自由支配收入之差,则

$$E_{di} = \frac{\Delta Q}{Q} \div \frac{\Delta I}{I} = \frac{\Delta Q}{\Delta I} \times \frac{I}{Q}$$

3. 旅游需求收入弹性种类

由于旅游需求量随人们的可自由支配收入的增减而增减,即二者呈正相关变化,所以旅游需求收入弹性系数始终为正数。

根据旅游需求收入弹性系数的大小,可将旅游需求收入弹性分为以下三种类型。

(1)旅游需求收入弹性系数大于 1。

旅游需求收入弹性系数大于 1,即 $E_{di}>1$。这种情况表明,旅游需求量对于人们的可自由支配收入的变动反应很敏感。即人们的可自由支配收入变动 1% 所导致的旅游需求量的变动要大于 1%。因此,当 $E_{di}>1$ 时,就可以称旅游需求富有收入弹性,或旅游需求收入弹性充足。$E_{di}>1$ 时的旅游需求收入曲线见图 4-12。

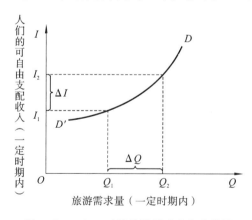

图 4-12 $E_{di}>1$ 时的旅游需求收入曲线图

在图 4-12 中,可以看出 $E_{di}>1$ 时的旅游需求收入曲线图 DD' 倾斜度较小,旅游需求量变动幅度 ΔQ 要比人们的可自由支配收入变动幅度 ΔI 大。

(2)旅游需求收入弹性系数小于 1。

旅游需求收入弹性系数小于 1,即 $E_{di}<1$。这种情况表明,旅游需求量对人们可自由支配收入的变动反应不敏感。即人们的可自由支配收入变动 1% 所导致的旅游需求

量的变动要小于 1%。因此，$E_{di}<1$ 时，便可称旅游需求缺乏收入弹性，或旅游需求收入弹性不足。$E_{di}<1$ 时的旅游需求收入曲线见图 4-13。

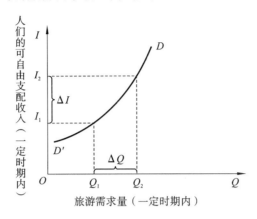

图 4-13　$E_{di}<1$ 时的旅游需求收入曲线图

在图 4-13 中，可以看出 $E_{di}<1$ 时的旅游需求收入曲线 DD' 倾斜度大，旅游需求量变动的幅度 ΔQ 要比人们的可自由支配收入变动的幅度 ΔI 要小。

(3) 旅游需求收入弹性系数等于 1。

旅游需求收入弹性系数等于 1，即 $E_{di}=1$。这种情况表明，旅游需求量对于人们的可自由支配收入变动反应较敏感。即人们的可自由支配收入变动 1% 所引起的旅游需求量的变动也是 1%。因此，$E_{di}=1$ 时，便可称旅游需求具有单元弹性或单位弹性。$E_{di}=1$ 时的旅游需求收入曲线见图 4-14。

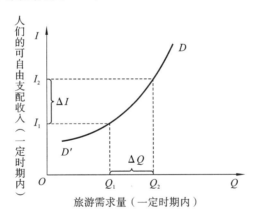

图 4-14　$E_{di}=1$ 时的旅游需求收入曲线图

在图 4-14 中，可以看出 $E_{di}=1$ 时的旅游需求收入曲线图 DD' 倾斜度较大，旅游需求量变动幅度 ΔQ 和人们的可自由支配收入变动幅度 ΔI 相等。

(三) 旅游需求交叉弹性

1. 有关概念

旅游需求交叉弹性，是指一种旅游产品的需求量随其他旅游产品或物质产品的价格变化而变化的现象。这种现象的形成原因主要是，各类旅游产品之间存在着替代关系或互补关系,旅游产品与物质产品之间也存在着一定的替代关系。

旅游需求交叉弹性系数,是指测定旅游需求量对其他旅游产品或物质产品价格变化反应程度大小的指标。

2. 旅游需求交叉弹性系数计算公式

$$E_{xy} = \frac{\Delta Q_y}{Q_y} \div \frac{\Delta P_x}{P_x} = \frac{\Delta Q_y}{\Delta P_x} \times \frac{P_x}{Q_y}$$

式中:E_{xy}——旅游需求交叉弹性系数;

P_x——x 种旅游产品(或物质产品)价格;

ΔP_x——x 种旅游产品(或物质产品)价格的变化量;

Q_y——y 种旅游产品需求量;

ΔQ_y——y 种旅游产品需求量的变化量。

3. 旅游需求交叉弹性系数有正负之分

旅游需求交叉弹性系数分为正数和负数两种情况。当旅游需求交叉弹性系数为正数时,表明 y 种旅游产品与 x 种旅游产品(或物质产品)之间存在互代关系。即在其他因素不变的情况下,x 种旅游产品(或物质产品)价格上涨,必然会导致 y 种旅游产品需求量增加;反之,x 种旅游产品(或物质产品)价格下跌,必然会导致 y 种旅游产品需求量减少。

当旅游需求交叉弹性系数为负数时,表明 y 种旅游产品与 x 种旅游产品(或物质产品)之间存在互补关系。即在其他因素不变的情况下,x 种旅游产品(或物质产品)价格上涨,必然会导致 y 种旅游产品需求量减少;反之,x 种旅游产品(或物质产品)价格下跌,必然会导致 y 种旅游产品需求量增加。

4. 了解旅游需求交叉弹性的意义

在旅游市场竞争中,旅游产品价格是一种重要的竞争手段。旅游经营者利用旅游产品价格手段参与旅游市场竞争时,需慎重决策,全面评估旅游产品旅游价格变动可能带来的影响。既要注意评估旅游产品价格变动对自己所经营旅游产品的销售和竞争力的影响,即旅游需求弹性;又要注意评估旅游产品价格变动对竞争者的旅游产品或相关产品的影响,即旅游需求交叉弹性。既要考虑对主动调价一方的影响,又要考虑竞争对手将对价格变动作出何种对策。由此可见,研究旅游需求交叉弹性问题是参与旅游市场竞争的需求,具有实际意义。

第三节 旅游供求矛盾

一、旅游供求矛盾的主要表现

无论是旅游供给的存在、发展,还是旅游需求的存在、发展,都受许多因素的制约,而这些制约旅游需求和旅游供给的因素又都处于动态变化之中。因此,在旅游市场上,旅游供给与旅游需求之间的矛盾无时不有,无处不在,且其表现极为复杂。旅游供给与旅游需求之间的矛盾,从总体上看,大致可概括为以下四个方面的矛盾。

(一)旅游供求在总量上的矛盾

旅游供求在总量上的矛盾,主要表现在某一旅游地在一定时期内,旅游接待能力与旅游者总人次之间不一致。

旅游供求在总量上的矛盾主要是由两方面的原因所致。首先是旅游需求是个变量,且为一个无法准确估计的变量;而旅游供给在一定时期内是个常量。这是旅游供求在总量上存在矛盾的根本原因。其次是旅游产品在空间上具有不可转移性。物质产品可以通过空间上的转移来进行各地区之间的余缺调节,从而在各地区达到供求平衡。而旅游产品由于在空间上不能转移,所以不能在旅游冷点地区、温点地区及热点地区之间调节余缺,进而在各地区达到供求平衡。

(二)旅游供求在品种上的矛盾

旅游供求在品种上的矛盾,是指在同一时期、同一国家或地区旅游产品的供给和需求之间在品种结构上的不协调。造成这一矛盾的主要原因是,旅游需求因人而异,旅游经营者无法根据每个旅游者的具体需求来供给旅游产品。

(三)旅游供求在季节上的矛盾

旅游供求在季节上的矛盾,就是指在同一个旅游地有的季节旅游需求量大大超过旅游供给量,形成旺季;有的季节旅游需求量大大小于旅游供给量,形成淡季。造成这一矛盾的主要原因有二:一是旅游需求具有明显的季节性,而旅游供给具有明显的常年性,两者之间无法完全协调一致;二是旅游产品具有不可储存性。物质产品在淡季未销售出去的部分可以暂时储存起来待旺季来临时再销售,这样无论是在需求淡季还是需求旺季供求之间的矛盾并都不十分突出。而旅游产品由于不能储存,无法在季节之间进行调节,这就使得无论是在旅游淡季还是在旅游旺季供求之间的矛盾都十分突出。

(四)旅游供求在地域上的矛盾

一个国家各地区由于自然环境不同、历史条件不同、社会经济发展水平不同,产生了旅游资源的地域差异,也产生了旅游设施建设的地域差异及旅游服务水平的地域差异。所以,在一个国家明显存在着旅游热点地区、冷点地区。即在一个国家,有的地区旅游供给常常明显小于需求,有的地区旅游供给常常明显大于需求。

二、旅游供求矛盾的均衡

关于旅游供求矛盾的均衡之探讨,根据探讨时所假设的前提条件不同,可以从静态均衡与动态均衡两方面来进行。

(一)旅游供求矛盾的静态均衡

旅游供求矛盾的静态均衡,就是指旅游供求矛盾仅在旅游产品价格因素的作用下所实现的均衡。

在商品经济条件下,旅游产品价格是决定旅游供给和旅游需求的最根本的因素。根据旅游供给规律和旅游市场需求规律,旅游产品价格越低,旅游供给量就越小,而旅游需求量就越大;反之,旅游产品价格越高,旅游供给量就越大,而旅游需求量就越小。所以,旅游产品价格决定着旅游供给和旅游需求的均衡交易量,而旅游供给和旅游需求两股相互制约的力量共同作用的结果,又形成了旅游市场上的均衡价格。关于旅游供给量,旅游需求与旅游产品价格之间的一系列相互影响的关系可用旅游供求均衡图予以直观表达(图 4-15)。

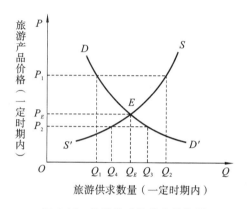

图 4-15 旅游供求的静态均衡图

在图 4-15 中,旅游需求价格曲线 DD' 与旅游供给价格曲线 SS' 相交于 E 点,由于旅游供给量与旅游需求量相等,所以称为旅游供求均衡,此时相对应的旅游产品价格 P_E 称为均衡价格,相对应的旅游产品数量 Q_E 称为旅游供求均衡量。如果旅游产品价格高于 P_E 并上升为 P_1,这时旅游需求量减少到 Q_1,而旅游供给量增加至 Q_2,旅游市场上出现供大于求,即 $Q_2 - Q_1$;如果旅游产品价格由 P_E 降到 P_2,则旅游需求量增加至 Q_3,而旅游供给量减少至 Q_4,这时旅游市场上出现供不应求,即 $Q_4 - Q_3 = -(Q_3 - Q_4)$。

(二)旅游供求矛盾的动态均衡

旅游供求矛盾的动态均衡,就是指旅游供求矛盾在旅游产品价格因素以及其他所有因素的共同作用下所实现的均衡。

旅游供求矛盾的动态均衡有以下四种基本方式。

1. 旅游供给增加引起的动态均衡

从总体上来说,当旅游产品价格以外的其他影响因素发生对旅游供给有利的变化时(如旅游产品的生产要素成本降低),旅游供给曲线向右平行位移,旅游供给量增加,旅游需求量相对减少,从而出现旅游供给过剩。此时旅游供求双方只能在较低的旅游产品价格上实现新的旅游产品平衡,如图 4-16 所示。

在图 4-16 中,SS' 为原旅游供给价格曲线,DD' 为原旅游需求价格曲线,S_1S_1' 为平行位移后的旅游供给价格曲线,E 为原供求平衡点,E' 为新的供求平衡点,P_E 为原均衡价格,P_E' 为新的均衡价格,Q_E 为原均衡供求量,Q_E' 为新的供求均衡量。

2. 旅游供给减少引起的动态均衡

从总体上来说,当旅游产品价格以外的其他影响因素发生对旅游供给不利的变化

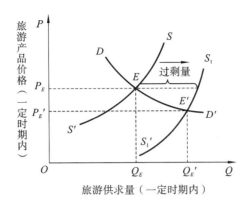

图 4-16　旅游供给增加引起的动态均衡图

时(如旅游产品的生产要素成本提高),旅游供给价格曲线向左平行移动,旅游供给量减少,旅游需求量相对增大,从而出现旅游供给短缺。此时旅游供求双方只能在较高的价格上实现新的平衡,如图 4-17 所示。

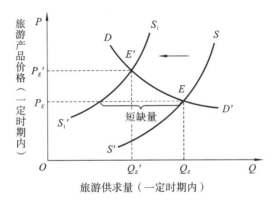

图 4-17　旅游供给减少引起的动态均衡图

在图 4-17 中,$S_1 S_1'$ 为平行位移后的旅游供给价格曲线,图中的其他标示说明和图 4-16 中的标示说明相同。

3. 旅游需求增加引起的动态均衡

从总体上来看,当旅游产品价格以外的其他影响因素发生对旅游需求有利的变化时(如人们的可自由支配收入增加、闲暇时间增加及旅游服务质量提高),旅游需求价格曲线便向右发生平行位移,旅游需求量增加,旅游供给量则相对减少,从而出现旅游供给短缺。此时,旅游供求双方只能在较高的旅游产品价格上达到新的平衡。如图 4-18 所示。

在图 4-18 中,$D_1 D_1'$ 为平行位移后的旅游需求价格曲线,图中其他标示说明和图 4-16 中的标示说明相同。

4. 旅游需求减少引起的动态均衡

从总体上来看,当价格以外的其他因素发生对旅游需求不利的变化时(如人们的可自由支配收入减少、闲暇时间减少及旅游服务质量下降),旅游需求价格曲线便向左平行位移,旅游需求呈下降的趋势,旅游供给量相对增加,从而出现旅游供给过剩。此时

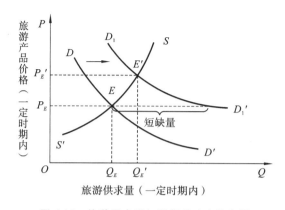

图 4-18　旅游需求增加引起的动态均衡图

旅游供求双方只能在较低的旅游产品价格上实现新的平衡,如图 4-19 所示。

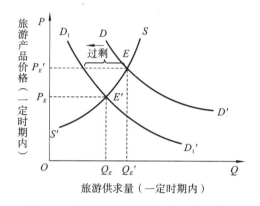

图 4-19　旅游需求减少引起的动态均衡图

在图 4-19 中,D_1D_1' 为平行位移后的旅游需求价格曲线,图中的其他标示说明和图 4-16 中的标示说明相同。

> **本章小结**
>
> 旅游需求和供给是旅游系统中既相互依存又相互对立的两个重要组成部分。旅游系统正是在维系旅游供需动态平衡中不断发展完善,并在时空映射上表现出旅游目的地的空间属性等,在多样化旅游需求与旅游供给侧改革的共同推动下,旅游供给与需求的内容和结构均发生改变,旅游供需中新矛盾不断出现,旅游供需均衡问题在全域旅游战略下需要进行重新定义和评价。

复习思考

■ 课堂讨论题

1. 旅游需求与旅游供给的研究对现实生活有什么意义?

2. 如何实现旅游供需平衡？

■ 复习思考题

1. 什么是旅游需求，旅游需求的特点是什么？
2. 影响旅游需求的因素有哪些？
3. 什么是旅游供给，影响旅游供给的因素有哪些？
4. 旅游需求规律和旅游供给规律分别是什么？
5. 旅游需求弹性和旅游供给弹性分别是什么？请说明其经济含义。

第五章
旅游市场

学习目标

认识不同类型的旅游市场,明确目标旅游市场选择的原则与策略,熟悉旅游产品销售渠道策略、旅游促销策略等。

重点/难点

掌握目标旅游市场选择策略,熟练运用面向国内外市场的旅游促销策略。

思维导图

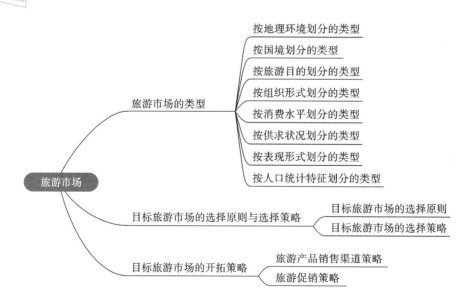

旅游市场的概念,有以下三种解释。

第一种解释:旅游市场是指买卖旅游产品的场所。如近年来悄然兴起的"旅游超市""酒店超市",以及早已存在的柏林国际旅游交易会、伦敦国际旅游博览会(世界旅游交易会)等都可称为旅游市场。

第二种解释:旅游市场是指购买、消费旅游产品的群体。换言之,就是指旅游客源市场。人们常说的"旅游市场"大多属此类。在本章所提及的"旅游市场"也主要是属于此类。

第三种解释:旅游市场是指围绕旅游产品交换所发生的各种经济联系和经济关系。就此解释而言,旅游市场和其他的市场一样,围绕产品交换活动,存在着相互对立、相互依存的供求双方,即旅游市场是由旅游需求市场和旅游供给市场构成的。

第一节 旅游市场的类型

一、按地理环境划分的类型

世界旅游组织根据各大区域之间在地理、经济、文化、交通以及旅游者流量等方面存在的差异,将全世界划分为欧洲旅游市场、美洲旅游市场、东亚及太平洋地区旅游市场、南亚旅游市场、中东旅游市场和非洲旅游市场六大区域旅游市场。

在世界旅游接待市场上,欧洲旅游市场占据的份额最大,2018年共接待7.10亿国际游客,较上年增长了4.8%,收入为5705亿美元,较上年增长了4.9%;美洲旅游市场2018年共接待2.16亿国际游客,较上年增长了2.3%,创造了3340亿美元的收入,增长0.3%;东亚及太平洋地区旅游市场接待3.48亿国际游客,较上年增长了6.6%,收入为4.35亿美元,共增长7.4%。

2010—2018年世界旅游者到达的区域和人数见表5-1。

表 5-1 2010—2018年世界旅游者到达的区域和人数

到达区域	人数/百万			增长率/(%)			收入/亿美元			变化率/(%)	
	2010年	2017年	2018年	2016—2017年	2017—2018年	2010—2018年	2010年	2017年	2018年	2016—2017年	2017—2018年
世界	952	1329	1401	7	5.4	5	9750	13460	14510	5.2	4.4
非洲	50.4	82.7	67.1	4.8	8.5	7	3040	3640	3840	7.7	1.6
美洲	150.4	210.8	215.7	4.7	2.3	4.6	2155	3258	3336	0.9	0.3
北美洲	99.5	137.1	142.2	4.3	3.7	4.6	1648	2524	2589	0.7	0.1
加勒比海	19.5	26	25.7	3	17.3	−1.4	233	318	320	0.5	−1.3
中美洲	7.8	11.1	1.8	4.6	4.4	−2.4	69	126	128	4.8	1
南美洲	23.6	36.6	37	7.7	1.2	5.8	205	290	299	1.1	3.4
东亚及太平洋	208.2	324	347.7	5.7	7.3	6.6	2544	3960	4355	4.3	7.4

续表

到达区域	人数/百万			增长率/(%)			收入/亿美元			变化率/(%)	
	2010年	2017年	2018年	2016—2017年	2017—2018年	2010—2018年	2010年	2017年	2018年	2016—2017年	2017—2018年
亚洲东北部	111.5	159.5	169.2	3.4	6.1	5.3	1230	1681	1884	−1.5	8.9
亚洲东南部	70.5	120.5	128.7	8.8	6.8	7.8	685	1308	1423	9.1	4.7
大洋洲	11.5	16.6	17	6.1	2.8	5.1	428	574	611	6.1	6.9
欧洲	486.4	673.3	710	8.6	5.5	4.8	4228	5195	5705	7.5	4.9
北欧	57	78.4	78.9	6	0.5	4.1	606	886	939	5.7	1.1
西欧	154.4	192.7	200.4	6.1	4	3.3	1524	1709	1875	4.7	3.3
欧洲中部/东部	98.1	134.6	141.4	5.6	5	4.7	483	607	687	7.0	8.8
南欧	176.9	267.5	289.4	12.9	8.2	6.3	1615	1993	2204	11.2	6.9
地中海东部	382.2	539.3	639	7.7	4.4	5	3549	4386	4807	6.8	3.3
中东	58.1	57.7	60.5	4.1	4.7	0.9	522	684	730	14.6	4.2
南亚	14.7	27.5	32.8	6.2	19.4	10.5	201	399	436	13.9	10.4

(资料来源:世界旅游组织2019年国际旅游报告)

当前,在世界旅游接待市场上,欧洲、美洲、东亚及太平洋地区三大旅游市场仍占据很重要的地位,但三者在世界旅游接待市场上所占的份额有较大的变化。

世界旅游组织报告显示,2020年以后,欧洲旅游市场占世界旅游接待市场的份额下降至45%,而亚洲旅游市场占世界旅游接待市场的份额上升至25%。

二、按国境划分的类型

按国境划分,旅游市场可分为国内旅游市场和国际旅游市场。

1. 国内旅游市场

国内旅游市场,主要是指在本国境内进行旅游活动的本国居民,即国内旅游者。

2. 国际旅游市场

国际旅游市场,一般是指越过国境进行旅游活动的旅游者。国际旅游市场又可进一步分为出境旅游市场和入境旅游市场:出境旅游市场一般是指到外国进行旅游活动的本国居民,即出境旅游者;入境旅游市场一般是指到本国进行旅游活动的外国居民,即入境旅游者。

国内旅游市场与国际旅游市场相互影响,相互促进,是联系十分密切的整体。一般来说,国内旅游市场是国际旅游市场的基础,国际旅游市场是国内旅游市场的延伸。

我国国内旅游市场规模大、潜力大。我国国内旅游者人数多,潜在旅游者也很多。究其原因,主要有以下几方面。

(1)我国国民经济迅速发展,具有旅游经济基础的人越来越多。

有资料表明,当一个地区人均国民生产总值达到500美元时,居民便有产生国内旅游动机的可能性。我国相当多的地区人均国民生产总值已超过这一最低标准。"十三五"期间,我国国内生产总值平均增速保持在5.8%,大大高于世界主要经济体的增长速度,这样的国民经济增长速度使得我国居民中具有出游能力的人口逐年增长。

(2)我国居民闲暇时间逐步增加。

我国居民闲暇时间逐步增加,为人们外出旅游提供了时间条件。如我国实行每周5天工作制后,便在全国各地掀起了双休日旅游热潮。

(3)我国居民消费观念发生了明显变化。

过去,我国大部分居民对旅游不敢问津。如今,我国居民视旅游为一种有益于身心健康的积极的休闲方式。据我国的一项对工薪阶层的调查,认为用旅游方式来休闲的占63%,据云南的一份教师调查表明,准备用周末参加一日游的占54%,准备到外地度假旅游的占78%。这表明,我国居民的旅游动机已相当强烈。

(4)我国居民的文化水平不断提高。

(5)我国人口众多。

(6)我国流动经营人口大量增加。

随着体制改革特别是深化企业所有制改革后,国有、集体、个体企业中流动经营人口不断增加,成为国内旅游者迅速增加的一个直接原因。

(7)我国国土面积广大,旅游资源结构纷繁、布局开阔,各地气候差异显著。

一般来说,在其他条件相同的前提下,国内旅游者人数与国土面积成正比。同样是直径2000千米距离的旅游,在我国是国内旅游,而在欧洲,却可能是跨越多国的国际旅游。因此,大国的国内旅游者往往比小国多。我国国土面积位居世界第三,对我国国内旅游者队伍规模的扩大所起的积极作用是不言而喻的。我国旅游资源结构纷繁、布局开阔,各地气候差异显著,对我国规模庞大的国内旅游者队伍的形成有着很大的促进作用。

我国入境旅游市场发展快。1978年,我国接待的入境旅游者约180万人次;2019年,我国接待的入境旅游者多达1.45亿人次,约是1978年的80倍。我国入境旅游市场的发展潜力很大。我国入境旅游市场发展潜力大的原因主要有:①我国政府大力促进旅游业发展,使我国旅游业日渐成熟和规范化;②我国的多元文化及丰富的自然地理环境对外国游客有吸引力;③21世纪,世界旅游目的地重心东移,亚洲会逐渐成为世界国际游客的主要目的地,而我国又是亚洲最大的文明古国。

我国出境旅游市场也是发展迅速、发展潜力大。据统计,我国出境旅游人数1997年为532万人次;2001年达到1213.3万人次,约是1997年的1.28倍。世界旅游组织经济委员会统计数据显示:2020年,在出境旅游方面,中国有1.50亿人次出境旅游,占世界旅游客源市场7.81%的份额,位居世界第一。

三、按旅游目的划分的类型

按旅游者的旅游目的来划分，可将旅游市场分为以下几种。

(1)观光旅游市场，这类旅游市场在整个旅游市场上所占份额最大。

(2)文化旅游市场。近年来世界各地参与文化旅游活动的人迅速增加。据有关资料介绍，从1992年至1996年，美国文化旅游项目吸引的国内旅游者以年平均11%的幅度增长。

(3)宗教旅游市场。这类市场的突出特点之一就是发展较稳定。

(4)商务旅游市场。这类市场消费水平一般较高，目前平均每年以10%~20%的速度增长。

(5)康体旅游市场。这类旅游市场又可分为体育旅游市场、保健旅游市场和狩猎旅游市场。

(6)生态旅游市场，生态旅游是未来旅游热点之一。

(7)度假旅游市场。度假旅游也是未来旅游热点之一。

(8)业务旅游市场。这类旅游市场又可分为修学旅游市场、工业旅游市场、农业旅游市场、学艺旅游市场以及科学考察旅游市场。业务旅游市场多数起步较晚，但近年来在世界范围内发展较快。

(9)探险、冒险旅游市场。

四、按组织形式划分的类型

按组织形式，可将旅游市场划分为团体旅游市场和散客旅游市场。

1. 团体旅游市场

团体旅游市场又称团体包价旅游，就是指参加团体旅游活动的旅游者。团体旅游市场的特点如下：①一个团队通常是15人以上(可包括一名领队)；②综合服务可以全包，即包吃、住、行、游，也可分包；③旅游者必须随团旅游，团体旅游市场是在第二次世界大战后，随着大众性旅游活动的迅速发展而逐渐普及的。

2. 散客旅游市场

散客旅游市场，就是指单个或自愿结伴的旅游者，按照其兴趣和爱好，自主地进行旅游活动。散客旅游市场的特点如下：①旅游者采取个人、家庭、或结伴组成15人以下的团体(有的国家或地区规定为10人以下)等形式进行旅游；②综合服务(吃、住、行、游)采用全包价、半包价、小包价或委托代办等多种方式；③包价部分由旅行社统一安排，非包价部分可由旅游者随意选择，现付款项进行活动。

散客旅游市场发达与否，已经成为衡量一个国家或地区旅游业成熟与否的重要标志之一。其原因如下：①旅游服务人员自身素质的提高，使其与旅游者之间语言交流障碍被克服；②旅游地安全系数提高；③旅游地的各种服务水平高；④最大限度地满足了旅游者的需要。

五、按消费水平划分的类型

按照消费水平，可将旅游市场划分为高档旅游市场、中档旅游市场及低档旅游市场。

1. 高档旅游市场

高档旅游市场主要是指来自各地社会上层的旅游者。这些旅游者注重旅游活动是否有利于体现他们的社会地位、身份，而不太关注旅游产品的价格。所以，向这类旅游市场提供高档住宿、餐饮、宴会、娱乐等服务是一种明智的营销决策。

2. 中档旅游市场

中档旅游市场，主要是指来自各地社会中层的旅游者。这类旅游者有固定的收入，他们一方面对旅游活动较为积极，同时也对旅游产品价格较为关注。

3. 低档旅游市场

低档旅游市场，主要是指来自各地社会底层的旅游者。这类旅游者大多参加走马观花式的观光型旅游，对旅游产品价格变动十分敏感，对旅游服务水平的要求相对较低。

就一般情况来说，在国际旅游市场中，高、中档旅游市场占的比重大。

六、按供求状况划分的类型

按供求状况划分旅游市场时，可从以下两方面进行。

一是根据旅游供求状况的季节性变化，将旅游市场分为旺季旅游市场（旅游需求明显大于旅游供给）、淡季旅游市场（旅游需求明显小于旅游供给）及平季旅游市场（旅游需求与旅游供给大体相当）。

二是根据旅游供求状况对旅游供给方、旅游需求方在旅游产品交换过程中所处地位的影响，将旅游市场分为卖方旅游市场与买方旅游市场。卖方旅游市场由于旅游供给明显小于旅游需求，旅游者之间竞争激烈，而出现旅游产品的市场价格由旅游经营者起支配作用的现象。买方旅游市场由于旅游供给明显大于旅游需求，旅游经营者之间竞争激烈，而出现旅游产品的市场价格由旅游者起支配作用的现象。

在当今，旅游市场已属于典型的旅游买方市场。其原因如下：①目前世界上多数国家或地区旅游供给已大大超过了旅游需求；②旅游需求超出了人类生存的基本需要，旅游需求弹性大；③旅游者对旅游产品的选择余地大。

七、按表现形式划分的类型

按表现形式，旅游市场可以划分为现实旅游市场和潜在旅游市场。

1. 现实旅游市场

现实旅游市场是指已经形成和参与旅游产品的购买、消费的旅游者，即旅游者已把对旅游产品的购买倾向转化为实际的购买行为了。

2. 潜在旅游市场

潜在旅游市场是指因种种原因，而尚未形成对旅游产品实际购买的消费者，它只是一种购买倾向。

八、按人口统计特征划分的类型

旅游市场可以根据人口的年龄、性别、职业、文化程度等来划分类型。如根据年龄来划分，旅游市场可分为青年旅游市场、中年旅游市场及老年旅游市场，按性别可分为女性旅游市场、男性旅游市场。

第二节　目标旅游市场的选择原则与选择策略

一、目标旅游市场的选择原则

（一）远距离旅游市场与近距离旅游市场兼顾，以近距离旅游市场为主

按旅游客源产生地与旅游目的地之间的空间距离的大小，旅游市场可分为近距离旅游市场和远距离旅游市场。从理论上来说，旅游目标市场的选择，应该按地理距离由近及远的原则进行。即优先选择近距离旅游市场，并以近距离旅游市场为核心市场。这样做好处甚多，具体如下。

1. 近距离旅游市场的经济阻抗力一般较小

在近距离内进行一次旅游活动，旅游花费小，可随意支配收入较低的人也能进行，而远距离旅游活动花费大，一般只有那些可随意支配收入较高的人才能进行。

2. 近距离旅游市场的时间阻抗力一般较小

近距离旅游所需时间少，闲暇时间少的人和闲暇时间多的人均可进行，而远距离旅游所需时间较多，只有那些闲暇时间较多的人才有可能进行。

3. 近距离旅游市场的体质阻抗力一般较小

近距离旅游的旅游者体力、精力消耗少，不论男女老少，体弱者还是体健者均可进行；而远距离旅游的旅游者体力消耗很大，对旅游者的身体素质要求较高。

4. 近距离旅游市场的文化阻抗力一般较小

邻近地区的居民，相互往来的历史悠久，生活习俗和文化传统相近，语言障碍小。因而，在邻近地区进行旅游，旅游者的心理障碍小，安全感较强；旅游者较容易接受旅游地的一切，能体会到那种既不十分陌生，又有本地所没有的新鲜感。

5. 近距离旅游市场的风险一般相对较小

一般来说，远距离旅游市场容易遭受经济危机和运输价格上涨的打击。特别是对于旅游产品结构以观光旅游和度假疗养旅游为主的旅游目的地来说，由于不少国家都有这方面的类似的旅游资源，因而在出现与目标旅游市场有关的经济危机和运输价格因石油价格上涨而上涨的情况时，首先受到打击的便是远距离旅游目标市场。

正因为近距离旅游市场有如此多的好处，所以，以近距离旅游市场为核心旅游市场，可使旅游目的地获得大量的、较稳定的旅游客源。大量的事实也可证明这一观点是正确的。第二次世界大战后，随着社会经济的发展、科学技术的进步和交通运输条件的改善，尤其是现代航空技术的进步，人类旅游活动的地域范围逐步扩大，旅游行程逐渐

增加,中、远程移动的旅游者群体明显地扩大。但就目前的情况来看,仍是近距离移动的旅游者群体规模大,远距离移动的旅游者群体规模小,如在 20 世纪 90 年代中期,加拿大去美国的旅游者占其出境旅游者总数的 4/5 以上;美国出境旅游者中约有 1/3 的人到加拿大,1/3 的人到墨西哥,而去欧洲、亚洲等地的人不到 1/3;韩国出境旅游者中约有 1/2 的人是去日本,其次是去我国的香港、台湾地区;日本出境旅游者中约有 1/2 的人是去亚洲邻近国家和地区;新加坡去亚洲邻近国家和地区旅游的人约占其出境旅游者总数的 3/5,去欧洲的约占 1/6,去大洋洲的约占 1/9,去美国的约占 1/5;我国香港地区 1990 年外出旅游的旅游者中约有 7/10 的人去亚洲邻近国家,而去美国、欧洲的旅游者分别仅有 1/6、1/19 左右。又如,2001 年,我国接待的外国旅游者达 1122.64 万人次,其中约 21.2%、14.9%、10.7% 的外国旅游者分别来自邻近我国的日本、韩国及俄罗斯,而英国、德国、法国及加拿大四国来华旅游人数合计也只占外国旅游者来华旅游人数的 9% 左右。

对于近距离旅游市场和远距离旅游市场的拓展,切不可以顾此失彼,而应该在大力拓展近距离旅游市场的同时,适当地拓展远距离旅游市场。适当拓展远距离旅游市场有以下好处。

(1)适度拓展远距离旅游市场,可在一定程度上分散旅游市场拓展的风险。

如果目标旅游市场过分集中于近距离范围内,势必造成旅游市场覆盖面狭小,旅游市场单一化,旅游市场拓展风险扩大。即一个国家或地区的目标旅游市场过分集中于近距离范围内,一旦近距离范围内发生波及面较广泛的经济危机、政治危机、自然灾害和旅游贸易壁垒等问题,该国或地区将不得不承受旅游客源大幅度骤减的风险。而适度拓展远距离旅游市场,可扩大该国或地区旅游市场覆盖面,使旅游市场多元化,从而使该国或地区旅游市场拓展风险得以较好地分散。

(2)适度地拓展远距离旅游市场,可获得一定份额的高质量旅游市场。

就目前情况而言,世界旅游消费水平高的国家大多分布于欧洲、美洲,而欧洲、美洲又属于我国远距离国际旅游市场之列,所以开发以欧洲、美洲尤其是其中的法国、德国、美国和加拿大等国为主的远距离旅游市场可使我国获得一定份额的高质量旅游市场,即旅游消费水平高的旅游市场。

(二)特殊专题旅游市场与观光旅游市场兼顾,以观光旅游市场为主

特殊专题旅游市场是指为满足自己某方面的特殊兴趣和需要而参与或想参与某种特殊专题旅游活动的旅游者群体。对于旅游经营部门来说,拓展特殊专题旅游市场可获得较丰厚的回报,因为特殊专题旅游消费是一种高水平的旅游消费。但特殊专题旅游市场拓展难度相对较大。因为,特殊专题旅游市场的拓展须针对不同职业、阶层、性别、年龄的旅游者的不同心理、生理需要,提供多样化的专题、专项旅游服务,以满足旅游者需求个性化的要求。拓展特殊专题旅游市场,是旅游市场发展的大势所趋。随着旅游者收入水平和旅游需求层次的提高,也随着旅游者出游次数的增加,一部分人已不再满足于观光旅游这种传统的大众旅游方式,而趋于追求能满足特殊需求的旅游方式,以至于特殊专题旅游市场在世界各地尤其是发达国家较为兴盛。根据对日本出境旅游者的调查,近年来日本每年有 2/3 的重复出境旅游者,而美国、英国、德国、法国重复出

境旅游者所占比例更高。由于这些国家的相当多的旅游者每年出境旅游已成为一种生活定式,越来越多的旅游者已不满足于在各个旅游点之间长途跋涉、疲于奔命的观光旅游方式,其旅游目的也从传统的开阔眼界、增长见识向通过旅游使身心得到放松和休息、陶冶生活情趣等转变。

特殊专题旅游市场虽日渐兴旺,但仍不可作为首要的目标旅游市场。首要的旅游目标市场依然是观光旅游市场,具体原因如下。

1. 观光旅游市场是当前最基本的旅游市场

根据一些国家和地区的不完全统计,观光旅游市场在旅游市场中所占的份额一般超过50%,有的甚至高达80%~90%。观光旅游之所以占据重要的地位,除了原先"一统天下"的悠久历史和雄厚基础外,还在于观光旅游现在和将来仍是大众旅游者的基本需要,广阔的观光旅游天地对大多数旅游者说仍颇具吸引力。加之一些老年旅游者怀念旧地,希望重游,所以观光旅游从总体上来看,客源是源源不断的。

2. 观光旅游市场拓展有丰富的资源为依托

大多数旅游目的地都是观光旅游资源种类多、数量大、特色较突出,以观光旅游市场为首要目标旅游市场正好有利于发挥本地旅游资源的优势。

3. 观光旅游市场拓展可带动特殊专题旅游市场拓展

尽管特殊专题旅游市场是近些年来逐渐游离于观光旅游市场之外的一类独立的新型旅游市场,但不论其细分市场怎么增加、发展程度如何,都是以观光旅游市场为基础。因此,观光旅游市场拓展可带动特殊专题旅游市场拓展。

4. 观光旅游市场拓展较容易

观光旅游市场,相对于特殊专题旅游市场而言,较容易拓展。首先,观光旅游市场是大众旅游市场,开拓这一市场时不必过多地针对不同职业、阶层、性别、年龄的旅游者的不同心理、生理需要设计开发旅游项目。其次,观光旅游市场是传统的旅游市场,各地旅游经营者,对这一市场的拓展,已经摸索并积累了大量的经验,同时也已具备了较好的物质接待条件。最后,观光旅游市场对旅游供给的要求不太高。

(三) 新旅游市场与传统旅游市场兼顾,以传统旅游市场为主

积极拓展新旅游市场,有利于扩大旅游市场覆盖面,有利于旅游市场多元化,有利于提高旅游市场占有率,还有利于弱化旅游市场拓展风险。但是,在国内国际旅游市场竞争呈白热化态势的今天,要拓展新市场,难度很大。

正因为这样,必须以传统旅游市场为主要目标旅游市场,不断巩固扩大传统旅游市场,稳步提高我国旅游产品在传统旅游市场上的占有率。这样做,获得的效益将是事半功倍的。因为,传统旅游市场与我国之间有着多种密切的关系,为我国对其进一步拓展奠定了良好的基础。这些关系主要如下。

1. 民族的亲缘关系

探亲访友、寻根祭祖是人之常情。因此,民族的亲缘关系对旅游市场拓展有着不可低估的作用。据统计,2001年,我国内地接待的入境旅游者中,香港、澳门及台湾同胞约占87.4%,香港、澳门及台湾的旅游者之所以在我国境外旅游者中占绝对优势,是因他们都是中华儿女。尤其值得注意的是,世界上有些国家和地区,虽然相距遥远,但由

于它们之间存在着民族的亲缘关系,以致在它们之间因民族的亲缘关系而移动的旅游者群体规模很大。例如,美国与英国、美国与法国、南非与英国等国之间的相向移动的旅游者群体规模很大,其重要原因之一,就是它们之间有民族的亲缘关系。

2. 经济贸易关系

商务旅游市场是一种传统的兴盛不衰的旅游市场,而且是一种市场规模很大的旅游市场。商务旅游市场存在和壮大的基础是经贸关系的发展。所以两个国家或地区之间经贸关系足以使旅游者克服空间障碍,千方百计冲破一切自然的或人为的阻力前往某地进行旅游活动。如日本与美国,虽相距十分遥远,但两国之间相向移动的旅游者群体规模很大,其主要原因之一就是它们之间有着相当密切的经济贸易关系。我国所有的传统旅游市场,都和我国有着非常密切的经济贸易关系。

3. 历史悠久的友好往来关系

我国与许多传统旅游市场有着历史悠久的友好往来关系。正因为我国与一些传统旅游市场友好往来历史悠久,所以,我国和这些传统旅游市场之间在文化、宗教信仰、生活习俗、思想道德等方面有许多相近之处。因此,这些传统旅游市场的旅游者来我国旅游,心理障碍小,可体验到一种既不太陌生,又有本地所没有的新鲜感。

4. 密切的旅游业务关系

由于我国与传统旅游市场之间进行旅游贸易的时间较长,所以,形成了一种较牢固、密切的旅游业务关系,有利于我国在这些市场上进行旅游宣传,招徕旅游者。

(四)散客旅游市场与团体旅游市场兼顾,以散客旅游市场为主

近些年来,旅游市场结构的一个重要变化是,散客旅游市场份额迅速扩大,团体旅游市场份额迅速缩小。据相关抽样调查,1990年来华旅游者中散客占35.4%,而到1998年,散客的比重上升到58.6%。

世界性的"散客潮"出现于20世纪80年代,迅猛发展于20世纪90年代。目前,世界上许多国家散客旅游已成为旅游市场的主流,如我国的香港地区、新加坡所接待的散客与团体比例是7∶3,旅游大国西班牙每年接待的旅游者中散客占了80%以上。进入21世纪后,散客增长将由快变缓,由缓变滞,80%～90%的市场份额将维持相当长的时期,团体旅游的需求虽有所收缩,但不会消失,将在较长的时期内保持10%～20%的市场份额,只是团体旅游模式会有所改变。

世界性"散客潮"越来越强大的主要原因如下。

(1)国际旅游者逐渐成熟,他们对于自己单独进行远距离国际旅游的能力越来越自信。

(2)旅游者的心理需求进入更高的层次,期望通过旅游来体验人生,完善自我,实现自我价值。

(3)旅游需求个性化,追求与众不同的新鲜经历,对于规范化的大众旅游模式不感兴趣。

(4)随着国际旅游业的发展,旅游设施大大增加,服务更加周到和规范化,订购旅游服务的流程日趋简化,增强了旅游者的便捷感和自由度,减弱了旅游者的依赖心理,使旅游者进行散客旅游活动越来越方便。

(5)由于国际交往的增多,英语日益成为国际通用语言,各国从事国际旅游服务的人员普遍能讲英语,使很多人到国外旅游已无语言交流的障碍,不再是非参加团体旅游并依靠其翻译导游不可了。

(6)国际经贸联系正在加速发展,从事公务商务旅游的人增加很快,这部分人是不可能参加旅游团的。

团体旅游之所以会继续占有一定份额的旅游市场,原因如下。

(1)老年旅游者乐于选择团体旅游方式,因为该方式对于老年旅游者来说,安全系数大,便利程度高。

(2)初次出游者乐于选择团体旅游方式,因为他们缺乏单独进行旅游活动的能力。

(3)语言障碍不可能彻底消除,总有一部分人需借助团体旅游方式来克服这一障碍。

(4)团体旅游方式具有使旅游者省钱、省力等方面的优点。

以上所述表明,为了适应旅游市场的发展,我国在进行旅游目标市场选择时,必须坚持散客旅游市场与团体旅游市场兼顾、以散客旅游市场为主的原则。

二、目标旅游市场的选择策略

(一)优先选择进入性较好的旅游市场

在旅游市场拓展实践中,常常发现有些距离近的旅游市场以及与自己有某种特殊关系的旅游市场、旅游消费水平高的旅游市场并不是自己的理想的目标旅游市场。究其原因,是这些旅游市场的进入性差。因此,在选择目标旅游市场时,应优先选择进入性好的旅游市场,即应首先考虑以下几个方面的问题。

1. 将要选定的旅游市场在政治上是否具有可进入性

世界上有许多国家和地区,出于某种政治目的或经济目的往往制定一些强硬的严格限制出境旅游的政策,这样一来,无论怎样进行旅游宣传促销,也无法从这些国家和地区招徕大量旅游者。如韩国,曾规定 35 岁以下的公民不能出境旅游。又如,马来西亚政府曾规定 60 岁以上的本国公民方可来华旅游,当时马来西亚来华旅游者极少;1980 年,马来西亚政府将这一年龄下限降至 30 岁;1990 年,马来西亚政府又解除了以往本国公民来华旅游的一切限制,于是马来西亚来华旅游者迅速增加。据统计,1986—1989 年,每年马来西亚来华旅游者约为 1 万人次,到 1990 年,猛增至 3.7 万人次。我国实行改革开放政策后,我国居民也有机会出境旅游了,这表明我国出境旅游市场在政治上已有了一定的可进入性。但由于当时我国经济还不太发达,为了防止外汇大量流失,也为了防止出现畸形消费倾向,我国政府对出境旅游持"有控制地发展"的态度,这又表明我国出境旅游市场在政治上的可进入性并不十分理想。

不仅某些旅游政策影响旅游市场的可进入性,而且国家政治局势、国际关系也影响旅游市场的可进入性。譬如,一个国家发生大规模社会动乱,则该国居民人心惶惶,出游者必定很少。又譬如,两个国家处于敌对状态,那么其中任何一方都不可能将对方的旅游者招揽过来。

总之,我国应该优先选择出境旅游政策宽松、社会安定、与我国友好相处的国家和地区作为旅游目标市场。

2. 将要选定的旅游市场在经济上是否具有可进入性

在考虑将要选定的旅游市场在经济上是否具有可进入性时,可从以下几方面进行了解、分析。

(1)外汇政策。有些国家外汇不足,为了防止外汇大量流失,往往制定了一系列的严格的外汇管制政策。显然,这样的国家可进入性是较差的。如英国外汇管制曾规定每人出境旅游限额60英镑。

(2)出境旅游税费。有些国家为了引导旅游消费面向国内,限制出境旅游,防止"肥水外流",采取出国旅游征收税费的办法。如马来西亚就于1996年提高了出国旅游税费。

(3)汇率变化情况。汇率变化影响旅游者流向,这是进行旅游目标市场选择时必须考虑的一个因素。若旅游需求市场国的货币相对旅游供给市场国的货币升值,而后者的商品价格又未相应提高,则前者的居民去后者旅游时支付的货币就会减少,从而促进旅游需求量的扩大;反之,则会抑制旅游需求量的扩大。

3. 将要选定的旅游市场在交通上是否具有可进入性

即在选定旅游市场时,要看所选旅游市场的旅游者来旅游目的地的交通是否较便捷。因为,交通是联系旅游主体(旅游者)与客体(旅游资源)之间的纽带,交通条件在很大程度上决定旅游者旅游时间、费用和舒适程度。任何旅游者都绝不会愿意把有限的闲暇时间和支出过多地用于交通方面。

(二)优先选择与我国有某些特殊关系的旅游市场

假若几个旅游市场的可进入性基本相同,则应该优先选择其中与我国有某些特殊关系的旅游市场作为旅游目标市场。这些特殊关系主要如下。

1. 民族的亲缘关系

例如,我国在拓展外国旅游市场时,应优先选择华人、华侨较多的国家和地区,利用华人、华侨都是中华儿女这一层民族的亲缘关系,招徕他们来华进行旅游活动,并通过他们在居住国的各种关系、力量来大力宣传我国旅游形象,以招徕较多的外国旅游者。

2. 友好的往来关系

我国有些城市先后与国外一些城市结为友好城市,如长沙市已与美国圣保罗市、日本鹿儿岛市、刚果布拉柴维尔市、瑞士弗里堡市等结为友好城市。这样的关系非常有益于我国对国外旅游市场的拓展。因此,我国进行目标旅游市场选择时,应关注这类友好往来关系。

3. 经济贸易关系

在选择旅游目标市场时,应优先选择与我国有密切的经济贸易关系的国家和地区。因为国际之间的经济贸易往来左右着国际旅游需求市场的变化趋势。例如,每年出国旅游的美国人中有1/3左右的人是到加拿大,而加拿大去美国的旅游者占其出国总数的4/5以上。美加两国居民之间相互旅游人数一直较多,除了美加是邻国且亲缘关系较密切外,还有一个重要的原因,即美加自由贸易协定取消了两国之间大多数关税,取消了海关手续,这就大大方便了这两国之间的出入境旅游者。

(三)优先选择旅游消费水平高的旅游市场

一般来说,旅游消费水平高的旅游市场,不仅旅游市场质量好,而且旅游市场规模也大。因此,优先选择旅游消费水平高的旅游市场为目标旅游市场,有利于旅游市场拓展向高速度、高效益方向发展。

一个旅游市场的旅游消费水平的高低,主要取决于以下方面。

1. 可随意支配收入

可随意支配收入虽不是旅游需求的唯一决定因素,但对旅游需求的确有多方面的影响。一般来说,可随意支配收入影响一个人能否成为旅游者,影响一个人的旅游消费水平,影响一个人的旅游活动构成,影响一个人旅游目的地及旅行方式的选择。因此,旅游需求市场国即旅游客源国居民可随意支配收入水平是选择旅游目标市场时必须考虑的一个因素。

一般来说,高经济收入者也就是高可随意支配收入者。但可随意支配收入水平也往往因居民生活方式、生活习惯和消费水平不同而明显不同。例如,20 世纪 80 年代以来,美国和日本的 20~29 岁未婚而有工作的女青年都属于高收入者,但由于她们的生活方式、生活习惯和消费水平不同,其可随意支配收入水平也不大相同。美国青年男女在 18 岁以后,一般都离开家庭独立生活,住公寓、用餐、社交等支出很大。日本女青年在结婚前多与父母一起生活,花费较少,因此可随意支配收入高于美国女青年。日本女青年因可随意支配收入高,加之爱好旅游而被世界公认为"旅游贵族"。由此可见,在调查某旅游需求市场居民可随意支配收入水平时,不仅要看其经济收入水平的高低,还要看其生活方式、生活习惯和消费水平。

2. 闲暇时间

旅游消费具有异地性,旅游消费和旅游产品的生产和交换具有同一性,这就决定了旅游者进行旅游消费时必须有相对集中的闲暇时间。所以,在选择旅游目标市场时有必要充分考虑所选对象的闲暇时间情况。

3. 文化素质

在选择旅游目标市场时,还须考虑旅游需求市场国居民的文化素质。一般来说,文化素质高的国家和地区,外出旅游的人较多。因为,旅游者总是依赖于一定文化背景而产生的。一个人能否成为旅游者,不仅取决于他(她)是否有足够的可随意支配收入和闲暇时间,还取决于他(她)本人是否有旅游动机,而旅游动机又取决于他(她)本人的文化素质。

第三节 目标旅游市场的开拓策略

目标旅游市场的开拓策略主要包括旅游产品策略、旅游价格策略、旅游产品销售渠道策略及旅游促销策略。其中,旅游产品策略已在第三章的第三节予以详细阐述,旅游价格策略将在第六章的第三节进行详细阐述,为避免重复,本节不再阐述这两大策略,只就旅游产品销售渠道策略及旅游促销策略展开阐述。

一、旅游产品销售渠道策略

(一)选择旅游产品销售渠道的基本原则

1. 力求所选的旅行商是经营能力较强、可靠性较大的旅行商

众所周知,对于旅游目的地或旅游企业来说,谁能找到理想的旅行商,谁就能获得稳定的和增长的旅游客源,谁就能使自己的旅游市场不断扩大。因此,物色经营能力较强、可靠性较大的旅行商便自然成为各旅游目的地或旅游企业选择旅游产品销售渠道的首要原则。

关于旅行商的经营能力和可靠性可从以下几个方面考察。

(1)旅行商组团的能力。对于旅行商的组团能力,可从两方面分析:一是旅行商的组团速度,即在一定时间内,旅行商为本旅游目的地或本旅游企业招徕的旅游者数量;二是旅行商所组的团队的质量,即旅行商为本旅游目的地或本旅游企业招徕的旅游者的旅游消费水平。

(2)旅行商的商业道德。即旅行商是否经常拖欠账款。

(3)旅行商的合作诚意。

(4)旅行商对本旅游目的地或本旅游企业的依赖程度。有些旅行商愿意专营本旅游目的地或本旅游企业的旅游产品,有些旅行商则同时经营许多旅游目的地或许多旅游企业的旅游产品。一般来说,前者对本旅游目的地或本旅游企业的依赖性要比后者大,可视为本旅游目的地或本旅游企业可靠的合作者。

2. 力求所选的旅游产品销售渠道能带来良好的经济效益

应该选择长期的成本最小、利润最大的旅游产品销售渠道,以获取理想的旅游经济效益。

3. 在同一旅游客源产生地,旅行商选用的数目要适当

在同一旅游客源产生地所选用的旅行商过多会产生诸多不利影响。首先,在同一旅游客源产生地,有时选用的旅行商越多,成团率反而越低,甚至总人数也下降了。其次,在同一旅游客源产生地选用的旅行商过多会造成旅游宣传广告上的不必要重复与浪费。再次,在同一旅游客源产生地选用的旅行商过多,势必会出现"僧多粥少"的局面,引起旅行商的不满,从而会使他们的积极性受到影响。最后,在同一旅游客源产生地选用的旅行商过多,会增加固定成本。

4. 根据旅游客源产生地情况选择旅游产品销售渠道类型

旅游产品销售渠道类型的选择应视旅游客源产生地的实际情况而定。如在旅游客源产生量较小且分散的地方,要选择层次多、"触须"长的旅游产品销售渠道;在旅游客源产生量大并且相当集中的地方,要选择层次少、"触须"宽的旅游产品销售渠道。又如,在国内旅游客源产生地,要选择环节少的短旅游产品销售渠道;在国际旅游客源产生地,要选择环节多的长旅游产品销售渠道。总之,应根据旅游客源产生地的实际需要尽可能选择层次和环节都较少的旅游产品销售渠道类型。因为,层次和环节多了,不仅会导致佣金增加,还会导致信息反馈量减少。

(二)疏通旅游产品销售渠道的主要途径

1. 知己知彼地选择旅行商

要想选择理想的旅行商,就得先从以下几个方面对自己进行一番了解,以便有的放矢地开辟旅游产品销售渠道。①开辟新的旅游产品销售渠道的目标是什么?②自己的旅游产品有多少种类,数量有多少,质量如何,竞争能力如何?③自己的旅游产品市场需求现状和趋势如何?④自己的旅游产品的重点市场在何地?这些市场的市场环境如何?

了解旅行商更是选择理想的旅行商,有的放矢地开辟旅游产品销售渠道的一个重要环节,对于旅游商可以从以下几个方面进行了解。①旅行商的重点旅游市场在何地?②旅行商的经营品种、范围如何?③旅行商的竞争对手是谁?④旅行商的旅游市场占有率如何?其营销人员素质、营销成本如何?⑤旅行商的信誉、口碑、偿付能力怎样?和银行的关系怎样?⑥旅行商的旅游市场区位条件怎样?⑦旅行商的历史、背景及发展前途如何?⑧旅行商的政治倾向如何?⑨旅行商的合作诚意如何?

2. 及时调整旅游产品销售渠道网络

不断分析自己的旅游产品市场需求情况和旅行商的销售行为,及时调整旅游产品销售渠道网络,也是疏通旅游产品销售渠道所必须进行的经常性工作。

旅游产品销售渠道网络的调整应在以下时刻进行。①在准备将自己的旅游产品推向国内外旅游市场而自己又无法进行直接销售之际。②在原有的旅行商经营能力和资信度明显下降以致影响自己拓展旅游市场之际。③在自己旅游产品种类增加、旅游产品质量提高之际。④在自己想提高旅游产品销售量,进而提高旅游市场占有率之际。⑤在自己想进入新的旅游市场,进一步扩大旅游市场覆盖面之际。⑥在旅游者结构发生明显变化之际。⑦在因同类旅游产品的供给者大量增加而导致旅游市场竞争加剧之际。

3. 保持和旅行商密切合作的关系

保持和旅行商密切合作的关系,相对稳定的旅游产品销售渠道,有益于旅游产品销售渠道保持畅通状态。要保持和旅行商密切合作的关系,至少须在四个方面做出努力:首先,自己要守合同、讲信誉、重质量,在旅行心中树立良好的形象;其次,要及时将自己旅游产品的生产经营信息如实地告知旅行商;再次,要持久地采取各种可以激励旅行商、调动其积极性的措施;最后,在可能的情况下,帮旅行商排忧解难。

4. 加强对旅行商的管理

加强对旅行商的管理,可保持旅游产品销售渠道的活力。加强旅行商的管理必须建立在对旅行商严格考核的基础上。考核的主要内容有:①销售能力的大小;②经济效益的大小;③服务质量的高低;④忠诚程度。

通过上述考核,便可确定贡献较大的重点旅行商,并将其定为继续合作的重要伙伴;同时,也可找出贡献不大的旅行商,并将其作为今后调整的对象。

5. 注意培养有发展前途的旅行商

为在众多的旅行商中找到理想的合作伙伴,进行筛选是十分必要的。同样必要的还有培养,即抱着真诚的合作态度尽可能为一些经营能力目前尚小而又愿为我们销售旅游产品的旅行商提供方便和优惠条件,并寻找合适的方式促其扩大市场份额,更多地为我们招徕旅游者。在这一方面,我国已有许多成功的值得效仿的先例。如在英国伦敦,一位华人开办的旅行社原先规模很小,一年仅能给我国招徕旅游者百十来人。后来我国有一家旅行社外联部经理与其接触,发现那位华人的基本素质不错,但对如何组团来华旅行的业务尚不熟悉。于是双方协商后,经有关部门批准,我国这家旅行社连续三年派了三位懂业务、善经营的外联人员前往伦敦,在那位华人的旅行社工作,和他一起制定来华线路,制作旅游宣传册,参加旅游展销会更重要的是为他提供尽可能优惠的价格,保证团队在我国各地的接待质量。经过三四年的努力,这位华人的旅行社已发展成为英国向我国送团的第三大旅行商。

二、旅游促销策略

旅游促销是旅游目的地或旅游企业通过各种手段,利用各种渠道和工具,将本旅游目的地或本旅游企业的旅游产品介绍给国内外旅行商和旅游者,使他们对本旅游目的地或本旅游企业的旅游产品产生兴趣,使旅行商愿意推销,使旅游者愿意购买。

加强旅游促销活动,对旅游市场拓展有着多方面的促进作用:首先,可提高旅游产品信息传播效率;其次,可诱导对旅游产品的需求;再次,可突出旅游产品特点;最后,可提高我国声誉,稳定旅游产品销售。

(一)提高旅游促销水平的主要途径

1. 增强旅游宣传促销的主动性和自觉性

不论是传统旅游产品还是新开发的旅游产品,靠"等游客上门"是不行的。应该清楚地看到,旅游业是当今世界第一大产业,很多国家和地区都积极参与竞争,不断巩固和扩大旅游市场份额,以极大的投入进行旅游宣传促销。事实上,世界上的旅游大国和旅游热点地区无一不始终重视旅游宣传促销。因此,我们一定要克服重旅游开发建设、轻旅游宣传促销的思想,坚持开发、建设和宣传促销并重的方针。

2. 加大旅游宣传促销投入

国际上通常认为,投入4~10美元的旅游宣传促销费,可创下1000美元的旅游收益。又据世界旅游组织介绍,1995年,法国每花1.2美元的旅游宣传促销费就可招徕一个国际游客,每花1美元的旅游宣传促销费便可带来315美元的旅游收益。即使是以色列这样的小国家,每花1美元的旅游宣传促销费也可创下77美元的旅游收益。正因为这样,世界上不少国家近年来都大幅度增加旅游宣传促销经费。

为了在国内国际旅游市场上树立起有强磁性的旅游形象,我国应该充分借鉴旅游发达国家或地区的先进经验,建立起与旅游产出联系密切的促销经费渠道,增加旅游宣传促销投入。目前,世界上旅游发达国家旅游宣传促销经费来源主要途径是政府拨款、征收旅游税、收取服务费、建立旅游宣传促销基金。在我国,旅游宣传促销经费仅靠政府拨款,不会有大的增加,因此,必须走"取之于旅游、用之于旅游"的道路,才有希望逐步增加旅游宣传促销经费。

在这方面,国外有一些做法可以借鉴。例如,新加坡旅游促进局(现新加坡旅游局)为了充分保证其旅游宣传促销经费,国家对旅游企业征收旅游税,作为旅游宣传促销经费;1987年该局收到旅游税3424万新元,1994年该局收到的旅游税已增至11044万新元。为了获得更多收入用于旅游宣传促销和开发,斯里兰卡政府向旅游酒店推出"床位税",收税标准是每床每夜1~3美元。

3. 超前进行旅游宣传促销活动

旅游产品的无形性、不可转移性决定了旅游者只能亲自到旅游产品的生产所在地进行旅游消费,而不能像一般物品那样可以被运出生产地到其他地方供人们消费。旅游产品的这一特点又决定了旅游产品的宣传促销活动必须提前一定的时间进行。因为旅游产品的宣传促销不可能立竿见影,要通过多次重复,激发旅游者的消费欲望。旅游者了解旅游产品的存在,经过反复思考比较,直到进入旅游产品生产地进行旅游消费又需要一个较长的过程。

超前进行旅游产品宣传促销活动,一是要超前制订与部署年度旅游宣传促销计划,二是要针对计划新开发的旅游产品进行适度的超前旅游宣传促销,以便新旅游产品一面世就有许多游客慕名而购。

4. 有针对性地进行旅游宣传促销活动

旅游宣传促销活动成功与否,在很大的程度上取决于旅游宣传促销是否有针对性。要使旅游宣传促销有针对性,就必须做到以下几点。

第一,坚持内外有别的原则,防止内外旅游宣传促销活动采用同一方式、同一内容进行。外国人与中国人所处的文化环境不同,经济状况不同,宗教信仰各异,心理素质也不一样。有些中国人很感兴趣或引以为骄傲的事物,外国人则不以为然;而国内一些司空见惯、习以为常的事物,外国人却趣味十足。因此,要用外国人的眼光来观察、欣赏中国事物,以此为依据来组织旅游宣传促销活动,绝不能用对内宣传的材料来进行国际旅游宣传。

第二,要坚持国别原则,不同国家的居民的经济文化生活、宗教信仰、生活习俗等总是有所不同,因此,旅游宣传促销活动必须因国而异。

第三,要坚持有主有次的原则。

第四,要坚持产品消费对象原则,即针对旅游产品消费的特定对象进行旅游宣传促销活动。

第五,要坚持经营需要原则,即针对自己的经营需要来进行旅游宣传促销。

使旅游宣传促销具有针对性的基础是:加强对不同旅游客源市场的调查与分析,切实掌握不同旅游客源市场的旅游需求特点;对自己旅游产品进行分析,扬长避短地进行旅游产品促销工作;根据旅游市场需求变化情况不断调整旅游产品生产。

5. 利用一切可借助的力量进行旅游宣传促销

旅游宣传促销是一项持久的、工作量巨大的工作,必须利用方方面面的力量,具体如下。

(1)充分发挥旅游行政管理部门的作用,从宏观上对旅游宣传促销工作进行组织与协调。

(2)充分发挥旅游企业的作用,使其自觉、积极地承担具体的旅游宣传促销任务。

(3)充分利用驻海外机构和留学生、援外人员等广泛接触外国人的便利条件,进行旅游宣传促销。

(4)将与我国有友好往来关系的外国友好组织、友好城市、姊妹学校等作为宣传我国旅游形象的窗口,向其所在国传播我国旅游信息。

(5)借助国内外学术团体和社会名流的声望与影响,不失时机地进行旅游宣传促销。

(6)与国内外旅游企业建立各种形式的合作,争取他们向其所在地、所在国的居民宣传我国旅游形象。

(7)充分发挥旅游服务人员的作用,使其成为日常性的旅游宣传促销者。

6. 采取多种形式进行旅游宣传促销

为扩大旅游宣传促销覆盖面,获得理想的旅游宣传促销效果,有必要采取以下的旅游宣传促销形式:①印发旅游宣传品;②广告宣传;③公关宣传;④开展旅游节会活动;⑤旅游促销活动;⑥参加旅游博览会、展览会;⑦设立旅游咨询机构。

7. 注重主要旅游城市、旅游区旅游氛围的营造

主要旅游城市、旅游区旅游氛围的营造可从以下几个方面着手进行。

(1)在机场、车站、码头等地,为人生地不熟的过往旅客设置大型的、一目了然的中英文城市或旅游区导游图,以及各种醒目的中英文指示牌,这样既可方便专程前来旅游的旅游者,又可促使一些过往旅客转化为旅游者。

(2)在旅游城市或旅游区内适宜的地点设立"旅游信息中心",并充分发挥其作用。

(3)在主要街道路口设立有鲜明箭头标识的中英文路标,清晰地指示通往各重要旅游景点、参观点的方向并标示距离。

(4)保持市貌清洁、和谐、优美。

(5)在游览点、参观点设立中英文兼备的解说牌。在游览区竖立中英文导游图和指示游览路线的路标。有条件的还可设置可供出租的多语种导览机。

(6)在商店、餐馆、娱乐场所、出租汽车公司,配备经过基本外语和基本业务知识训练的人员,提供导购、导食、导游等服务。

(7)积极培养当地居民热情、好客的精神,使游客在迷路或遇到其他困难时,能随时得到当地居民热心的指引和帮助。

8. 利用现代新技术等营销手段进行旅游宣传促销

为了在竞争中处于有利地位,许多国家都积极利用现代新技术进行旅游宣传促销,我国旅游企业也开始利用现代新技术进行旅游宣传促销。如我国招商国际旅游总公司早就进入世界上最大的全球计算机互联网,这意味着该公司的宣传促销工作效率更高、成本更低、更直接面向旅行商与旅游者。我国各地的旅游经营机构应该积极创造条件,争取早日实现全面利用现代新技术等营销手段进行旅游宣传促销。

(二)我国国内旅游宣传促销策略

根据我国国内旅游市场需求的基本特征,并考虑到旅游市场拓展的需要,可以采取以下一些国内旅游宣传促销策略。

(1)积极倡导公众树立旅游意识,扩大国内旅游市场需求。

旅游行政管理部门应该通过各种途径做好旅游宣传倡导工作,使社会公众形成一个共识:旅游可使人们增长知识,强身健体,开阔视野,陶冶情操,提高文化品位,养成文

明的公共习惯和意识;旅游可使人们广交朋友,融洽人际关系。同时,旅游行政管理部门还应该和旅游企业一道,依据不同的经济支配能力,列出年度、季度、月度、周末旅游计划,纳入社会、家庭生活的议事日程上,通过近、中、远不同的距离,短、中、长不同的时间,不同的旅游路线和内容进行旅游。通过以上举措倡导广大社会成员树立较强的旅游意识,积极参加国内旅游活动,必然会促进国内旅游市场需求的扩大。

(2)改善国内旅游形象,增强广大国内旅游者对旅游业的信任感。

由于在过去一段时期内,我国较重视国际旅游业,导致国内旅游产品整体质量明显低于国际旅游产品整体质量。其主要表现是:国内旅游产品结构不完善、不合理,旅游服务不规范,旅游者的合法利益得不到保障的现象时有发生。因此,增强广大国内旅游者对旅游业的信任,是搞好国内旅游宣传促销工作的重中之重。

改善国内旅游形象的主要措施如下:①在全国范围内,深化对国内旅游发展的认识。②尽快实施国内旅游合同制,明确旅行社和旅游者双方的权利、义务及违约责任,预防和减少旅游纠纷,使国内旅游市场经营走上规范化、法治化的轨道。③扩大征收旅游质量保证金的范围。为了便于旅游质量监管部门处理各类旅游企业可能发生的旅游服务质量问题,可向各类旅游企业征收一定数额的旅游质量保证金。

(3)有的放矢地进行旅游宣传促销。

①对重点国内旅游客源地进行重点旅游宣传促销。

任何一个旅游目的地或旅游企业都不可能、也没有必要在各地以同样的力度进行旅游宣传促销,应先找准自己的主要客源地,然后将主要客源地作为重点旅游宣传促销之地。如从湖南旅游市场拓展的需要来考虑,该省国内旅游宣传促销的重点区域应该是广东、湖北、江西、重庆等周边地区,以上海为代表的华东地区,以北京为中心的北方地区,以及本省境内的京广铁路沿线、浙赣—湘黔铁路沿线地带。

②对主要的旅游客源群体进行重点旅游宣传促销。

我国国内旅游者虽然来自各个阶层,但相对而言,多为企事业管理人员、工人、专业技术人员、离退休人员、学生、政府工作人员等。所以,就旅游客源群体而言,宜对这些人员进行重点旅游宣传促销。但值得一提的是,在我国某些地方,主要旅游客源群体有别于上述主要旅游客源群体。所以,就旅游客源群体而言,重点旅游宣传促销对象应注意因地而异。如在广东地区,应将城市郊区农民、乡镇企业及合资企业职工、经济特区居民、城镇个体户、港澳台同胞及华侨的亲戚等作为重点旅游宣传促销对象。因为,该地区国内旅游客源中70%以上是城市郊区农民、乡镇企业及合资企业职工、经济特区居民、城镇个体户、港澳台同胞及华侨的亲戚等。

③以观光度假旅游活动内容为国内旅游宣传促销的主要内容。

我国居民国内旅游活动内容较丰富,但以参与观光度假旅游活动者所占的比重最大。所以,观光度假旅游活动内容应为我国国内旅游宣传促销活动最主要的内容。

(4)积极采取各种行之有效的"销售术",招徕和吸引国内旅游客源。

在国内旅游宣传促销方面,除了继续采取一些传统而又有效的"销售术"以外,还应积极采取一些新的有效的"销售术"。

①设立热线旅游咨询台,以便当地居民可随时拨打电话了解有关国内旅游信息。

②推出周末休闲旅游专项门票。为了方便当地城镇居民周末休闲旅游,可在加强

当地旅游景区各门票站科学管理、进行电脑监控的基础上,实行旅游景区门票价格的"内外有别"制度。

③实行"先旅游,后付款"制度。旅行社为了与一些长期挂钩的老业务单位建立深厚感情而可以采取的一种"销售术"。

④实行"先付一半钱,旅游归来再付一半钱"的"销售术"。旅行社在承接旅游业务单位提供的业务时,宜采用这种"销售术"。

面向港澳台旅游市场的旅游宣传促销策略有以下几种。

(1)利用亲缘关系吸引、招徕港澳台旅游者。

目前,我国香港、澳门、台湾出境旅游市场中,以探亲访友、寻根祭祖为主要目的的旅游者占有较大的比重,如台湾出境旅游者中约有20%的人为探亲访友旅游者。因此,应该充分利用亲缘关系来对香港、澳门、台湾旅游市场进行旅游宣传促销活动。值得补充一点的是,不仅可以利用亲缘关系拓展香港、澳门、台湾探亲访友旅游市场,而且还可利用亲缘关系来宣传促销其他类型的旅游产品,拓展香港、澳门、台湾的其他类型的旅游市场。

(2)选择合适的时机加大旅游宣传促销工作的力度。

台湾居民出境旅游旺季分布于4月、7月、8月和10月;自1998年以来,春节探亲访友旅游者人数也在增加。据统计,每年春节,香港大约有100万人(占香港总人口的1/7左右)赴外地。基于这一缘故,对香港、澳门、台湾的旅游宣传促销,既要有持续性,又要有突击性,即在长期性地对香港、澳门、台湾旅游市场传播祖国内地(大陆)旅游信息的基础上,还应在这些旅游市场的出境旅游旺季到来前夕进行更大力度的突击性的祖国内地(大陆)旅游信息传播。

(3)积极开发促销港澳台出境旅游对路产品。

就港澳台出境旅游市场现状而言,所要积极开发的港澳台出境旅游对路产品如下。

①就旅游目的而言,探亲访友旅游、寻根祭祖旅游、观光旅游、商务旅游、宗教旅游等是香港、澳门、台湾出境旅游对路产品,应积极采取措施予以大力开发、促销。

②就旅行方式来考虑,散客旅游是香港、澳门、台湾赴内地(大陆)旅游对路产品,须大力开发。

③就港澳台出境旅游时间、旅游距离、旅游费用变化趋势来说,应该开发具有更短、更小、更低、更少等特点的旅游产品,以便于向港澳台出境旅游者推销。

(三)我国国际旅游宣传促销策略

不同的国家或地区,在社会政治经济制度、人口数量、人口结构、居民风俗习惯与兴趣爱好、居民文化教育水平、可自由支配收入、闲暇时间以及市场区位条件等方面均有所不同,因此,国际旅游宣传促销应树立国别旅游市场区别对待的观念,即针对不同的国家或地区采取不同的旅游宣传促销策略。

1. 面向日本旅游市场的旅游宣传促使策略

(1)主动和日本旅行商建立起合同制度,以促使中日双方业界的合作关系趋向稳定和紧密。

1996年1月,日本新旅行业法正式生效。日本新旅行业法出于保护消费者利益的目的,对旅行社招揽组团及零星委托服务的合同签订、合同解除、旅程管理、旅行损害补偿等都进行了详细规定,进一步明确了旅行商与旅行者的相互责任和应尽义务。日本新旅行业法生效后,日本两家较大的旅行社——交通公社和近畿旅行社,就立即向中国客户通报新旅行业法的规定,修改合同,以提高和保证服务质量。可见在日本新旅行业法的作用下,日本旅行商在我国旅行社中选择合作伙伴时,将会更多地考虑信誉而不像原来那样谁的价格低就与谁合作。所以,我国旅行社应和日本旅行商建立合同制度,以使双方的合作关系趋向稳定和紧密,彻底改变以往那种"一团一投标"的找买方的做法,否则,旅游宣传促销工作就难以在日本顺利地开展。

(2)改变我国在日本旅游市场上的旅游形象。

在日本人的印象中,中国幅员辽阔,历史悠久,文物古迹众多,但生活水平不高。因此,一方面要让日本公众了解中国近几十年来的巨大变化;另一方面要面向日本旅游市场开发、促销一批符合国际水准又不失我国特色的高档旅游产品,改变日本人对我国旅游市场的原有印象。

(3)以日本三大城市圈为旅游宣传促销的重点地区。

从日本出国旅游客源产生地来看,首都圈的一都三县(东京都、神奈川县、千叶县、埼玉县)、京阪神地区(大阪、兵库、京都)、东海地区(爱知、静冈、岐阜)等三大城市圈的出国旅游者占日本出国旅游者总数的 2/3 左右。所以,这三个城市圈应为我国在日本旅游市场的重点旅游宣传促销地区。

(4)以青年尤其是女青年为旅游宣传促销的首要目标群体。

青年旅游者是日本出境旅游市场的主体,当属我国在日本旅游市场进行旅游宣传促销的主要目标群体。青年旅游者中,年龄在 20～29 岁的女青年更值得列为在日本旅游市场进行旅游宣传促销的首要目标群体。其原因主要有两点:第一,20～29 岁的女青年是近年来日本出国旅游者中增长最快,目前所占比例最大的旅游者群体;第二,以我国旅游产品现状而论,吸引 20～29 岁的女青年来华旅游的可能性更大。

(5)开发日本出境旅游对路产品。

第一,大力开发具有"3R"和"3C"等特点的旅游产品。

20 世纪 90 年代以来,日本人的出国旅游市场需求变化的主要特点之一就是:典型的周游式观光旅游被自主式旅游逐步替代,越来越多的人出国旅游是为了放松(relaxation)、清新(refreshment)、娱乐(recreation),越来越多的人要求旅游活动能随便(casual)、方便(convenient)、舒适(comfortable)。因此,必须大力开发具有"3R"和"3C"等特点的旅游产品,为在日本旅游市场上进行有针对性的旅游宣传促销提供基础。

第二,大力开发观光旅游、宗教旅游、修学旅游等旅游产品。

观光旅游、宗教旅游、修学旅游既是日本出国旅游所喜好的旅游产品,也是我国有条件开发的旅游产品。

第三,大力开发适合日本女青年的旅游产品。

据日本交通公社一专门面向青年女性的杂志认为:观赏美丽的自然风景、品尝一流的食品、购买喜欢的时髦物品,是日本青年女性旅游的主要目的。由此可见,我国旅游经营部门只有做到以下几点,才能使旅游产品符合日本女青年的需求:①旅游目的地必须具备清洁、卫生、舒适的旅游环境,有美丽的自然风景;②旅游目的地有良好的购物条件;③旅游目的地有地方风味浓郁的食品;④旅游目的地有大量的娱乐活动项目。

2. 面向韩国旅游市场的旅游宣传促销策略

(1)大力宣传各自的旅游形象。

虽然韩国人在感情上对中国情有独钟,但多数韩国人对中国的了解局限于东北三省,而对中国其他省、区、市的了解较少,因此,各省、区、市应积极宣传自己的旅游形象。从韩国的历史、文化、居民宗教信仰与风俗习惯来考虑,应该向韩国社会公众宣传我国在以下几个方面的形象。

第一,源远流长的汉文化。

韩国文化自古就深受中国影响。韩国语言中60％以上由汉字组成,其发音和汉语极其相似,汉字写法也与中国的繁体字无二。韩国的小学课本收录了许多古代中国的成语典故,中学课本也介绍了中国历史。文化的同根使韩国人能从历史文化的角度欣赏中国,为中国文化的博大深邃而倾倒。

第二,缤纷灿烂的中国民俗。

韩国的民俗也自古就受中国影响。从韩国居民的民族传统服装、礼仪风俗、生活习惯、节庆活动中便可看出中国对其影响的痕迹。如韩国居民也和我国居民一样有春节、清明、端午、中秋等节庆活动。现在,韩国人的道德行为规范依然深受中国儒家思想的影响。

第三,为数众多的佛教名胜。

韩国居民中有不少人信仰佛教。我国境内现存的古刹寺庙对韩国佛教徒有一定的吸引力。为此,有必要将我国佛教发展历史、发展现状、佛教名胜等方面的情况向韩国社会公众宣传、介绍,为大力拓展韩国佛教旅游市场打基础。

第四,多种多样的医疗保健。

韩国大部分中老年人非常相信我国的中医、中药、针灸等。我国可据此向韩国社会公众宣传、介绍中医、中药、针灸等方面的情况,以便较好地拓展韩国医疗保健旅游市场。

(2)借招商开路,引旅游客源。

韩国在华投资逐年增加。我国应该抓住这一有利时机,主动去促销,向韩国社会公众宣传我国是一个拥有丰富自然资源、广阔消费市场、充足劳动力资源的国家,能为韩国商务旅游者提供前景良好的投资环境,以此吸引韩国投资者来华考察、投资,促进我国对韩国商务旅游市场的拓展。

(3)与韩国旅游经营管理部门建立密切的联系,稳定对韩国进行旅游宣传促销的渠道。

韩国观光公社早于1994年在北京设立了旅游办事处。我国一些旅游经营管理机构应和韩国驻中国旅游办事处建立长期的、稳定的联系,以便缩短我国与韩国之间的旅游信息流通渠道,提高旅游宣传促销效率,确保旅游宣传促销的准确性。我国旅游经营管理机构应该与韩国旅行业协会(KATA)密切联系。韩国旅行业协会是以韩国各大旅行社为主要成员的民间组织,它在代表旅游业的利益同韩国政府协调某些事宜中具有的权威性日益扩大。

3. 面向东南亚旅游市场的旅游宣传促销策略

(1) 利用民族亲缘关系促销。

东南亚的华裔、华侨众多。如新加坡现有人口中,华人占了70%以上,且华人在新加坡的经济领域和政治领域都占有极其重要的地位。又如马来西亚也有很多人是华裔、华侨;这些华裔、华侨中,属于中产阶层及中产阶层以上的人越来越多。在血缘、亲缘、情缘引力作用下,这些居住在东南亚的华裔、华侨有着较强的回中国旅游的欲望。因此,我国可利用这一民族亲缘关系来加大对东南亚旅游市场的旅游宣传促销力度。

(2) 与东盟旅游小组委员会及各国旅游业协会建立联系。

东南亚各国各种各样的与旅游业相关的行业协会众多。如在印度尼西亚,有酒店餐厅公会、游览点公会、旅行社公会等各类行业公会。这些行业公会代替印度尼西亚政府行使某些管理职能,拥有为数众多的会员。我国可与东南亚各国这些旅游行业协会建立联系,借助其力量来进行旅游宣传促销。

(3) 精心编排推出寻根祭祖、探亲访友、观光旅游和商务旅游等旅游产品。

鉴于东南亚各国与中国友好往来历史悠久,华裔华侨众多,且目前与中国有着密切的经贸关系,我国应该大力开发能适销于东南亚旅游市场的寻根祭祖、探亲访友、观光旅游和商务旅游等旅游产品。如可凭借炎帝陵、黄帝陵、舜帝陵等向东南亚旅游市场推出寻根祭祖旅游。

4. 面向中东旅游市场的旅游宣传促销策略

(1) 以中东石油生产、输出国为重点旅游宣传促销活动区域。

中东地区各国居民的经济收入水平相差悬殊,其中,石油生产、输出国居民经济收入水平最高。这些石油生产、输出国居民经济收入水平之高,不仅位于中东前茅,而且也名列世界前茅,是中东地区的主要出境旅游市场所在。所以,应将中东石油生产、输出国作为在中东旅游市场进行旅游宣传促销的重点区域。

(2) 狠抓中东旅游市场出境旅游对路产品的开发与促销。

第一,开发与促销高档次旅游产品。

由于中东石油生产、输出国富裕程度很高,居民出国旅游时消费能力极强,出国旅游时间一般为3~6周不等,在旅游过程中对行、住、食、娱等方面的服务要求很高。因此,对中东石油生产、输出国进行成功的旅游宣传促销的手段之一就是开发与促销高档旅游产品。

第二,开发促销家庭旅游产品。

在宗教的作用下,中东许多国家的妇女除了由其丈夫陪同外,不能单独与其他男士进行社会交际活动,导致这一旅游市场的居民喜欢全家成团出国旅游。如沙特阿拉伯90%左右的人以家庭方式出游,全家成团。因此,开发、促销家庭旅游产品,也是对中东旅游市场进行旅游宣传促销活动应该采取的手段之一。

第三,开发与促销购物旅游产品。

中东石油生产、输出国居民收入很高,加之这些国家国产轻工业产品少,日常生活用品高度依赖于进口,促使许多中东旅游者出国旅游特别喜欢兼带购物。所以,在中东旅游市场进行旅游宣传促销时,须注意开发与促销购物旅游产品。

在面向中东旅游市场进行购物旅游宣传促销时,要注重宣传促销各种名优服装、化妆品、珠宝首饰等。因为,中东一些国家居民出国旅游购物能力强,特别是女性,追求的是名优高档商品。

(3)在进行旅游宣传促销时,应充分考虑中东地区居民的宗教信仰。

中东地区居民多信仰伊斯兰教,居民外出旅游深受伊斯兰教教规的影响。为此,在中东地区进行旅游宣传促销活动时,须特别注意旅游宣传促销活动内容、方式是否与伊斯兰教教规有相违背之处。

5. 面向美国旅游市场的旅游宣传促销策略

(1)以美国主要出国旅游客源输出地为在该市场的旅游宣传促销重点地区。

纽约州、佛罗里达州、新泽西州、宾夕法尼亚州和加利福尼亚州等五州是美国主要出国旅游客源产生地。目前,这五州的出国旅游者约占美国出国旅游者的50%。这五个州中,出国旅游客源产生地的中心又是纽约、旧金山、洛杉矶、迈阿密等大城市,其出国旅游者中大部分人来自加利福尼亚州、纽约州、马里兰州、佛罗里达州、印第安纳州、得克萨斯州等,以上所述各州均应作为我国在美国旅游市场进行旅游宣传促销的重点区域,纽约、旧金山、迈阿密、洛杉矶等城市又宜列为我国在美国旅游市场进行旅游宣传促销活动的重要地点。

(2)以中、上阶层的中、老年人士为旅游宣传促销的主要目标群体。

20世纪80年代以来,美国出国旅游市场处于中心地位的是管理人员和专业技术人员,来华旅游者中约有一半是来自这两个职业层。所以,这两类人员宜列为我国在美国旅游市场进行旅游宣传促销的主要职业层。近年来,中老年人出国旅游在美国出国旅游市场上有增长的趋势,如目前来华旅游的美国人中约有60%是50岁以上的人士。所以,就年龄层而言,中老年人士应是我国在美国旅游市场进行旅游宣传促销的主要年龄层。

(3)大力开发、促销商务旅游、探险旅游和生态旅游。

据一些专营商务旅游的大旅游公司预测,美国国际商务旅游将有更大更快的发展。因为,现在美国各大公司的市场比以往更加国际化,他们必将会更努力地到世界各地为其产品和服务拓展市场。

探险旅游已是美国出境旅游市场的重要组成部分。目前,该市场年龄分布已扩大到25~75岁,包括家庭旅游者和中高收入的老年旅游者。

生态旅游在美国出境旅游市场上,经常与探险旅游相提并论,且其发展潜力更大。

综上所述,商务旅游、探险旅游和生态旅游可列为美国居民来我国旅游的对路产品,开发这类产品可为我国在美国旅游市场进行有针对性的旅游宣传促销提供良好的基础。

6. 面向西欧旅游市场的旅游宣传促销策略

(1)旅游宣传促销要讲究知识性。

西欧各国有外出旅游的习惯和经验,并且有较高的文化素质。因此,对这些国家的旅游宣传促销要特别讲究知识性。

(2)和当地旅行商联合进行旅游宣传促销。

西欧各国旅游业很发达,我国的旅游宣传促销活动要和当地旅行商联合进行。因为他们更了解其所在地区旅游者的消费心理,旅游宣传促销就更有特色和针对性,效果会更好。况且,中国在西欧各国的旅游形象较好,较易找到合作伙伴。如1995年,中国是法国出境旅游者在亚洲的第三大旅游目的地,是德国、英国、荷兰、意大利等国出境旅游者在亚洲的第五大旅游目的地。

(3)充分了解欧盟及其各国的旅游法规。

近年来,西欧各国出现了一个旅游法制日益强化的态势,将对西欧旅游市场产生深刻的影响。所以,我国旅游经营管理部门只有全面掌握欧盟及其各国的旅游法规,才能在西欧旅游市场上较顺利地进行旅游宣传促销。

(4)积极推出"自导自演"系列旅游产品和"JustFit"自选式个人旅游产品。

为了适应目前西欧各国出境旅游市场中散客旅游已压倒团队旅游的发展趋势,可借鉴日本交通公社的经验,推出"自导自演"系列旅游产品和"JustFit"自选式个人旅游产品,由西欧各国旅游者自己确定想游览度假的旅游景区或城市、喜欢的航空公司、愿住的酒店、希望停留的天数等,再进行组合。

(5)加大对"银色市场"的旅游宣传促销力度。

西欧各国大多进入了老年型国家,尤其是英国、德国等国。目前,老年人占人口数的比例仍在上升,可谓"银色市场"有不断扩大的趋势。西欧各国的老年人是一个有钱、有闲、健康、活跃的阶层。基于以上原因,我国应该加大对西欧"银色市场"的旅游宣传促销的力度。

7. 面向澳大利亚旅游市场的旅游宣传促销策略

(1)以东部沿海地区为旅游宣传促销活动的重点区域。

我国在澳大利亚旅游市场的重点旅游宣传促销区域是东部沿海的新南威尔士州、维多利亚州、昆士兰州等地,因为这些地方是澳大利亚主要的出境旅游客源地。

(2)将35~64岁的人士作为我国在澳大利亚旅游市场进行旅游宣传促销的主要年龄层。

年龄在35~64岁的人士是澳大利亚出境旅游市场的主体,他们有较强的经济实力,有充足的时间,身体条件也允许。所以,我国应对这一年龄层的人士进行较大力度的旅游宣传促销。

> **本章小结** 旅游市场形成与经济兴衰是同步的。旅游供给市场的综合经济实力是建设旅游市场和旅游环境的物质基础,通过对不同类型的旅游市场分析,把握其主要特征,采取相应的销售与推广策略,才能让旅游业保持稳定。

复习思考

■ **课堂讨论题**

1. 什么是旅游市场,如何选择适销对路的目标旅游市场?
2. 旅游市场竞争主要包括哪些方面,为什么说旅游市场竞争是必然的?

■ **复习思考题**

1. 广义的旅游市场和狭义的旅游市场的概念分别是什么？
2. 旅游市场的类型有哪些？
3. 旅游目标市场选择的策略有哪些？在进行目标旅游市场选择时应把握的原则有哪些？
4. 如何进行旅游产品销售？
5. 针对国内外旅游市场应该采取怎样的促销策略？

拓展阅读

第六章 旅游价格

了解旅游价格的分类标准,分析影响旅游价格的因素,明确制定旅游价格的原则,熟悉旅游价格的制定方式。

重点/难点
熟悉制定旅游价格的方法和策略;掌握合理制定旅游价格的主要途径。

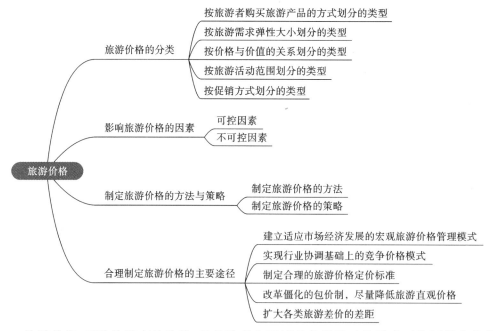

旅游价格,又称旅游产品价格,是旅游者为了满足旅游活动的需求而购买单位旅游产品时所支付的货币量。

旅游价格,在市场经济条件下,不完全取决于旅游产品生产所投入的价值量,而是取决于旅游产品生产所投入的价值量、市场供求关系和币值变化等共同作用的结果。在现实的旅游市场交换中,用于交换的旅游产品通常以单项旅游产品和组合旅游产品两种形式存在。一般而言,单项旅游产品的价格由成本和利润两部分构成,组合旅游产品的价格由旅游经营者外购旅游产品时的购进成本加上旅游经营者自身的经营成本和利润构成。

第一节 旅游价格的分类

一、按旅游者购买旅游产品的方式划分的类型

旅游价格,按旅游者购买旅游产品的方式来划分,可分单项旅游价格和随团统包旅游价格、小包旅游价格。

1. 单项旅游价格

单项旅游价格是指旅游者在旅游活动中分别购买所需单项旅游产品时所支付的货币额。如旅游交通服务价格、旅游住宿服务价格、旅游餐饮服务价格等。单项旅游价格体现着经营不同旅游产品的企业的收费标准。

2. 随团统包旅游价格

随团统包旅游价格是指旅行社组织的,以旅游线路为内容的旅游产品基本部分的价格。

3. 小包旅游价格

小包旅游价格是旅游者通过旅行社购买旅游线路,但不一定随团旅游的一种价格,旅行社只负责向旅游者提供机票、预订客房等部分旅游服务项目,其余旅游服务项目全部由旅游者自己负责安排,所以,小包旅游价格中只包括部分单项旅游产品的价格。

随团统包旅游价格和小包旅游价格合称为旅行社价格。旅行社价格实际上是其所组合的旅游产品中,各单项旅游产品价格的总和,再加上旅行社的各项费用、税金和利润。

二、按旅游需求弹性大小划分的类型

旅游价格,按旅游需求弹性大小来划分,可分为基本旅游价格和非基本旅游价格。

1. 基本旅游价格

基本旅游价格是指满足旅游者在旅游活动中基本需求的各类单项旅游产品价格。这一种旅游价格主要包括旅游住宿、旅游餐饮、旅游交通、游览及旅游娱乐等旅游产品的价格。

2. 非基本旅游价格

非基本旅游价格是指旅游者在旅游活动中并非都必须消费的那些单项旅游产品的价格,如旅游购物品、医疗服务、通信服务的价格。这些旅游产品,有的是旅游者的特殊

需求，有的是旅游的即兴需求，没有这些旅游产品，旅游活动也不会遭受多大不利影响，简而言之，就是这些旅游产品的需求弹性很大。

三、按价格与价值的关系划分的类型

旅游价格，按价格与价值的关系来划分，可分为一般旅游价格和特种旅游价格。

1. 一般旅游价格

一般旅游价格是指围绕着价值量，随旅游市场需求变化而上下波动的旅游价格。如旅游住宿价格、旅游交通价格、旅游餐饮价格等都属于这类旅游价格。

2. 特种旅游价格

特种旅游价格是指其价格与价值量背离很大，其价格的高低主要取决于供求关系及垄断性。如特种旅游工艺品价格、文物复制品价格、名人字画价格等均属于这类旅游价格。

四、按旅游活动范围划分的类型

旅游价格，按旅游活动范围来划分，可分为国内旅游价格与国际旅游的价格。

1. 国内旅游价格

国内旅游价格是旅游者在本国国内旅游的价格，或者说是国内旅游者所购买的旅游产品的价格。根据不同的购买方式，又可分为旅行社价格和单项旅游产品价格。

2. 国际旅游价格

国际旅游价格包括出境旅游价格和入境旅游价格。不论是出境旅游价格还是入境旅游价格，其价格都要包括以下三部分内容。一是国际交通费，其费用多少，视两地的距离、机型和服务档次而定。在远程旅游中的国际费用占包价的 1/5～1/3。二是旅游目的地国或地区的旅游产品价格。三是客源国或地区的旅行社服务费。

五、按促销方式划分的类型

旅游价格，按促销方式，可分为旅游差价与旅游优惠价。这两种旅游价格制定的目的都是为了及时实现旅游产品的价值，扩大销售量。

（一）旅游差价

旅游差价，是指同种旅游产品，因销售环节、时间、空间、质量等差异所引起的对基本旅游价格进行调整所形成的差异。旅游差价主要有旅游批零差价、旅游季节差价、旅游地区差价及旅游质量差价等。

1. 旅游批零差价

旅游批零差价，是同种旅游产品，因销售方式不同所引起的一种价格差额。旅游批零差价主要发生在以下两种情况：一是发生在旅游交通、旅游住宿、旅游餐饮及旅游景点等旅游企业与旅行社或旅游组织者之间；二是发生在旅游批发商与旅游零售商之间。

2. 旅游季节差价

旅游季节差价，是指同种旅游产品在同一旅游市场因季节变化而形成的价格差额。

由于旅游活动的季节性很强,也由于旅游产品不可储存、不可转移,为了调整旅游供求的季节性矛盾,以使旅游产品价值及时得到实现,旅游企业经常采用这一旅游差价。旅游季节差价幅度大小视旅游产品的特点和旅游市场供求状况而定。一般来说,越是易受季节影响的旅游产品,制定的旅游差价幅度就越大。旅游季节差价一般宜控制在20%~30%之间。

3. 旅游地区差价

旅游地区差价,是指同种旅游产品因其消费环境的地域差异而形成的价格差额。实行旅游地区差价,有利于调节地区之间的旅游流量,防止对旅游热点的需求过量,对旅游冷点的需求过少,使各地旅游经济活动较均衡地发展,确保旅游地生态环境,保护旅游资源。

4. 旅游质量差价

旅游质量差价,是指同种旅游产品在同一市场上因质量差异而形成的价格差额。

(二)旅游优惠价

旅游优惠价,是指旅游经营者在明码标价的基础上,给予购买者一定折扣的价格。旅游优惠价主要有批量优惠价、同业优惠价及老顾客优惠价。

1. 批量优惠价

批量优惠价,是指根据购买者一次购买的数量或积累购买的数量大小,给予一定的价格折扣。

2. 同业优惠价

同业优惠价,是指对同行业的旅游者给予一定的价格折扣。优惠额度的大小,一般视双方单位交往的深度,自定或协定形成。

3. 老顾客优惠价

老顾客优惠价,是指对有业务往来的客户或老顾客实行的价格折扣。其目的在于稳定旅游市场需求,优惠的时间以及优惠幅度依据业务关系密切程度而定。

(三)旅游差价与旅游优惠价的异同

1. 旅游差价与旅游优惠价的共同点

(1)两者都是在旅游产品销售过程中表现出来的价格上的差额。

(2)两者都是着眼于旅游产品在旅游市场上的销售环境。

(3)两者都是在旅游经营者研究分析旅游经济效益与社会效益相统一的基础上形成的。

2. 旅游差价与旅游优惠价的不同之处

(1)旅游差价制定的主要依据是价值规律与供求规律,而旅游优惠价制定的主要依据则偏重业务密切程度。

(2)旅游差价是在明码标价的基础上进行公开的宣传促销活动,同时规定一定的差价率;而旅游优惠价既不公开优惠价,也无优惠比例,仅根据买卖双方的默契而确定。

(3)旅游差价仅表现为价格的差额;而旅游优惠价有时不表现为价格上的差额,而表现为实物或服务上的优惠。

第二节　影响旅游价格的因素

在市场经济条件下,旅游价格是由多种因素共同作用的结果。作用于旅游价格的因素有经济方面的因素,也有政治方面的因素,还有自然方面的因素;有宏观方面的因素,也有微观方面的因素;有历史方面的因素,也有现实方面的因素,还有未来发展趋势方面的因素;有物质资料方面的因素,也有精神文化方面的因素。所有这些影响旅游价格的因素,根据旅游企业对其可控程度的大小来划分,大体可分为可控因素与不可控因素。

一、可控因素

(一)成本

旅游产品成本是定价的基础,是影响旅游价格的重要因素之一。因为,旅游价格等于成本与盈利之和。当盈利一定时,成本越高,价格也越高;成本越低,价格也越低。旅游产品成本有固定成本与变动成本之分。固定成本是指在一定的条件下,成本总额保持不变,即不受销售量变动的影响而相对固定的成本。固定成本总额虽不随销售量的增减而变动,但单位产品分摊份额会随销售量的增减而变动,即销售量越多,单位产品分摊的份额就越少。变动成本是指成本总额随销售量的变化而成比例变化的成本,但产品的单位变动成本不变。由固定成本与变动成本的区别可以得知,仅就产品成本对价格的影响而言,当产品的单位变动成本不发生变化时,旅游价格的变化取决于产品的单位固定成本的变化。而产品的单位固定成本变化又取决产品生产量、销售量的变化。

(二)定价目标

旅游价格的高低与旅游企业定价目标密切相关。旅游企业的定价目标主要有以下几个。

1. 利润目标

不断获取更多的盈利是旅游企业生存和发展的前提条件。从理论上来说,旅游企业为了获取更多的盈利,愿意将旅游价格定高,因为在销售量、成本及税收一定的情况下,价格定得越高,企业的盈利就越多。但在实际旅游经济活动中,将旅游价格定得高的现象并不多见。其原因是最高盈利不等于最高价格,最高价格不一定能保证总的盈利额最高,有时反而减少。这是因为:第一,一般情况下旅游需求量与旅游价格之间存在着反相关变化的关系;第二,旅游需求量决定旅游产品生产量,而旅游产品生产量又与旅游产品成本之间存在着反相关变化的关系。

2. 销售目标

扩大旅游产品的销售量,必然使旅游企业赢得更大的旅游市场占有率,获得更多的利润。同时,扩大旅游产品销售量的本身使旅游企业满足了更多的社会需求,利于旅游品牌形象的树立。所以,许多旅游企业以扩大旅游产品销售量作为自己的定价目标。旅游企业如果采取这一定价目标,那么在制定旅游价格时,一般就不会将旅游价格定高,也不会频繁地、大幅度地调整旅游价格。

3. 竞争目标

竞争目标,即以应付或避免竞争为目标。当前旅游市场已属于竞争白热化的买方市场,所以越来越多的旅游企业在定价时采用竞争目标。这些旅游企业制定旅游价格时,主要以对旅游市场有决定性影响的竞争对手的价格作为基础,根据实际情况,比竞争对手的旅游价格略高或略低一点。采用这种定价目标的旅游企业,只要竞争对手维持原价,他们一般也不会变更旅游价格,而竞争对手变更旅游价格时,他们也会相应调整旅游价格。

4. 生存目标

这种定价目标往往是旅游企业处于不利环境中采取的一种权宜之计。在旅游淡季时,为了尽量避免旅游从业人员、旅游设施闲置,旅游企业往往大幅度降价,以保本价格甚至亏本价格出售旅游产品,克服财务困难,维持企业生产。这种定价目标一般是旅游企业在旅游淡季内或恶性削价竞争中所被迫选择的过渡性定价目标。

(三)产品属性

旅游产品的生命周期、特色、质量、声望等都对旅游价格有较大的影响。一般而言,新旅游产品定价自由度较大,价位较高;特色旅游产品价格带有一定的垄断性,定价时价位较高;优质旅游产品价位较高,劣质旅游产品价位较低;知名度高的旅游产品价位较高,知名度低的旅游产品价位较低。

二、不可控因素

(一)旅游市场供求状况

旅游价格是在旅游市场上形成的,必然受旅游供求状况的制约。任何旅游产品的生产都是为了交换,为了出售给旅游者,以实现旅游产品的价值。只有当旅游产品被广大旅游者认可,并以一定的旅游价格购买时,旅游产品的生产才具有意义,其生产目的方可达到。旅游供求状况,是旅游价格成交的现实条件。当旅游供给明显大于旅游需求时,便出现旅游经营者争夺旅游者的竞争,必定引发旅游价格下跌;当旅游供给明显小于旅游需求时,必定引发旅游者争夺旅游产品,以致旅游价格上涨。所以,从旅游市场运动的每一时点上看,旅游价格的高低取决于旅游供求状况,旅游供求状况是旅游价格形成的现实条件。

(二)通货膨胀

通货膨胀,是指因为流通中的货币供应量大于流通中的货币需求量而导致的物价普遍而又持续上涨的现象。一国发生通货膨胀后,它既使旅游企业单位货币的购买力下降,从而使得旅游产品生产要素成本增加,又使得旅游企业的实际收入减少。此时若旅游价格保持不变，就会使单位产品的利润减少，甚至亏本。为了保持原有利润，旅游企业就得提高旅游价格。

(三) 汇率变动

汇率，即外汇汇率，又称汇价或外汇行市。汇率是两国货币之间的比价，即用一国单位货币，来表示另一国单位货币的价格。就旅游目的地国或地区与旅游客源国或地区的汇率变化而言，若旅游目的地国或地区的货币贬值，汇率上升，便相当于旅游客源国或地区货币升值，这样旅游者用同样单位的货币在旅游目的地就能购买到更多的旅游产品。因此，在国际旅游市场上，一国或地区货币贬值就相当于其旅游价格下降；一国或地区货币升值就相当于其旅游价格上涨。如1980—1990年，我国用人民币对外报价，虽然对外国游客的综合服务费按人民币折算的价格上升了48.6%，但由于人民币贬值，以美元折算的价格则下降了31.1%。

(四) 国家政策

旅游价格的高低及其变化直接受国家价格政策左右，国家价格政策对旅游价格的左右主要有以下两种形式。

1. 最高限价

为了防止旅游经营者在旅游旺季哄抬价格，获取暴利，损害旅游者的利益，损害旅游行业的形象；或者为了以低价吸引更多的入境游客给国家带来更多的外汇收入，政府往往规定旅游价格上涨的最大幅度。

2. 最低限价

在旅游淡季或旅游市场竞争激烈时，旅游经营者往往纷纷削价竞争，使旅游产品质量下降，使企业利益和国家利益大受损失。为了克服这种恶性削价竞争现象，政府往往规定旅游价格下降的最大幅度。此外，为了控制前来旅游的人数，以使旅游地生态环境和旅游资源少受人为破坏，实现旅游业可持续发展，有些国家的政府也采取最低限价政策。

第三节　制定旅游价格的方法与策略

合理的旅游价格是增强竞争能力、提高市场占有率的重要手段。面对竞争越来越激烈的旅游市场，各旅游目的地、各旅游企业都在为提高各自的竞争能力寻求各种途径。而最基本的也是最重要的手段就是利用旅游价格。一些旅游发达国家(地区)采取进攻型的竞争价格战术，按质论价、薄利多销、灵活多变，其目的就是最大限度地提高市场占有率。我国大陆地域广阔、资源丰富，但市场占有率低，原因是多方面的，其中旅游价格缺乏竞争力是一个很重要的原因。由此可见，能否根据自己旅游产品的特点、质量结合旅游市场状况，制定合理的旅游价格是我国有无竞争能力的关键之一。

一、制定旅游价格的方法

(一)成本导向定价法

成本导向定价法是指以旅游产品的成本作为主要依据的定价方法。旅游产品种类较多,由于各种产品在成本的计算方法上不同,在以成本为基础核算利润的方法上也不相同,因此,成本导向定价法又可分为成本加成定价法、目标收益定价法、盈亏平衡定价法和边际贡献定价法。其中,成本加成定价法、目标收益定价法是企业在盈利点上的定价法,盈亏平衡定价法是企业在保本点上的定价法,边际贡献定价法是企业在亏损点上的定价方法。

1. 成本加成定价法

这种方法是在旅游产品的单位成本上加上一定的毛利计算出单位旅游产品的价格。毛利通常要包括产品的营销费用、税金、预期利润等。其计算公式为

$$单位产品价格 = 单位产品成本 \times (1 + 成本利润率)$$

例如:某酒店的一道菜,其成本为20元,酒店确定的成本利润率为30%,则

$$菜肴售价 = 20 \times (1 + 30\%) = 26(元)$$

成本加成定价法是以成本为主要考虑因素来制定的,其优点是计算简单、方便易行;不足在于对旅游市场的其他因素(如竞争对手、需求程度、消费水平等)考虑不够,企业不能获得最佳经济效益。该方法主要用来制定旅行社产品、酒店餐饮食品的价格。

2. 目标收益定价法

这种方法是旅游企业根据其总成本及预测出来的总销售量,确定一个目标收益率,计算旅游产品的价格,其计算公式为

$$单位产品价格 = \frac{总成本 + 目标利润}{预期销售量}$$

目标收益定价法是酒店常用的定价方法。而酒店业经常使用的定价方法还有千分之一法,这是目标收益定价法的特殊形式和具体应用,主要用来制定酒店的客房价格。其计算公式为

$$平均每间客房的售价 = \frac{建造成本总额 \div 客房间数}{1000}$$

例如:某酒店有客房200间,酒店总造价是10000万元,则

$$每间客房的价格 = \frac{(100000000 \div 200)}{1000} = 500(元)$$

酒店之所以采取千分之一法是因为:酒店建筑所需的资金一般占总投资的60%~70%,因此客房的价格就与造价直接相关。人们认为如果客房价格占总造价的千分之一酒店就可以获利,因而,千分之一法得到了广泛的使用。这方法的不足之处在于:忽视了旅游目的地物价上涨的因素,用以前的建筑费用来计算现在的房价不科学。

3. 盈亏平衡定价法

这种方法又称保本定价法,是指旅游企业根据产品的成本和估计销量计算出产品的价格,使销售收入等于生产总成本。其计算公式为

$$单位产品的价格 = 单位产品的变动成本 + \frac{固定成本总额}{估计销售量}$$

例如：某酒店有客房200间，酒店每天应摊销的固定费用为24000元，预计客房的出租率为60%，每间客房日平均变动成本为70元，不考虑纳税，试确定酒店客房的保本价格。

根据计算公式则可得出：

$$每间客房的售价 = 70 + \frac{24000}{200 \times 60\%} = 270(元)$$

盈亏平衡定价法是企业对各种定价方案进行比较选择的参考标准，以其他方案制定出来的价格如果高于盈亏平衡价格企业就有钱赚；如果低于盈亏平衡价格则亏损。

4. 边际贡献定价法

这种方法又称变动成本定价法，是旅游企业根据单位产品的变动成本来制定产品的价格，制定出来的价格只要高于单位产品的变动成本，企业就可以继续生产和销售，否则就应该停产、停销。而单位产品的预期收入高于变动成本的部分就是边际贡献。例如，某一旅游产品的总成本为100元，其中变动成本为30元、固定成本为70元。现在产品销售十分困难，企业为了减少亏损只能采用边际贡献定价法来确定产品的价格。那么，产品的价格至少要定在高于30元的水平，如40元，因为产品的价格如果是40元，企业每售出一单位产品只亏损60元，还有边际贡献10元；产品如果不销售，企业在每单位产品上就要亏损70元，因此，企业还是要选择继续经营。同理，也可计算出如果产品的定价已经低于30元达到20元，企业就应该停止经营。

可见，边际贡献定价法是企业在特殊时期，不以营利为目标，希望尽量减少亏损的一种定价方法。

(二)需求导向定价法

需求导向定价法是依据旅游者对旅游产品价值的理解和需求的强度，来制定旅游产品价格。具体又可分为以下两种。

1. 理解价值定价法

这里所指的价值是旅游者理解和认知的旅游产品价值而非旅游产品的实际价值。尽管每一种旅游产品实际价值的确定都有其客观的依据，但以此衡量出来的价值量的大小，不一定都被旅游者认同。因此，旅游企业要正确把握旅游者的消费心理，分析他们的价值观，使企业所制定出来的价格能够符合旅游者的期望。此外，旅游企业也要积极应用各种营销手段和方法，对旅游者施加影响，使旅游者对产品价值的理解与企业保持一致，以便争取定价的主动性。

2. 区分需求定价法

这种定价法又称差别定价法，是指同一旅游产品，针对不同的旅游需求时间、地点、收入等制定不同的旅游价格。

(1)针对不同旅游消费者的定价。不同的旅游消费者，他们的收入不同，消费水平也不同，针对他们实施不同的产品价格可以增加企业的销售量。

(2)针对不同消费地点的定价。同一旅游产品，如果销售的地理位置不同，经营环境发生改变，旅游产品的价格也可相应作出调整。例如，旅游热点地区的三星级旅游酒店,制定的客房售价就可以高出冷点地区的三星级酒店客房价格。

(3)针对不同需求时间的定价,即在不同的时间,对同一旅游产品制定不同的价格。例如:淡旺季明显的旅游景点,景点门票在淡季可以定得低一些,在旺季则可以定得高一些。

(三)竞争导向定价法

竞争导向定价法是指以同类旅游产品的市场竞争状况为依据,参照竞争对手的价格来制定产品价格。在这种定价法中,竞争是定价要考虑的中心,竞争对手的价格是定价的出发点,而产品的成本市场需求的强度却不会对定价产生直接的影响。竞争导向定价法具体又可分为以下两种。

1. 率先定价法

这是一种主动竞争的定价方法,是根据市场竞争状况,结合自身实力,率先打破市场原有的价格格局,制定出具有竞争力的产品价格。采取率先定价法的关键是比较、分析、跟踪、定位。具体来说,首先要把产品的估算价格与市场上的竞争产品价格进行比较,分出高于、低于、一致的三个层次;其次将产品的功能、特色、质量、成本等与竞争产品进行比较,找出优劣;再次,结合目标对以上情况进行综合分析,确定出合理的产品价位;最后,跟踪竞争产品的价格变化,及时对本企业的产品价格定位做出调整。

2. 随行就市定价法

这是根据市场上同类旅游产品的现行价格进行定价。也就是说,制定出来的产品价格要与该类产品的现行价格大致相当,而现行价格通常是本行业的平均价格水平。在有众多的同行相互竞争的情况下,采取这种定价方法,一方面可以避免因为价格过高或过低而带来的市场压力(过高会失去大量的价售额,过低必须大量增加销售量);另一方面,也可以获得适当的收益。因此,这种价格水平通常易于被各方所接受,这种定价方法也乐于被中小企业所采用。

二、制定旅游价格的策略

旅游产品定价策略是指根据旅游市场的具体情况,从定价目标出发,灵活应用价格手段,使其适应市场的不同情况,实现营销目标。常见的旅游产品定价策略有以下几种。

(一)心理定价策略

心理定价策略是根据消费者对价格的心理反应特征,制定出对产品销售有利的价格,同时也提高消费者的购买满意度。常见的心理定价策略主要有如下几种。

1. 尾数定价策略

这是指定价时有意保留产品价格的角分尾数,制定一个不同于整数的价格。例如:企业可以把 2 元的一件产品,定价为 1.99 元。这种定价策略是针对消费者求便宜的心理而制定的。1.99 元虽然与 2 元价格上没有多少差距,但看上去 1.99 元要便宜得多。另外,对于精明的消费者来说,保留角分,可以让他们认为产品的价格是精确计算出来的,从而增加他们对价格的信任感。尾数定价策略通常适用于价格比较便宜的旅游产品。另外,消费者求吉利的心理,是近年来企业采用尾数定价策略的另一原因,如中国人喜欢数字"8""6",企业定价时可将价格以"8""6"数字结尾。旅游企业可以根据不同民族和地区人们的喜好灵活确定价格的尾数。

2. 整数定价策略

这是有意识地将产品的价格制定成整数,对角分忽略不计。这种策略是针对消费者追求高质量的心理而设计的,适用于价格比较昂贵的产品。如旅游商品中的一些玉器、工艺品以及高星级酒店的客房等。例如租金为500美元每天的豪华客房其价格就不宜改为495美元。因为,对于高质量产品,消费者不会在意角分等零头上的差异,而且角分等零头的出现,反而会让消费者对产品的品质有所怀疑,动摇购买的决心。

3. 声望定价策略

这是指对具有较高知名度和较高信誉的旅游产品制定高价。这种策略主要是针对消费者显示优越感的心理而制定的。适用于那些经营时间比较长、在同行中声望较高、口碑较好的产品。例如在本地区享有盛誉的老字号酒店,游客选择其入住,更多的是要彰显自己的地位,体现自己的优越感。因此,酒店管理人员对客房制定高价是合乎顾客要求的。如果价格下降,客人反而不会选择该酒店。

4. 习惯定价策略

这是指某些旅游产品在长期的买卖过程中已经形成了为消费者所默认的价格,对这类产品定价时,价格水平应该稳定在消费者的默认值范围内。这种定价策略主要针对的是旅游者在购物上的心理惯性和心理倾向,适用于旅游需求弹性较大、经营时间较长较稳定的产品。例如长期经营的老字号酒店,无论是为了应付市场竞争,还是由于经营成本的增加或降低,企业都应按照消费者的习惯价格来定价,而不轻易变更,以免引起老顾客的反感和转移。若原材料的价格上涨,酒店可压缩规定的服务内容,或适当减少餐饮分量,但不是提高单位产品价格;若原材料价格不变或下降,企业为了扩大销售,一般也不宜采取降价措施,而是应通过增加服务项目提高服务水平和产品创新等措施,去赢得更多的客户。

(二) 折扣定价策略

折扣价格策略是在产品的交易过程中,保持产品的基本标价不变,而通过对实际价格的调整,把一部分利润转让给消费者,鼓励消费者购买,并以此来扩大产品销售量,保持市场占有率。折扣价格策略主要有如下几种。

1. 数量折扣策略

这是指旅游产品的生产经营企业,为了鼓励旅游产品购买者大量购买,根据消费者所购买的数量给予一定的折扣。数量折扣策略具体又分为以下几种。

(1) 累计数量折扣。

这是指在一定时间内,旅游产品的购买者的购买总数超过一定数额时,按购买总数给予一定的折扣。一般情况下随着旅游者的购买数量增多,折扣随之增大。这种定价策略可以通过鼓励消费者多次重复购买,稳定市场客源。在有些情况下,企业对达到数量折扣要求的消费者并不给予折扣,而是给予一定数量的免费产品,这种现象在酒店业中比较多见。

(2)非累计数量折扣。

这是指规定旅游产品购买者每次购买达到一定数量或购买多种产品达到一定的金额时所给予的价格折扣,一次性购买数量越多折扣就越大。采用这种定价策略能刺激旅游者大量购买,增加盈利,同时减少交易次数与时间,节约人力、物力开支,降低企业交易成本。

2.季节折扣策略

这是指旅游企业在经营过程中,在产品销售淡季时给予旅游者一定的价格折扣。旅游产品经营的季节性很强,采用季节性折扣策略可以刺激旅游者的消费欲望,使旅游设施和服务在淡季时能被充分利用,有利于常规经营。在西方国家中,很多酒店不仅在旅游淡季时采用打折的降价策略,而且在周末、周初、空房数增多时也采用折扣策略,以吸引家庭度假旅游者。使用季节折扣策略时要注意,折扣价格的最低优惠度一般不应低于旅游产品的成本,尤其是变动成本。

3.同业折扣策略

同业折扣策略又称为功能折扣策略、交易折扣策略,是针对各类旅游中间商在市场经营中的不同作用给予不同的价格折扣。同业折扣策略实际上是生产企业对中间商在市场销售中所发挥的功能给予一定报酬和奖励,有利于稳定旅游产品的销售渠道。例如,希尔顿集团规定向旅游批发商只收取净房价,如果旅游批发商代替团队订房,那么给予旅游批发商的价格将比一般的团队价格低15%。

同业折扣策略的实施,客观上会降低企业的平均价格水平,如果旅游企业要保证盈利,就要确认因价格下调而带来的销售收入能够弥补价格下降所直接造成的经济损失。

4.现金折扣策略

现金折扣策略又称付款期限折扣,是对现金交易或按期付款的旅游产品购买者给予价格折扣。采用这种定价策略,目的是鼓励旅游消费者提前付款,以便尽快收回资金,加速资金周转。此外,给旅游消费者的现金折扣率一般要高于同期银行贷款利率。

(三)招徕定价策略

招徕定价策略是旅游企业有意制定特殊的低价,发挥促销导向作用,吸引潜在的旅游消费者,从整体上提高销售收入,增加盈利。具体策略有以下几种。

1.亏损价格策略

采用这种价格策略的旅游企业会在自己的产品结构中,把某些产品或服务的价格定得很低,甚至是亏损价,以价格低廉迎合旅游者的"求廉"心态而招徕顾客,借机带动和扩大其他产品的销售。例如,某些旅游购物经销商店,会把店中的几种物品价格定得很低吸引旅游者前来消费,进而带动对其他产品的销售。这样,即使部分商品是不赚钱的,商店也可以从其他商品的价格和销量中得到补偿和盈利。

2.特殊价格策略

这是指在某些节日和季节或在本地区举行特殊活动的时候,适度降低旅游产品或服务的价格以刺激旅游者,招徕生意,增加销售。这种定价策略往往在旅游淡季时受到企业的重视。一般来说,采用这种策略必须要有相应的广告宣传配合,才可能将这一特殊事件和信息传递给广大的旅游消费者。

(四)其他定价策略

1. 撇脂定价策略

这是一种高价格策略,适用于特色鲜明、垄断性强、其他企业在短期内难以仿制或开发的旅游新产品。采用这一策略,应把新产品的价格在可行的范围内制定得尽可能高,以便迅速收回投资,取得丰厚利润。

采用撇脂定价策略的优点:①可以使企业迅速收回投资,短期内实现利润最大化;②可以为后期降价竞争创造条件,当竞争者涌入市场时,企业有足够的价位空间来降低价格,掌握竞争的主动权,稳定市场占有率;③可以控制一定的需求量,避免新产品投放市场初期,由于供给能力不足而给经营带来困难。

采用撇脂定价策略的缺点:①高价如果不被消费者接受,产品的销售就会受影响,导致投资难以收回;②高价厚利容易招致更多竞争对手进入,加大经营难度。

因此,撇脂定价策略一般只能是一种短期策略,不宜过久使用。

2. 渗透定价策略

这是一种低价格策略,定价的核心是薄利多销,适用于产品刚刚推出、急需打开销路以及产品稳定成长、期望尽快提高市场占有率的情况。

采用渗透定价策略的优点:①能够迅速打开新产品的市场销路,增加产品销售量;②低价格能够有效阻止竞争者进入市场,保证企业长期占领市场。

采用渗透定价策略的缺点:①本利回收周期长;②价格变动余地小,难以应付在短期内骤然出现的竞争或需求的较大变化;③不利于产品品牌形象的树立。

3. 满意定价策略

这是一种折中策略,价格水平居于撇脂定价策略与渗透定价策略之间,旅游企业一般是按行业平均利润和价格水平来制定价格。这种定价策略兼顾了供给者与需求者双方的利益,既能使企业有稳定的收入,又能使消费者满意,产生稳定的购买者,因而各方面都会满意。但是采用此种策略也有不足之处:由于产品的定价是被动地适应市场,而不是积极主动地参与市场竞争,因此,可能使企业难以灵活地适应瞬息万变的市场状况。

第四节 合理制定旅游价格的主要途径

一、建立适应市场经济发展的宏观旅游价格管理模式

为了使我国旅游价格的制定合理化,有可靠的保证,必须建立适应市场经济发展的宏观旅游价格管理模式。这主要是基于以下两方面的原因:首先,旅游产品生产经营具有外向型和市场取向的特点,旅游价格管理必须形成于利益协调基础上的竞争性价格模式,以市场价格为主;其次,在一个较为开放而又非完全的市场经济条件下,单个企业

因受到自身能力的限制,无法解决其经营过程中遇到的来自行业内部和外部的一些旅游价格问题。

所谓建立适应市场经济发展的宏观旅游价格管理模式,就是将政府部门对旅游价格管理工作的重点转移到加强旅游价格信息指导、进行宏观协调和控制等方面来,搞好行业内部和外部的协调平衡,保证旅游价格体系的正常运转。其具体做法如下。

1. 做好协调工作,优化外部环境

旅游业是融食、住、行、游、购、娱多方位服务于一体的综合性服务行业,一个旅游团队的报价往往涉及十几个部门的几十种价格,因此,某个相关部门的价格变动都会牵动各旅游部门。由于各行业的销售方式不同,决定了各自的价格年度、调价幅度、出台时间等诸多方面与旅游业不一致。所以,旅游行政管理部门需要与相关部门进行协调,才能保证我国旅游价格具有稳定性和连续性。

2. 加强旅游价格信息指导,改善内部环境

由于旅游业具有综合性和涉及面广的特点,要求各旅游企业要大量、准确、及时地掌握全国、全行业价格信息;但因各旅游企业受到地域、人力、财力等方面因素的限制,只能局部获取价格资料,容易造成定价的失误。旅游行政管理部门如能广泛采集全国价格信息资料,成为全行业价格信息网络的中心和龙头,以提供更好的旅游价格信息服务,来实现全行业价格信息资料共享,就能创造一个良好的旅游价格体系的内部运作环境。

3. 采取经济和行政双重手段,根除盲目削价战

近些年来,我国旅游的企业迅速增多,但由于对整个旅游市场管理不当,在旅游市场上出现了竞相削价的恶性竞争。这种做法扰乱了旅游市场价格,损害了国家利益,破坏了旅游业形象。而要根除这种盲目削价带来的恶性竞争,就必须依赖政府部门采取以下措施。

(1)严格执行最低旅游保护价格。

(2)严格实行旅游企业的资格审查制度。

由于对旅游企业的资格审批制度不够严密,致使一些素质较差的企业不断涌入旅游市场,终于导致低质量的旅游供给急剧增长,诱发了盲目削价战。所以,政府部门应该严格旅游企业的资格审查制度,制定统一的不同旅游企业的资格标准,并使之法律化,以阻止低质量的旅游供给进入旅游市场。

(3)运用税收杠杆抑制削价竞争。

削价竞争屡屡发生且屡禁不止,并带来极强的负效应。究其原因,最主要的是旅游企业的营业税税率偏低。所以,政府部门应该运用税收杠杆来抑制削价竞争。如果政府部门把旅游企业的营业税税率再提高一定的幅度,使得旅游企业的利润不足以弥补旅游服务价格下降所带来的损失。这时,旅游企业若再如以前那样大幅度地降低旅游服务价格,则销售的旅游产品越多,旅游企业的经济损失就越大。因此在这种情况下,旅游企业宁可关门也不会大幅度地削价了。

二、实现行业协调基础上的竞争价格模式

在取消了政府对具体旅游价格管理的情况下,实现行业协调基础上的竞争价格模

式，既有利于彻底放开旅游价格管制，给予旅游经营企业充分的价格自定权和管理权；又有利于实行旅游行业价格自治，较好地避免削价竞争。

旅游行业价格自治的主要形式是通过旅游行业协会组织管理形成旅游价格。即在旅游价格制定管理方面，政府将权力全部交给旅游企业和行业协会，由行业协会在会员中就全行业各时期的最佳利润率达成共识，全行业企业依此利润率制定各自的价格；若有某个企业要求改变利润，须向行业协会申请，由行业协会根据当时市场状况做出决定，全行业统一执行。行业协会的责任是规范所有会员企业的经营行为，对有损国家利益及行业利益的行为进行查处，向会员企业提供市场供需信息、价格情报等。协会领导集团由会员选举产生，任何国家机构无权指派，但行业协会必须服从国家法律监督。

三、制定合理的旅游价格定价标准

目前，各类旅游产品价格定价标准大多缺乏科学依据，随意性很大。因此，有必要采用科学定价，即制定合理的旅游价格定价标准。下面以旅游景区、景点及公园门票定价标准为例来说明。我国现行的旅游景区、景点及公园门票定价标准，大多不是依据其类别、规模、等级等。科学定价的办法是，由政府主管部门制定统一的旅游景区、景点、公园等级评价尺度和不同等级的旅游景区、景点、公园门票定价标准，各地可依据这个统一的标准，确定具体的等级和定价标准。这样，旅游景区、景点、公园门票的定价标准与之结合，有利于克服人为定价标准的不合理现象。旅游景区、景点、公园等级评价尺度应包括：①风景资源；②文物古迹等级；③旅游景区、景点、公园设施资产总量；④旅游景区、景点、公园劳动耗费总量；⑤动、植物价值总量；⑥游览服务项目和质量。

四、改革僵化的包价制，尽量降低旅游直观价格

目前，一些旅行社销售的一些旅游路线，直观价格偏高，究其原因，就在于实行僵化的包价制。这种包价制包得过全、包得过死，抬高了旅游直观价格；而且还因为包得过死，游客的可选性很小，给游客带来诸多不方便，不利于刺激游客消费，更不符合当今旅游向松散型发展的要求，从而降低了旅游市场占有率。因此，必须对僵化的包价制进行改革，通过多采用半包价、小包价等来降低旅游直观价格。目前世界上许多国家就是这样做的。如泰国、新加坡等地的综合服务价格，一般只包括机场接送费、酒店住宿费，有的只包早餐或一顿午餐或晚餐，有的一餐不包，从而大大降低了旅游直观价格。

五、扩大各类旅游差价的差距

目前，我国旅游业虽已广泛采用旅游质量差价、旅游地区差价、旅游季节差价等旅游差价，但其差距不大，且运用不灵活，起不到或未完全起到作用；须进一步拉开高、中、低不同档次，拉开不同服务内容的项目差价，以适应不同层次的需求，调节客流，促进旅游供给结构的合理化，从而深度开发和利用旅游资源，使价格杠杆在旅游经济活动运行中充分发挥作用。

本章小结

定价是旅游经济研究的一个核心问题,旅游价格也一直是社会热点问题,对社会福利、资源配置效率有着重要影响。旅游价格是连接旅游供求关系的纽带,它与旅游产品、旅游供给、旅游需求及旅游市场等相关理论共同构成了现代旅游经济学研究的核心内容。旅游价格不仅涉及旅游产业活动单位的盈利与可持续发展问题,它更是旅游经济运行的指示器和调节器,具有综合性、复杂性、波动性与垄断性等特点。

复习思考

拓展阅读

■ **课堂讨论题**
1. 常用的旅游价格策略有哪些?
2. 旅游价格是如何影响旅游发展的?

■ **复习思考题**
1. 影响旅游价格水平的因素有哪些?
2. 旅游价格有哪些种类?
3. 制定旅游价格时把握的基本原则有哪些?
4. 旅游企业的产品定价有哪几种目标?
5. 制定旅游价格的方法和策略有哪些?

第七章 旅游投资

学习目标

了解不同的旅游投资渠道,分析旅游投资的制约因素,明确旅游投资项目分类,知悉旅游投资项目可行性研究的意义和类型,概述旅游投资项目决策内容。

重点/难点

掌握旅游投资项目可行性的内容与类型,梳理旅游投资项目决策的制定与评估方法。

思维导图

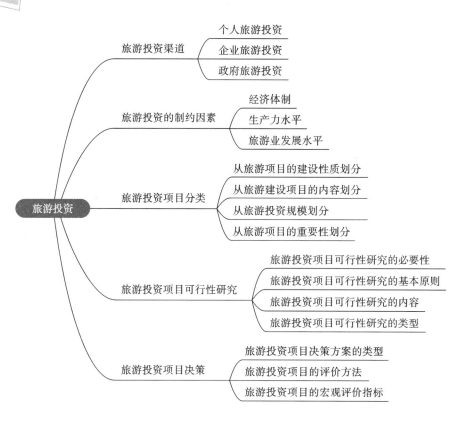

旅游业的发展,依赖于旅游投资的不断增加,这是一个国家或地区旅游经济发展必不可少的前提条件,也是旅游业实现扩大再生产的物质基础。任何旅游企业从事旅游产品的生产和供应,都必须根据旅游市场供求状况和旅游消费的特点,确定应投资的旅游项目,然后从市场上获得各种生产要素,并按一定的方式组合后投入生产过程。所谓旅游投资,就是指在一定时期内,旅游企业根据旅游业发展规划和旅游市场变化而把一定数量的资金投入某一旅游项目建设中,以满足旅游市场的需求,并获取比投入资金数量更多的产出。因此,旅游投资是一个综合的概念,凡是用来发展旅游业的资金,都属于旅游投资,其主要表现为旅游项目的投资。

第一节 旅游投资渠道

旅游投资渠道是指旅游投资来源方式和环节。旅游投资渠道可以从不同的侧面加以考察,既可以指个人的投资和企业花费在提高职工的技术水平、文化修养、公共关系等方面的支出以及政府旅游预算支出,也可以指旅游部门所得到的资金来源。当然,我们可以很轻易地发现在来源和支出之间存在着密切的关系,旅游部门的任何所得不外乎个人、企业、政府的支出。

一、个人旅游投资

个人旅游投资是指个人运用自己的收入直接或间接地参与旅游产品的生产和经营活动,并由此取得一定的收益。个人旅游投资主要包括:①个体旅游经营户,即个人投资开办旅游营利性企业,如旅游纪念品商店、旅游用品商店、家庭旅馆、旅游照相馆等;②私营旅游企业,即个人投资或私人集资开办的以雇佣劳动为特征的旅游产品的生产经营组织,如私营旅游景点、私立旅游教育(培训)机构、私营旅游餐馆、私营旅游纪念品商场、私营旅游用品商场等;③个人以债券、基金、股票等方式参与各种能给个人带来收益的旅游产品生产经营活动,如购买上市旅游公司的股票、购买用于旅游业发展研究方面的债券和基金等;④个人旅游捐款和自设个人旅游基金,这种非营利性的旅游资金资助行为是值得提倡和重视的,比如在一些大型的旅游节庆活动和文物修缮工作中,都有许多的群众慷慨解囊,捐款资助。而且近些年来,有不少的个体户、私营业主,港澳台同胞和华侨,纷纷投资修建旅游文化教育(培训)机构、旅游研究机构(中心)、旅游饭店、旅行社、旅游车(船)公司等,捐资修缮旅游文物古迹,投资开发旅游景区(点)或购捐旅游方面的器材、设施、书刊、杂志等。随着我国城乡居民收入的不断增加和对外开放的不断深化,个人旅游投资呈现出日益蓬勃的景象。

二、企业旅游投资

企业旅游投资就是企业在经营活动过程中用于旅游活动方面的支出。它不仅包括旅游企业内职工的培训、教育、各种文娱活动的支出,以及各种社会团体的活动费用、对外宣传的支出等,而且还包括非旅游企业对社会各项旅游事业的资助和资源开发费用的支出等。比如,1998年,北京的中国大通实业有限公司在取得湖南张家界旅游区50年经营权后的第二年,就对张家界黄龙洞的标志性景点"定海神针"投保一亿元人民币;成都万贯集团在取得碧峰峡的经营权后,投资数亿元,对其进行高起点的规划、高质量的开发、高水准的包装推介。

企业旅游投资的发展是企业经营发展到一定阶段的表现,它既是为了满足提高企业职工素质的要求,又是为了创造一个较好的企业经营的社会化环境。不仅旅游经营企业对与自身相关的科研、教育、文化、宣传等活动的投资是必要的和重要的,而且一些非旅游经营企业对旅游活动的支持,同样会对它们的企业经营发挥作用,成为企业经营活动的重要组成部分。企业的旅游投资的发展,取决于企业文化的地位和作用,而企业文化的地位和作用,同样取决于经济体制的特点。我国社会主义制度决定了企业职工主人翁意识和地位的意义和作用,要实现职工对企业的认同,充分发挥企业职工的积极性和创造性,无论旅游企业或非旅游企业,对企业职工,尤其是表现优秀的职工,以旅游的形式进行奖励都是十分重要的。企业的旅游投资,其对象无论是企业内部还是企业外部,其主要目的都在于增强职工的成就感、归属感和荣誉感,以及团结、合作、友好的气氛和行为。因此企业的旅游投资在我国具有特别重要的意义,国家应采取一些实质性的措施,比如对给予旅游投资的非旅游经营性企业以一定比例的减税或免税优惠等,为把企业培育成为我国旅游投资的主体创造良好的外部环境,以促进我国旅游业健康、快速发展。

三、政府旅游投资

在当前的形势下,在整个旅游投资中,政府旅游投资起着重要的作用。政府旅游投资主要是为了满足整个社会旅游发展的需要。由于旅游业在我国是一个"朝阳产业",还有许多的旅游基础设施需要完善,这些设施短缺在很大程度上严重制约了我国旅游业向前发展的速度,而且,要完善这些设施需要数额巨大的投资,目前在我国真正能承担得起巨额旅游投资的主体只有国家。近几年来,我国每年数百亿国债中,有数十亿元用于旅游投资,这些旅游投资主要用于高速公路、机场等旅游基础设施的建设和完善。随着我国改革开放的不断深化,政府在旅游投资中将主要发挥引导和指导作用,让国内的公司企业和外资在我国旅游投资中扮演主要角色,起主导作用。

第二节 旅游投资的制约因素

一、经济体制

在传统经济体制下,文化投资是全社会计划的一部分,是国家计划的结果。国家对除基本生活费用之外的其他费用的集中管理、统一支配,不可避免地造成了自主旅游投资的意识和行为的萎缩。由于当时经济体制的约束,从个人角度实现的旅游投资很少,旅游投资往往以旅游消费的方式来达到目的,比如旅游门票费、餐饮费、交通费等。旅游投资渠道的个人捐款只具有概念的意义,导致整个旅游事业的发展依赖于政府的投资,这难免会形成旅游发展的官方意识的膨胀。

在日益发展的市场经济体制中,旅游投资传统意义上的以政府投资为主的特点必须逐渐为以民间投资为主的特点所取代。投资特点的这种变化,符合于经济运行体制的逻辑变化。因为传统经济体制坚持"大河有水小河满"的基本逻辑,而市场经济体制则以"小河有水大河满"为观念指导。旅游投资的群众化,使旅游投资的格局随群众旅游需求心理的变化而变化。从这一角度看,在逐步发展市场经济的中国,企业逐步受到来自社会的为支持各项事业(包括旅游事业)的赞助要求的压力,也是自然的和合理的。另外,旅游投资也通常以产业化的形式来参与社会运行(不排除非产业化的旅游投资的存在),在形式上,旅游产业投资正如其他产业投资一样,其投资的目的也是追求最大化的利润。社会对旅游投资的需求往往以消费需求的形式出现,旅游投资的格局就是在这种供需之间及供需内部的竞争中形成。服从微观市场导向和宏观计划导向是旅游投资服务于社会,并以较高的经济效益从事于旅游再生产的基本方式。

市场经济的发展从根本上改变了传统的自给自足的自然经济的静态特点,创新成了市场经济体制下社会经济的生命和活力所在,这使得社会性大规模的旅游投资具有实际的可能性。并且,旅游投资作为社会经济运行范畴的一个重要组成部分,在范围和功能上都大大地得到扩展。在这个大背景下,不仅从个人的角度看,就是从全社会而言,旅游投资都具有浓厚的功利色彩,个人和企业的旅游投资是为了赚取利润或是为了张扬自己的成就和地位,政府的旅游投资是为了提高人们的生活质量,赢得大家的支持与信任。随着市场经济的发展,旅游投资的这种变化具有越来越明显化的趋势。

二、生产力水平

生产力水平对旅游投资的影响,除了通过社会经济运行方式及其机制来实现外,还表现在社会分工的发展中。社会分工是生产力发展的结果,不仅畜牧业从原始农业中分离出来,手工业从农业中分离出来,而且酒店业的部门化,餐饮业的独立化,无不是为了生产力发展的需要。为了适应社会分工的发展,旅游的进一步产业化同样是必要的。旅游产业化是市场经济环境中旅游发展的标志和基本的手段。

社会分工必然导致旅游投资结构的细化。随着生产力的不断发展,社会分工的深化,必然导致文化新形式的出现和文化投资结构的变化。同样,相应的社会配套和协作关系的变化,也是导致旅游投资结构变化的原因之一。生产力水平的提高还导致了一个明显的结果,即旅游投资对其他社会产业的渗透。总之,旅游投资的产业化和社会化的趋势是生产力发展的必然结果。

生产力水平对旅游投资的影响,还反映在综合国力的作用中,虽然生产力水平对综合国力有一定的影响,但实际上综合国力是随着生产力水平的提高而增强的。不言而喻,综合经济实力对旅游投资的制约作用是直接的。国富则投资兴旺,国贫则直接降低和减少旅游投资的深度和广度。从这一现象来看,一国对旅游投资的增长幅度相对于综合国力而言,具有加速发展的趋势。旅游业要适度超前发展也正是从这个意义上来说的。

三、旅游业发展水平

一般来说,社会对旅游投资的重视程度是随着旅游业自身的发展水平的提高而提高的,旅游业发展水平对旅游投资的制约作用是显而易见的。例如,过去对于突出个人的旅游投资具有明显的排斥倾向。究其原因,就是因为那时我国的旅游业发展水平很低,普通百姓大都看不出旅游业会有什么令人鼓舞的发展前景,个人投资因此萎缩。在这种情况下,不仅旅游投资难以实现个性化和多元化,而且在旅游模式的选择中也具有强烈的要求同一的倾向。

目前,我国已成功加入了世界贸易组织。由于我国旅游业的总体发展水平依然不高,国家仍对旅游业中的一些薄弱环节(如旅行社),提出了较严密的保护措施,限制了我国旅游业投资多元化的实现,同时也减缓了我国旅游业全面融入世界旅游大家庭的步伐。

第三节 旅游投资项目分类

旅游业的发展,依赖于旅游投资的不断增加,它是一个国家或地区旅游经济发展必不可少的前提条件,也是旅游业实现扩大再生产的物质基础。现代旅游业的发展,依赖于旅游投入的不断增加。在旅游活动商业化的今天,旅游者所需的"食、住、行、游、购、娱"六大要素,必须依赖旅游业综合来提供。旅游业要满足不断增加的旅游需求和提供多种多样的产品,就必须不断地开发旅游新产品,不断增加旅游投资。没有旅游投资的增加,旅游业是无法发展的。所谓旅游投资,是指在一定时期内,根据旅游市场发展的状况,国家或企业将一定数量的资金投入到其发展的项目之中,以满足旅游发展的需要,并获得一定的旅游收益。

旅游投资是一个综合的概念,凡是用来发展旅游业的资金,都是旅游投资。因此,旅游投资的范围十分广泛。旅游设施建设是旅游投资,购买设备也是旅游投资,进行新的旅游开发是旅游投资,投资原有旅游企业扩大经营规模也是旅游投资。但任何投资总是表现为一定项目的投资。由于现代旅游需求是一个综合性的需求,旅游业是一个综合性的行业,旅游行业范围的界限确定在实践中是比较模糊的,因此,旅游建设项目与一般建设项目的区别,只能根据在建设项目的总体设计中是否具有旅游发展目标来判断。如果某项工程建设完全不考虑旅游发展目标,虽然其建成后对旅游的发展有所促进,或者未来也可能由于旅游业的发展,它本身成为旅游的吸引物,但现在也不能视为旅游建设项目。反之,某项工程项目虽然兼有其他社会文化活动的目的,但其建设中具有旅游发展的目标,能增加旅游者的流量,促进旅游业的发展,也可以列在旅游项目投资之中。

旅游建设项目可以从以下不同的角度进行分类。

一、从旅游项目的建设性质划分

从旅游项目的建设性质划分可以把旅游建设项目分为新建旅游项目、改扩建旅游项目和恢复建设旅游项目。

1. 新建旅游项目

新建旅游项目是指投资主体投资建设原有企业之外的投资项目,即从无到有的项目。那些原有的很小的项目,经扩大建设规模后,其新增加的固定资产价值超过原有的固定资产价值的三倍的,也属于新建性质。新建旅游项目,是发展旅游业、扩大旅游经营规模的一种重要形式,它有利于改变一个国家或地区原有旅游吸引力和接待能力,有利于改变旅游生产力的布局和旅游经济结构的调整。但新建旅游项目一般需要投入的资金比较多,建设周期也比较长。

2. 改扩建旅游项目

改建旅游项目,是指对原有的旅游设施项目和服务功能等进行技术改造、更新的项目。如原来的酒店设施已经陈旧落后,要进行改造;原有的旅游道路是砂石路,现在要改造成柏油路等均属于改建旅游项目。改建旅游项目是旅游企业提高服务质量,改变产品的服务方向,满足旅游者的需求,提高经济效益的有益途径。改建旅游项目同新建、扩建旅游项目比较,具有投资少、见效快的特点。扩建旅游项目,是指在原有规模上适当增建部分设施的项目。这里说的适当增建,是因为如果扩建旅游项目的范围很广,投资额超过原来的固定资产三倍,按现行规定则成为新建旅游项目,而不属于扩建旅游项目之列。扩建旅游项目是发展旅游业的重要手段,如原有的旅游景点较小,要扩大规模;原有的酒店楼层较低,要重新接层;原有的旅游道路较窄,要重新加宽等。扩建旅游项目,同新建、改建相比,更有利于利用现有的旅游资源和设施,扩大旅游经营规模,做到投资少、见效快。

3. 恢复建设旅游项目

恢复建设旅游项目是指因自然灾害或其他原因,原有旅游项目全部或部分遭到毁灭后,如某些旅游景点中的设施被洪水冲毁,某些文物古迹因自然灾害或长久失修而遭到毁损等。按原有规模又投资重新恢复建设的项目。重新建设或修复都属恢复建设范畴。通常情况下,单纯的恢复建设是存在的,但大都与扩建相联系。在恢复建设的同时进行扩建的,从管理的角度上看,应视为扩建项目。

从旅游项目的建设性质划分,是为了满足国家对建设项目实施管理的需要。作为投资者,应当分析比较各种类型的旅游项目建设的利弊,以便于做出正确的投资决策选择。

二、从旅游建设项目的内容划分

从旅游建设项目的内容划分,旅游建设项目可分为旅游景点项目、酒店宾馆项目、旅游交通项目、旅游娱乐项目、旅游教育项目、旅游购物品项目以及其他项目。根据《"十四五"旅游业发展规划》和《中华人民共和国国民经济和社会发展第十四个五年规划和2035年远景目标纲要》的要求,"十四五"期间要加大旅游基础设施建设支持力度,完善覆盖城乡、全民共享、实用便捷、富有特色的旅游基础设施网络,优化旅游公共服务设施布局,完善配套设施和功能。

三、从旅游投资规模划分

从旅游投资规模划分,旅游建设项目可分为大中型项目和小型项目。大中型项目是指总投资在3000万元(含3000万元)以上的旅游项目。投资额在3000万元以下的项目称为小型项目。

四、从旅游项目的重要性划分

从旅游项目的重要性划分,旅游建设项目可分为国家级旅游项目和地方级旅游项目。国家级旅游项目,是指对全国旅游业的发展关系重大、投资规模大的旅游项目。列入国家级的旅游项目,由中央政府投资或由政府有关部门协助筹集建设资金。地方级旅游项目则由地方政府投资或由地方政府有关部门协助筹集建设资金。

第四节 旅游投资项目可行性研究

一、旅游投资项目可行性研究的必要性

旅游投资决策的依据是投资项目的可行性研究。所谓旅游投资项目的可行性研究,是在旅游投资项目建设之前,由旅游开发商、旅游投资者、旅游经营者委托项目可行性研究单位或人员,对旅游投资项目是否可行所进行的一系列分析性研究。其内容包括旅游投资项目在技术上是否可行,开发上是否可能,经济上是否优化等。研究人员应本着客观、全面的态度,对各种相应资料进行搜集、处理和分析,判断该旅游项目能否取得预期的经济效益。因此,可行性研究就是对拟建设的旅游投资项目,在未来完成投产后能否带来经营上和经济上的利益而对旅游市场和发展前景所进行的研究,以确定旅游投资项目在技术上、开发上和经济上的可行性。

(一)可行性研究是旅游投资项目建设必不可少的工作

旅游投资项目建设包括三个主要的阶段,即投资前阶段、投资建设过程阶段和生产经营过程阶段。可行性研究属于旅游投资项目建设前阶段的主要工作内容。为了保证旅游投资项目的有效实施,达到投资的基本目标,并且在生产经营过程中实现投资利润的最大化,就必须对旅游市场,包括竞争者市场进行研究分析;对旅游投资项目的选址和区域特点进行分析;对旅游生产经营过程中的各种要素资源的来源渠道、价格等进行分析;对旅游投资项目的建设总成本进行估算;对生产经营成本与收益进行分析,以确定旅游投资项目在技术上是否可行,开发上是否可能,经济上是否合理,从而为投资开发者提供决策的依据。

(二)可行性研究是评估旅游投资项目的重要依据

可行性研究是旅游投资项目建设中一项重要的前期工作,是旅游投资项目建设得以顺利进行的基础和必要环节。可行性研究的主要目的就是判断拟建的旅游投资项目能否使产权投资者获得预期的投资收益。而要达到或完成这一目的,就必须用科学的研究方法,经过多方案分析和评价,并提供可行性研究报告,作为向该项目上级主管部门或者投资者提供对该项目进行审查、评估和决策的重要依据。

(三)可行性研究为筹集旅游项目资金提供参考依据

旅游投资项目大多属于资金密集型项目,特别是建设初期往往需要注入大量的资金。因此,对于旅游项目开发单位而言,除自筹资金和国家少量预算内资金外,大部分需要向金融市场融资,其中主要渠道就是向银行贷款。作为商业银行,为了保证或提高贷款质量,确保资金的按期收回,银行往往要实行贷前调查,并对旅游投资项目的可行性进行审查。因此,可行性研究报告可为银行或资金借贷机构贷款决策提供参考依据,也为通过其他方式筹集旅游项目资金提供依据。

二、旅游投资项目可行性研究的基本原则

旅游投资项目可行性研究,作为对拟建的旅游投资项目提出建议,并论证其技术上、开发上和经济上是否可行的重要基础工作,在对旅游项目进行可行性分析论证时,必须坚持以下基本原则。

(一)目的性原则

旅游投资项目不同于其他投资项目,因为各个旅游投资项目的背景情况千差万别,所以可行性研究并没有千篇一律的模式,必须根据旅游投资项目的具体要求进行研究。这就要求在实际工作中,可行性研究人员应根据旅游市场需求和旅游项目投资者的具体要求,合理地确定旅游投资规模、进行项目开发设计,以及编制财务计划等。

(二)客观性原则

旅游投资项目可行性研究是供旅游投资者、旅游开发商、旅游经营商和有关部门决策时的重要参考依据,因而可行性研究报告中的依据必须充分,论证过程必须全面,并明确提出研究的结论和建议,为投资决策者提供充分依据,以便投资决策者进行正确合理的投资方案选择,提高旅游项目投资决策的水平。

(三)科学性原则

在旅游投资项目可行性研究中,为了保证可行性研究的科学、可靠,应该把定量研究方法和定性分析方法相互结合,并能灵活、正确地使用。通过科学的方法和精确可靠的定量计算,使所得数据和结果能有力地支持定性分析的结论,从而使旅游投资项目可行性研究更具科学性、准确性和可操作性。

(四) 公正性原则

旅游投资项目可行性研究是一项重要的工作。因而必须坚持实事求是和公正性原则。如果研究人员经过研究，认为某一旅游投资项目无法取得预期的效益和目标，就应本着实事求是的态度，毫不迟疑地向投资者报告，而不应该牵强附会地作出一个并不可行的可行性报告，从而导致旅游投资项目实施后带来巨大损失。如果认为项目经过重新设计或调整后还可建设，也需要提出修改的建议和方案，并进行再次评价。

三、旅游投资项目可行性研究的内容

为了保证旅游投资项目可行性研究的准确性和可操作性，必须对旅游投资项目进行全面的分析和研究。通常，可行性研究的规范性内容主要有以下几个方面。

(一) 旅游市场需求调查和预测

旅游市场需求是一切旅游经济活动的起点，因此对旅游投资项目进行可行性研究时，首先就要进行旅游市场需求调查和预测，即调查旅游者的消费特点，预测国内外旅游市场对旅游产品的需求变化和趋势，以此为基础，估计旅游项目投入后市场发展的前景，从而确定旅游投资项目的建设规模、建设质量、建设规格及相应的服务方式和服务水平等。

(二) 旅游工程项目的选址方案

对于旅游工程项目的投资进行可行性研究时，还必须对本地区或邻近地区旅游市场特点和经济情况进行分析，以便对旅游投资项目建设的地理位置、地形、地质、水文条件及当地或邻近地区的社会经济状况进行分析，从而确定合适的旅游投资项目选址方案，并对交通运输及供水、供电、供气、供热等市政公用设施条件进行设计提供依据，以确保旅游投资项目建设的可行性。

(三) 旅游投资项目工程方案研究

旅游投资项目工程方案研究，主要是研究旅游投资项目建设的工期安排、进展速度、建设内容、建设标准和要求、建设目标及主要设施布局、主要设备的选型及所能达到的技术经济指标等，以确定旅游投资项目所提供的旅游产品或服务的规格和要求。

(四) 劳动力的需求和供应

劳动力的需求和供应主要研究旅游投资项目建设和完成后的劳动力使用、培训补充计划以及人员组织结构等方案，包括高中级管理人员、中初级服务人员等，以确保旅游投资项目建成后人力资源的充分利用和正常补充。

(五) 投资额及资金筹措

投资额及资金筹措主要研究为保证旅游投资项目顺利完成所必需的投资总额、外汇数额、投资结构、固定资产和流动资金的需要量、资金来源结构、资金筹借方式及资金成本等,从资金上保证旅游投资项目建设的顺利进行。

(六)综合效益评价

所谓综合效益评价主要从经济效益、社会效益和环境效益三个方面研究旅游投资项目建成后对周围环境和社区所带来的影响和作用,对其可能产生的不良影响要作出预测性分析,并采取相应措施,尽力减少和避免其不利影响,确保旅游投资项目在获得较佳经济效益的同时也能带来较好的社会效益和环境效益。

四、旅游投资项目可行性研究的类型

从旅游投资项目的实际出发,按照现行基本建设的要求,旅游投资项目可行性研究可分为投资机会研究、初步可行性研究和最终可行性研究三种类型。

(一)投资机会研究

投资机会研究,是指在某一个旅游地区或企业内,在利用现有旅游资源的基础上所进行的寻找最有利的投资机会的研究。其主要目的是对旅游投资项目提出建议,旅游投资项目建议书就是在投资机会研究的基础上形成的。投资机会研究比较粗略,主要是对旅游投资项目的效益可行性进行一些估计,并非进行详细的计算。但是,这种研究是必要的,因为每个项目都需要确定是否有必要进一步获取建设的详细资料。通常,投资机会的研究对总投资估算的误差一般要求控制在30%以内。

(二)初步可行性研究

初步可行性研究是在投资机会研究的基础上,对拟议的旅游投资项目的可行性所进行的进一步研究。它主要是针对那些比较复杂的旅游投资项目而进行的,因为这类旅游投资项目仅凭投资机会研究还不能决定其取舍,必须进一步进行可行性分析。初步可行性研究要解决的主要问题是:进一步论证投资机会是否有可能;进一步研究拟议的旅游投资项目建设可行性中某些关键性问题,如旅游市场分析、项目建设选址等;分析是否有必要开展最终可行性研究。对旅游投资项目初步可行性研究的准确性,即对投资估算的误差一般要求控制在20%以内。

(三)最终可行性研究

最终可行性研究是在上级主管部门批准立项后,对旅游投资项目进行全面的技术经济论证,它需要进行多种投资方案的比较。旅游投资项目越大,其研究内容就越复杂。最终可行性研究是确定旅游投资项目是否可行的最终依据,也是向有关管理部门和银行提供进一步审查和进行资金借贷的依据。通常旅游投资项目最终可行性研究的误差一般要求控制在10%以内。

在旅游投资项目建设中,常常涉及旅游开发商、旅游经营者、资产借贷者、资产投资者和政府机构等,每一方面从各自的利益出发,都要对拟建的旅游投资项目进行可行性研究。所以可行性研究往往又因为相关单位的要求不同,而分为投资前研究、经营研究、资金研究、资产投资研究和政府机构研究等内容。

第五节 旅游投资项目决策

一、旅游投资项目决策方案的类型

拟建旅游项目经过可行性研究后,证明没有建设的必要时,经过审定,可以决定取消该项目。如果认为项目是可行的,往往会提出若干个可供比较选择的方案,这些方案一般都会有各自的优势和弱点,或者存在某些不确定因素。这就需要决策人员在正确的决策原则指导下,多方考虑,权衡利弊,对各种不同方案做出正确的判断和最优的选择。一般来说,建设项目投资方案的比较选择,分为三种类型。

(一)确定型决策

确定型决策,指拟建项目的各种数据和条件都是已知的,根据已知数据和条件,对各种不同方案,通过技术经济指标进行分析比较,做出明确的选择,从中选出投资效益最好的方案。如计划投资某项旅游工程,经过市场调查和需求分析预测,在可行性研究后提出三个备选方案,即方案一、方案二、方案三。随着市场需求量大小的变化,其收益也不一样。表7-1是各方案的决策收益表。

表 7-1 决策收益表(一) (单位:万元)

市场情况	方案一	方案二	方案三
需求量较大	4000	3500	2500
需求量较小	1200	1400	1700

按表7-1各方案获利的水平,当已知市场需求量较大时,决策者应选择方案一,当市场需求量确定为较小时,就要选择方案三。不难看出,在市场需求量已经确定的条件下,可以较容易地选择最优的方案。

(二)非确定型决策

非确定型决策,是指对拟建项目进行多方案比较时,虽然不同方案的收益值,在不同的自然状态下可以计算出来,但对各方案可能出现的概率却难以估计,这种情况下的决策,称为非确定型决策。对非确定型决策问题的处理,一般可以采用如下两种方法。

1. 小中取大法

小中取大法也称最小最大收益值法。就是在几个比较方案中,从最小收益值中选择出其值为最大的方案。其计算的步骤是:首先找出各方案的最小收益值,加以比较,然后选出最小收益值中其值为最大的一个方案作为最优方案。

例如:计划投资建设某项工程,以增加某种新产品的生产能力,该工程投产后产品的需求量预测可能出现较大、一般和较少三种情况。由于缺乏详细准确的资料,对各种状况出现的概率无法估计。在投资前对拟建项目进行可行性研究,提出三个可供选择的方案,各个方案在不同需求量情况下的产品损益值(亏损用负数表示)如表7-2所示。

从表7-2可知,将各方案的最少销售利润相比,显然以第三方案为最大。在需求量较小的情况下,第一、第二两个方案分别亏损1500万元和4000万元,而第三方案仍然获利1000万元,因而第三方案被视为最优方案而被选用。应当指出,这种分析方法是以在最不利因素可能出现时的最大收益作为标准,其决策原则是收益值不要低于某个水平。因此,这种方法是比较保守的。

表7-2　决策收益表(二)　　　　　　　　　　(单位:万元)

自然状况	第一方案损益值	第二方案损益值	第三方案损益值
需求量较大	4000	5000	3000
需求量一般	2500	3000	1500
需求量较小	−1500	−4000	1000
各方案最少销售利润	−1500	−4000	1000

2. 大中取小法

大中取小法也称最大最小后悔值法。就是在几个备选方案中,当决策选择了某一个方案时,相对于其他方案少获得一部分收益,或多蒙受某些损失而感到后悔程度最小的一个。由于选错方案而少获得的收益或多蒙受的亏损值,称为后悔值。这种分析方法,先是找出各个方案的最大后悔值,经过相互比较,从最大后悔值中选出后悔值最小的一个方案作为最优方案。仍按上例计算在需求量变化时的各方案后悔值。

当需求量较大时,各方案后悔值如下所示。

第一方案:5000−4000=1000(万元)

第二方案:5000−5000=0(万元)

第三方案:5000−3000=2000(万元)

当需求量一般时,各方案的后悔值如下所示。

第一方案:3000−2500=500(万元)

第二方案:3000−3000=0(万元)

第三方案:3000−1500=1500(万元)

当需求量较小时,各方案的后悔值如下所示。

第一方案:1000−(−1500)=2500(万元)

第二方案:1000−(−4000)=5000(万元)

第三方案:1000−1000=0(万元)

根据上述计算,可列表7-3。

表 7-3 决策收益表(三)　　　　　　　　　　　　　　　（单位：万元）

自然状况	第一方案损益值	第二方案损益值	第三方案损益值
需求量较大	1000	0	2000
需求量一般	500	0	1500
需求量较小	2500	5000	0
各方案最大后悔值	2500	5000	2000

表 7-3 中计算的各方案最大后悔值，第一方案为 2500 万元，第二方案为 5000 万元，第三方案为 2000 万元。各方案后悔值相比，以第三方案 2000 万元为最小，故选择第三方案为最优方案。

在解决非确定型决策问题时，采用哪种决策方法为宜，主要由决策者根据已经掌握的资料和计算的数据，参照有关方面的经验教训加以确定。

(三)风险型决策

风险型决策又称为统计型决策，或随机型决策。我们对一个建设项目经过可行性研究后，提出两个方案：一个是新建项目；另一个是对原有的项目进行改建。决策者比较两个方案后，必须选择其中的一个方案。两个方案的已知条件如表 7-4 所示。

表 7-4 风险决策列表(四)　　　　　　　　　　　　　　（单位：万元）

项目	市场销售情况	发生概率	预计年收益
新建(方案一)	好	0.4	400
	坏	0.6	−150
改建(方案二)	好	0.4	50
	坏	0.6	10

如果选择新建方案，则预测市场销售状况好的概率是 0.4，销售不好的概率为 0.6，其未来可能获得 400 万元利益，但也有可能蒙受 150 万元的损失。而选择方案二(改建)，市场情况好时或市场情况不好时，项目本身并不承担受损失的风险。在这种情况下，投资者想获得较高利益，最后选择新建方案，同时也要承担一定的风险，这种决策就叫风险型决策。风险型决策通常要具备如下几方面的条件。

(1)决策目标明确。
(2)存在两个或两个以上的建设方案可供选择。
(3)存在着使决策人员难以控制的某些客观条件。
(4)各种不同方案的损益情况能够计算出来。
(5)将来究竟会出现哪种状况，决策人员难以确定，但对其出现的概率大致可以估计。

二、旅游投资项目的评价方法

旅游投资项目的评价，是旅游投资项目决策的前提。一般说来，投资项目评价是一个综合性的指标体系,包括社会经济效益指标、社会文化指标、社会环境指标等,这些因素在可行性分析中都应当给予充分论证。但是就企业投资来说,它与国家投资和地方政府投资有所不同,主要是以取得最大经济利益为目标,任何旅游投资项目都必须以盈利为目标,即旅游投资不仅要收回投资成本,而且必须取得一定的利润。因此,按照以利润最大化为标准,旅游投资项目的评价方法通常有以下几种。

(一) 投资回收期法

投资回收期,是指收回某项旅游投资所需的时间(年数)。因此,投资回收期法就是根据某项旅游投资项目的回收期,来判断旅游投资项目是否可行的方法。这种方法主要是计算旅游投资项目未来产生的税后净利总量与最初的投资总量相等情况下旅游投资项目所需要的回收期长短。如果每年的净现金流量相等,可用每年净现金流量去除旅游投资项目的投资额,即可得到回收期。如果每年的净现金流量不等,就需要用推算的方法求回收期,一般也可通过计算年均净现金流量来推算。

旅游项目投资回收期的计算公式如下:

$$T_{iv} = \frac{IV}{NCF}$$

式中:T_{iv}——旅游项目投资回收期;

IV——旅游投资项目的投资总量;

NCF——旅游投资项目每年的净现金流量。

例 7-1 假设某个旅游投资项目有三个方案,各个方案的投资额和净现金流量如表 7-5 所示,试计算哪一个投资方案最佳。

表 7-5 旅游投资方案的净现金流量表

年次	投资方案		
	A 方案/元	B 方案/元	C 方案/元
0	−1000	−1500	−2000
1	200	500	1000
2	200	500	600
3	400	300	400
4	400	200	1000
5	400	200	—
6	500	1000	—

注:表中的负值净现金流量指旅游投资额,正值净现金流量是指税后净利润总量。

解 根据表 7-5 中各方案的有关数据,可计算出旅游投资项目各方案的投资回收期如下:

A 方案:$T_{iv} = 1000/[(200+200+400+400+400+500) \div 6] \approx 2.86$(年)

B 方案:$T_{iv} = 1500/[(500+500+300+200+200+1000) \div 6] \approx 3.33$(年)

C 方案:$T_{iv} = 2000/[(1000+600+400+1000) \div 4] \approx 2.67$(年)

使用投资回收期法评价旅游投资项目方案,需要首先确定一个标准投资回收期,即最低限度的投资回收期,然后将各投资方案的回收期与其进行比较,凡小于标准投资回收期的方案均可接受。其中,投资回收期最短的方案为最优方案。例如,表 7-5 中三个方案的标准投资回收期都为 3 年,根据计算,例 7-1 中 A 方案和 C 方案的投资回收期都低于 3 年,因而两个方案都是可以接受的,而其中 C 方案的投资回收期最短,因而 C 方案为最佳方案,A 方案是次佳方案。

投资回收期法的优点是便捷、简单、易懂,因此是旅游投资项目评价常用的方法。但由于其未考虑资金的时间价值,并忽略了投资回收期以后该项目各年的盈利状况,因而准确性不够高。

(二) 净现值法

净现值,是指某项投资方案未来预期总收益现值减去总投资额现值后的余额。通常,任何一项旅游投资都希望未来的收益比原投资额更多。因此,对未来收益按资金时间价值折算后再与总投资额现值比较,就可以评价和比较旅游投资项目的各个方案是否可行,并从中选择最佳方案。净现值的计算公式如下:

$$\mathrm{NPV} = \sum_{t=1}^{n} \frac{R_t}{(1+i)^t} - C$$

式中:NPV——净现值;

  C——投资费用;

  R_t——投资项目在未来 t 年内的收益量(各年收益不等);

  i——资金成本率。

在上式中,若企业资金是从银行借贷的,则资金成本率为银行利息率;若资金来源于企业积累,则资金成本率为资金的机会成本;若资金来源于多种渠道,如银行借款、债券、股票、利润留成,那么资金成本率等于各项资金的成本率与各项资金在资金总额中所占百分比乘积之和。根据上述公式计算,若净现值为负值,说明该方案不可行;如净现值等于零,意味着该方案的预期收益刚够还本付息;只有当净现值为正值时,方案才可接受。在多方案比较中,净现值越大,则投资收益越多,该方案可行性越强。

例 7-2 某旅游企业计划投资一项旅游景区建设,该方案的总投资额为 6500 万元;各年末的净收益分别为:第一年 1000 万元,第二年 1150 万元,第三年 1300 万元,第四年 1450 万元,第五年 1700 万元,第六年 1800 万元,第七年 1900 万元;资金成本率为 6%。试计算该项目的净现值是多少?该旅游投资项目方案可否接受?

解 根据题中所给数据,按公式计算如下。

$$\mathrm{NPV} = \frac{1000}{1+6\%} + \frac{1150}{(1+6\%)^2} + \frac{1300}{(1+6\%)^3} + \frac{1450}{(1+6\%)^4} + \frac{1700}{(1+6\%)^5} + \frac{1800}{(1+6\%)^6} + \frac{1900}{(1+6\%)^7}$$

$$= (1000 \times 0.943 + 1150 \times 0.89 + 1300 \times 0.84 + 1450 \times 0.792 + 1700 \times 1800 \times 0.705 + 1900 \times 0.665) - 6500$$

$$= (943 + 1023.5 + 1092 + 1148.4 + 1269.9 + 1269 + 1263.5) - 6500$$

$$= 8009.3 - 6500$$

$$= 1509.3(万元)$$

净现值为正值1509.3万元,说明该方案可行。

净现值法的优点是不仅考虑了资金的时间价值,能反映方案的盈亏程度,而且考虑了投资风险对资金成本的影响,有利于企业从长远和整体利益出发做出决策。该方法的不足之处是只反映了投资方案经济效益量的方面(即盈亏总额),而没有说明投资方案经济效益质的方面(即每单位资金投资的效率)。这样容易促使决策者趋向于采取投资大、盈利多的方案。而忽视盈利总额较小,但投资更少,经济效益更好的方案。

(三)内部投资回收率法

内部投资回收率,是指旅游投资方案的未来预期净收益与投资总额之差等于零时的利息率或贴现率。所谓贴现率,就是在投资决策分析中,把未来值折算为现值的系数。如果贴现率定得高,现值就小;贴现率定得低,现值就大。所以,合理确定贴现率是正确计算内部投资回收率的关键。通常,当计算出投资方案的内部投资回收率大于企业或主管部门规定的投资回收率时,则投资方案可取;当计算出投资方案的内部投资回收率小于规定的投资回收率时,则投资方案不可取。内部投资回收率计算公式如下:

$$\text{NPV} = \sum_{t=1}^{n} \frac{R_t}{(1+r_0)^t} - C$$

式中:C——旅游投资项目的全部投资额;

R_t——旅游投资项目在未来 t 年的净收益;

r——内部投资回收率。

由于该公式是一个 t 次方程,要求出内部投资回收率 r 的值,靠人工计算较困难。可借助计算机计算,如果没有计算机,一般可采用试算法。

例7-3 根据例7-2旅游企业对某旅游景区建设方案的有关数据,可分别按 $r_1=10\%$ 和 $r_2=12\%$ 进行试算,如表7-6所示。

表7-6 贴现率试算表 (单位:万元)

年份	净收益	10%贴现率的现值系数	现值	12%贴现率的现值系数	现值
(0)	(2)	(2)	(3)=(1)×(2)	(4)	(5)=(1)×(4)
1	1000	0.909	909.00	0.893	893.00
2	1150	0.826	949.90	0.797	916.55
3	1300	0.751	976.30	0.712	925.60
4	1450	0.683	990.35	0.636	922.20
5	1700	0.621	1055.70	0.567	963.90
6	1800	0.564	1015.20	0.507	912.60
7	1900	0.513	974.70	0.452	858.80
净收益的总现值			6871.15		6392.65

从表 7-6 可以看出,按内部投资回收率 $r_1=10\%$ 进行试算,则第一年至第七年的现值系数顺序为 0.909、0.826、0.751、0.683、0.621、0.564 和 0.513。根据现值系数,可算出按 10% 贴现的现值(6871.15 万元)大于期初的投资额(6500 万元),说明内部投资回收率应比 10% 要大。再按内部投资回收率 $r_2=12\%$ 进行试算,用同样方法算得净现值(6392.65 万元)小于期初的投资额(6500 万元),说明内部投资回收率要比 12% 小。因此,内部投资回收率应该在 10% 与 12% 之间。那么,在 10% 和 12% 之间的内部投资回收率究竟是多少呢?设内部投资回收率为 r_3,则可以按下式计算出:

$$|6871.15-6500|/|6392.65-6500|=(r_3-10)/(12-r_3)$$

计算结果为 $r_3=11.55\%$,即内部投资回收率为 11.55%。以此同企业或主管部门的标准投资回收率相比较,即可判断旅游投资项目的方案是否可行。

从经济意义上说,内部投资回收率实质上是资金成本的加权平均数,因为旅游投资项目资金来源往往是多渠道的。内部投资回收率法的优点,在于它为企业或主管部门评价旅游投资项目的经济效果提供了一个合理的衡量标准,这对加强旅游行业投资管理具有十分重要的现实意义。

(四)利润指数法

利润指数法是用单位投资所获得的净现金收益来比较投资方案经济效果的方法。利润指数公式如下:

$$PI = \sum_{t=1}^{n} \frac{R_t}{(1+r)^t} \div C$$

式中:PI——利润指数;

C——投资费用;

R_t——投资项目在未来期间 t 年的净现金收益;

R——资金成本率。

根据上式计算,若利润指数 PI>1,则该旅游投资方案会盈利,说明该投资方案可接受;若利润指数 PI<1,则该旅游投资方案会亏损,说明该投资方案应该放弃。

三、旅游投资项目的宏观评价指标

旅游投资项目除了进行可行性研究外,还要从宏观角度进行评价,即分析旅游投资项目是否符合国家或地方政府政策所强调实现的目标,是否属于政府重点发展的旅游建设项目,是否符合整个社会经济发展的要求。通常,对旅游投资项目进行宏观评价,主要用一些代表性的数量指标来反映投资项目实现某一特定项目的程度,常用的数量指标主要有以下几种。

(一)外汇收入指标

旅游业是一项重要的创汇产业,因而旅游投资项目的创汇能力是宏观评价的重要指标之一。通常,某项旅游投资项目建成后的外汇收入能力,反映了一定时期内所赚取的外汇净额与同期产生这一净额所需国内资金之间的比率关系。在国外,一定时期是

指该项目投入建设期加上建成后5年的时间,而不是可行性研究要求的20年,其计算公式如下:
$$F=(X-Y)/Z$$
式中:F——旅游投资项目外汇收入能力;

X——旅游投资项目在一定时期内的旅游外汇收入;

Y——旅游投资项目在一定时期内的旅游外汇支出;

Z——旅游投资项目在一定时期内的本国货币支出。

上式中,X的数值仅是一种估计,是根据一定时期内旅游投资项目所接待的旅游者人次、旅游者平均停留时间和人均消费数预测的结果。X、Y、Z三个数值在使用时,必须用贴现率折算成现值。

(二)提供就业指标

旅游业不仅是一个创汇行业,也是一个吸收社会劳动力就业较大的行业。某一旅游投资项目提供直接就业的能力,可以根据该项目招用的人次数,或者以该项目向职工所付工资总额占总成本的比重来测量。计算公式如下:
$$E=W/TC$$
式中:E——旅游投资项目提供的直接就业能力;

W——旅游项目在一定时期内支出的工资总额;

TC——旅游项目在一定时期内发生的总成本。

(三)社会文化影响指标

旅游投资项目对社会文化的作用通常难以用数量表示。它只能依靠主观判断。为了最大限度地减少主观判断的偏差,可组织有关专家对旅游投资项目可能给社会文化带来的影响,进行各个方面的综合评价,并对起积极作用的用正数表示,对起消极作用的用负数表示。旅游投资项目对社会文化影响的方面很多,主要包括:对恢复、保护和合理利用名胜古迹的影响,对传统艺术和文化遗产的影响,对人们思想与职业道德的影响,对当地居民消费方式的影响,对传统社会结构与家庭的影响,对国内旅游地的促进作用等。

(四)综合效益指标

对旅游投资项目进行综合效益评价,首先应分别列出各投资项目综合效益的各个领域,并分别计算各领域的数值;其次应根据国家或地方政府旅游规划和旅游政策所强调的重点对各个领域的数值进行加权,以确定各领域的相对重要性;最后,计算在同一离散范围内每一领域加权数值同基点的偏差,并以此为基础来比较各个方案的优劣。在具体计算中,不同的旅游投资项目可以采取不同的综合效益计算方法。

本章小结

旅游投资决定旅游业的发展方向,是引领旅游产业转型升级的关键。然而,旅游投资具有综合性、复杂性及相关利益主体利益诉求不一致性等特征,这些特征给旅游投资管理带来了极大的困难。更重要的是,旅游项目投资往往收益水平低、投资金额大、投资回收期长,给投资者造成了巨大的投资压力。不完美市场下,企业因信息不对称和代理成本导致融资约束,使得投资更多依靠内部的现金流,表现为投资-现金流敏感性显著为正。随着旅游供给侧结构性改革的深入推进及优质旅游发展的总体要求,优质投资成为解决优质旅游发展问题的关键抓手之一。只有合理调整与优化旅游投资结构,提高旅游投资结构效益,才能推动当前旅游投资由数量型向效益型转变,全面提升旅游产品与服务质量,实现优质旅游发展目标。

复习思考

拓展阅读

■ 课堂讨论题

1. 在进行旅游投资时考虑的因素有哪些?
2. 如何对旅游投资项目进行评估?

■ 复习思考题

1. 旅游投资资金的筹措方式主要有哪些?
2. 什么是旅游项目融资?
3. 旅游建设项目可行性研究包括几个阶段?各个阶段的主要内容分别是什么?
4. 旅游项目投资决策方案可分几种类型?
5. 旅游投资项目的经济评价方法有哪几种?各怎么计算?

第八章 旅游消费

学习目标

认识旅游消费的特征及其作用,明确旅游消费结构的类型及其影响因素,概述促进旅游消费结构合理化措施,归纳实现旅游消费满足的路径及方法。

重点/难点

掌握促进旅游消费结构合理化的措施,综合评估旅游消费效果。

思维导图

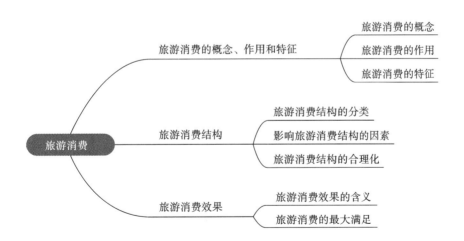

旅游消费是在人们基本生活需要满足之后而产生的更高层次的消费需要,是满足人们好奇、好学、探险、挑战、产生自豪感等心理的重要方式。旅游消费与旅游者收入水平、旅游者结构密切相关,也与旅游产品结构和产品质量密不可分。

第一节 旅游消费的概念、作用和特征

一、旅游消费的概念

旅游消费是社会总消费的组成部分,是现代旅游经济活动中的一个重要的经济范畴。没有不断扩大的旅游消费,便没有蓬勃发展的现代旅游业。因此,旅游消费是旅游业发展的原动力。世界旅游组织认为,旅游消费是指由旅游单位(游客)使用或为它们而生产的产品和服务的价值。国内一些学者也对旅游消费下了定义,比较典型的定义有:旅游消费是指人们在旅行游览过程中,为了满足其自身发展和享受的需要而消费的各种物质资料和精神资料的总和(罗明义,1990);旅游消费是指人们在游览过程中,通过购买旅游产品来满足个人享受和发展需要的行为和活动(林南枝、陶汉军,2000)。综合以上国内外关于旅游消费的定义可以看出,旅游消费既是物质形态的消费,也是精神层面的消费。因此,我们认为,旅游消费是旅游者在外出旅行游览过程中,支付货币购买旅游产品以满足自身旅游需求的行为。

旅游消费这一概念的界定,包括如下内容。

(1)旅游消费是指旅游者个人的消费,单个旅游者的消费行为,从总体上构成了旅游消费活动,形成了旅游市场的需求。没有具体的旅游者的消费行为,便没有旅游消费活动的存在。因此,旅游者的消费行为,是社会旅游消费的基础。

(2)旅游消费是指旅游者在外出旅游过程中为获得自己需要的满足而进行活动的行为,如对旅游产品的选择、比较、购买等。没有这些行为的发生,便不可能完成旅游活动。

二、旅游消费的作用

(一)旅游消费是实现旅游活动的必要条件

消费是由需要引起的。从广泛的意义上讲,人类社会的需要包括生产性的需要和生活性的需要,生产性的需要的满足属于生产资料的消费,生活性的需要的满足属于生活资料的消费。一般说来,生产资料的消费属于中间消费,通过生产资料的消费,又生产出新的物质产品,而生活资料的消费是人类为自己生存、发展而进行的消费,是属于社会最终的消费。通常把生活资料的消费,分为三种消费:一是生存需要的消费;二是发展需要的消费;三是享受需要的消费。旅游消费,主要属于发展需要的消费和享受需要的消费。旅游活动也是一种需要,这种需要主要是一种体验的需要。如到异国去体验不同民族文化氛围;到名山胜景中去体验大自然美的神韵;参加滑雪跳伞等探险旅游体验征服自然后的胜利的喜悦等。要实现这些体验的需要,就必然要通过一定的消费来满足。在旅游活动中。为实现某种有目的的体验需要的消费属于旅游活动中的核心消费。旅游的核心消费，主要表现为一种精神上的消费。此外，为实现旅游活动的体验的满足，还必然需要一定的辅助消费。现代的旅游活动，旅游者所需的食、住、行、游、购、娱等需求要素中，旅游者首先要满足其作为生物体的存在所需，这部分需要，与其在居住地的需要本无二致，但却表现为一种在旅游过程中的消费，没有这种消费，旅游活动便无法实现。

现代的旅游消费是一种商品性消费的形式。在社会再生产的过程中，社会经济活动是通过生产、支配、交换、消费四个环节来实现的。一般说来，生产是起点，消费是终点；生产是手段，消费是目的。生产与消费二者是相互依存、相互促进的辩证关系。从历史发展的逻辑关系来看，没有生产便没有消费，因此，生产决定着消费。但是从社会再生产不断循环的过程来看，消费又影响着生产，制约着生产，没有消费，生产便失去意义，在这个意义上说，消费又决定着生产。因此，旅游消费是现代旅游产品生产和交换顺利进行的必备条件。

旅游消费是一种高层次的消费行为，随着社会的发展，当人们对基本生活必需品的需要满足之后，人们必将越来越多地去追求精神上的消费，用于发展需要和享受需要。旅游活动正是人们追求高质量的生活标准的一种消费行为。由于旅游消费规模不断扩大，消费水平不断提高，要满足旅游消费的需要，就要提供多种多样的旅游设备、设施及服务，这就进一步促进了旅游产品生产的发展，客观上促进了一批新的旅游企业和部门的诞生。同时由于旅游产品具有很强的综合性，旅游业的行业关联度相对较大，在许多国家和地区，旅游业的发展成为经济发展的新的经济增长点。

（二）旅游消费是高质量劳动力再生产的创造因素

人类社会经济的发展过程，实际上是生活资料消费的过程。劳动力不断再生产的过程是通过消费过程实现的。从社会发展的总过程来看，没有人类的自身消费，便没有人类自身的发展，没有高水平的消费，便不可能有高素质的劳动力被生产出来。一方面，消费的物质资料本身，是劳动力创造的结果，是以往劳动者智慧的集中结晶；另一方面，消费的过程是劳动力再生产的创造过程。在当前科学技术迅猛发展的社会条件下，社会生产的发展需要劳动者具有很强的专业技能、广博的文化知识、高度的主动性和创造精神，同时还要使知识的载体即劳动者具有强健的体魄和充沛的精力，这些素质的提高，需要相应的消费水平才能得以保证。旅游消费是一种潜移默化的思想品质、意志品格以及文化素养的教育，能使人们陶冶身心、增进健康、开阔视野、增长知识，这必将有利于高质量劳动力的再生产。世界旅游组织在1980年发表的《马尼拉世界旅游宣言》中明确提出：旅游是人类社会的基本需要之一，旅游是人人应享有的权利。近些年来，一些经济发达国家已逐步地把旅游消费作为劳动力再生产的一个促进因素而予以大力提倡和鼓励。尤其是知识经济的时代，劳动者素质因素的重要性已远远超过了以往物质财富积累的重要性。发展旅游消费正是提高劳动力素质的一条重要途径。

（三）旅游消费成为普及现代化生活设施的先导和桥梁

现代旅游活动是一种高层次的消费，这种高层次的消费本身决定了旅游消费具有一般消费发展的方向性。旅游消费是一种娱乐性、享受性的消费活动，满足人们发展和享受的需要。因此，旅游企业为了最大限度地满足旅游者的需要，旅游服务所凭借的各种物资设备和设施必须具备高水平和高档次的特点，在科学技术不断发展的今天，新的高科技含量的消费品不断涌现，这些新产品一般都在旅游业中首先被应用，然后再向一般家庭推广普及。如早年在旅游业中首先推出的具有单独浴室的客房，如今已成为发达国家一般家庭中的居室设计方式。我国改革开放以来，由于旅游业的迅速发展，原本只用于旅游业的消费品，如空调、高级地毯、豪华灯具、高档餐具等，逐渐步入一般居民家中。这些情况表明，旅游消费在普及现代化生活设施，转变人们的消费观念中起到了桥梁和先导作用。

(四)旅游消费是评价旅游经济活动成果的标准

首先，旅游企业提供的旅游产品是否能够满足旅游者的需要，要通过旅游消费才能得到验证，一个企业自称其提供的旅游产品是优质的，但没有旅游消费者的消费，这种自我评价是毫无意义的。其次，旅游企业提供的产品，总是指一定价格水平下的产品，消费者愿意以较高的价格购买该产品，则企业将会获得较好的经济效益。如果消费者不愿意支付较高的价格或在支付一定价格进行消费后，大失所望，丧失了继续购买的动力，那么良好的经济效益也就无从谈起。最后，通过旅游消费过程所提供的消息，可以判断旅游企业的企业结构和产业结构是否合理。如有的旅游产品供大于求，有的旅游产品供不应求等，这些信息的提供，可以为旅游的主管部门加强对旅游产业的宏观调控，为旅游产业制定政策提供决策依据，总之，评价旅游企业经济活动，必须通过旅游消费来体现。

三、旅游消费的特征

旅游消费属于个人生活消费的范畴，由于旅游活动的特殊性，使得旅游消费与一般的生活消费相比较，具有不同的特征。

(一)旅游消费是综合性消费

旅游者的外出旅游是一种经历。在这次经历的过程中，旅游消费贯穿于整个旅游活动之中，因而综合性是旅游消费最显著的特点。首先，从旅游消费活动的构成看，旅游活动以游览为中心内容，但为了实现旅游的目的，旅游者必须以消费交通、住宿、餐饮等为条件，因此旅游活动是集食、住、行、游、购、娱于一体的综合性消费活动。其次，从旅游消费的对象看，旅游消费的对象是旅游产品，旅游产品是由旅游资源、旅游设施、旅游服务等多种要素构成的，因此旅游消费对象是多种要素、多类项目的综合体。最后，从供给旅游消费的部门看，旅游消费是众多部门共同作用的结果，诸多经济部门和非经济部门均参与了旅游消费的实现过程，包括了餐饮业、旅馆业、交通业、商业、农业等经济部门，也包括了环保园林、文物、邮电、海关等非经济部门，由此表明旅游消费的综合活动性特点。旅游者的这些综合性消费必须在得到满足后，这次经历才是完整的，才能达到旅游的目的。

(二)旅游消费过程与旅游生产过程的同一性

旅游消费从其本质来看,是为了实现一次体验而进行的消费。因此,在旅游消费中,旅游服务的消费是其主要的部分。服务是以劳务的形式存在的,是可供满足某种特殊需要的经济活动。旅游者在旅行游览过程中,尽管要首先满足其生理需要的基本消费,但服务消费占有主导地位。旅游服务消费,不仅在量上占有相当比重,而且贯穿了整个旅游活动的全过程,不论是旅游者从常住地到达旅游地的往返中,还是在旅游地的游览观光过程中,都离不开旅游服务。这些服务包括酒店服务、交通服务、导游服务、代办服务、文化娱乐服务、商业服务以及咨询服务等。

以劳务形式存在的旅游服务产品,只有在被享用时,它的价值才被实现,一旦旅游活动结束,消费者不再享用,旅游服务也就不复存在。因此,服务消费的同时就是服务生产的过程,没有服务消费,就没有服务产品的生产,这二者在时空上是严格同一的。另外由于旅游消费的异地性,旅游者的消费必须离开常住地,离开熟悉的基本生活环境,克服空间距离,才能实现旅游消费,为此,旅游产品的生产与消费在空间上也是同一的。由于旅游消费与旅游产品的生产在时间上和空间上的同一性,决定了旅游消费的不可重复性,就是说旅游服务的使用价值,对于消费者来说,一次生产只能是一次消费,一次消费的结束就是一次生产的完成。旅游消费不可能像购买一般消费品那样,购买后可以反复使用。对于旅游服务的效果评价,一般难以确定统一的标准。由于这种服务质量往往是根据消费者的自我感受体会来判断,因此即使是同一服务员提供的服务,不同的消费者也会有不同的感受。

(三)旅游消费是伸缩性很强的消费

旅游消费的伸缩性,是指旅游者所需的消费品的数量和质量可以有很大的差异性。这种差异性会随着影响消费诸因素的变化而变化。旅游消费的伸缩性主要表现在以下几个方面。

1. 旅游消费是弹性较大的消费

这里讲的弹性,主要指需求价格弹性。一般来说,满足人们生存需要的消费弹性较小,而满足人们发展、享受需要的消费弹性较大,旅游消费即属于后者。当然,除了价格因素之外,收入的变化、社会政治状况的变化、自然条件的变化等,都会对旅游消费产生很大的影响,因而,旅游消费是极易产生波动性的消费。

2. 旅游消费是无限性的消费

无限性是就消费的实质而言的。旅游消费主要是满足人们精神上的或是心理上的需求,这种需求的满足是无止境的,也难以有数量上的限制,比如,旅游者在购买了游览某一旅游景观的权利后,他便可以尽情地享受着美景,体会着大自然带给他的美感,这种消费可完全融入自我,没有人去阻止他享受或体验,这便是一种无限性的消费。

3. 旅游消费是季节性消费

旅游消费的季节性,主要有两个方面的原因:一方面是某些旅游地受季节的限制,它只是在一定的季节里才具有吸引力,如滑雪场、海滨浴场等;另一方面主要由于旅游者个人的因素,由于他们的习惯或闲暇时间的限制,某些季节总会是旅游者愿意出游的时间。比如法国人一般愿意在夏季外出旅游,而德国人则习惯于春季出游,学生的外出旅游只能在他们的假期。由于旅游的季节性,必然带来旅游消费的季节性。季节性的差异,给旅游企业的经营活动带来一定的困难。

(四)旅游消费中的情感因素突出

旅游消费以劳务性服务消费为主,旅游者对旅游产品进行消费的过程就是旅游从业人员为其提供旅游服务的过程。同时旅游消费的过程,又是一种旅游者与旅游服务人员相互接触的直接互动过程。旅游服务人员的仪表仪容、服务技巧、服务技能以及服务态度都直接决定了服务质量的高低,并直接影响着旅游者消费的满足程度。旅游者在消费过程中的满足程度在相当程度上取决于双方接触中的情感因素。即便有时服务所凭借的旅游设备设施等有形产品的质量有些欠缺,但是,通过服务人员真挚、热情、友好、周到的服务,同样可以使旅游者的消费得到满足。相反,如果服务人员不注重自身的举止言谈、仪表仪容,在提供服务时表情冷淡、态度傲慢、服务技能低下,即使拥有再完美的服务设施,旅游者也不会感到满意,这说明了在旅游消费中,情感因素是一个十分突出的因素。

(五)旅游消费的多元化、个性化特征

旅游是满足人们心理需求的消费活动。在现代旅游活动中,人们的旅游需求心理是多种多样的,例如,游览观光,是为审美愉悦;休闲度假,是为放松修身;探险猎奇,是为寻求刺激等。多种旅游需求的心理,形成了不同的旅游消费形式。传统的、单一的观光旅游模式已成为过去,取而代之的是多元化、个性化的新时代的旅游模式。随着人们主体意识的不断增强和社会财富的日趋丰富,现在已经进入了一个旅游消费个性化的时代,旅游者在旅游活动中越来越强调自身的个性需要。旅游业属于第三产业,旅游业出售的产品是服务型产品,服务多元化、个性化是21世纪旅游竞争优势的核心,在旅游产品的生产上,谁能在多元化、个性化上获得成效,谁就能赢得旅游市场。

第二节　旅游消费结构

一、旅游消费结构的分类

旅游消费结构是指旅游者在旅游过程中消费的各种类型的商品和服务的比例关系。研究旅游消费结构的目的,是为了从社会总体上为旅游企业的发展提供科学的决策依据,指导旅游企业有针对性地开展经营活动。旅游消费结构可以从旅游者的消费层次、消费的形态以及旅游消费对旅游活动的重要程度等方面来进行分类。

(一)按照旅游者的消费层次分类

旅游需求尽管与人们的一般需求具有不同的特点,但旅游者在旅游活动过程中所购买的各种产品和服务也是为了满足其生存、发展和享受三种不同的需要,因此,旅游消费仍可分为生存消费、享受消费和发展消费。这些消费具体可以分为食、住、行、游、购、娱等方面,其中食、住、行是满足旅游者在旅游中的生存需要的消费;游、购、娱等主要是满足精神享受和智力发展的消费。当然,这是从其主要方面而言的。事实上,在现代旅游中,很难把旅游者的每一次具体消费进行明确的划分。如旅游者在某文化酒店就餐,既是饮食消费,属于基本生理上的需要,同时又学习和体验了中华民族丰富的餐饮文化内涵,满足其发展和享受的需要,由于现代旅游中,旅游目的的多元化,传统旅游中的某些基本需要就必然包含着满足享受和发展的需要的部分。

(二)按照旅游消费资料的形态分类

按照旅游消费资料的形态分类,可划分为有形产品消费和无形产品消费。在旅游消费过程中,有形产品的消费是指旅游者在旅游过程中消耗有形的物质产品,如客房用品、食品饮料、购买的纪念品等,这些消费为旅游活动提供了物质上的保证。无形产品消费是指旅游服务产品的消费。旅游服务大多借助旅游设施设备或旅游吸引物来满足旅游消费需求,这部分消费是旅游消费结构中的核心部分。

(三)按旅游消费对旅游活动的重要程度分类

按旅游消费对旅游活动的重要程度分类,旅游消费可以分为基本旅游消费和非基本旅游消费。

基本旅游消费是指进行一次旅游活动必需的、基本稳定的消费,如旅游餐饮、住宿、交通、游览等方面的消费,没有这些消费,旅游活动便无法进行。非基本旅游消费是指并非每次旅游活动中都必需的旅游消费,或者说,没有这些消费,旅游活动也可以进行,如医疗、通信消费等。

当然,旅游消费结构还可以从不同的角度来进行划分,如根据旅游者的旅游目的来划分,可分为探亲访友旅游消费、度假旅游消费、探险旅游消费、观光游览旅游消费、商务旅游消费等;还可以从旅游者出游方式来划分,如散客旅游消费结构和团体旅游消费结构,这些划分,都是比较具体地将旅游者划分为不同的旅游消费群,用来研究旅游消费的各种比例关系和消费水平。

二、影响旅游消费结构的因素

(一)旅游者收入水平是影响旅游消费结构的经济因素

人们的收入水平,不但决定了人们日常生活中必需品与奢侈品的消费比例,还决定了旅游消费水平和消费结构的变化。旅游者收入丰厚,才能追求高档次的旅游消费,反之,就必然选择低档次的旅游消费。

经济发达地区的旅游消费者往往对高档的旅游物品有很大的兴趣,其购物的消费占全部旅游消费的开支比例很大,而收入水平较低的旅游者的消费开支主要以住宿、饮食和交通等必要开支为主,购物开支相对较少。

(二)文化背景是影响旅游消费结构的潜在社会因素

旅游是文化性很强的经济产业。一个人受教育的程度,一个国家、一个民族的整体文化素养,也是影响旅游消费结构的主要因素。同样的旅游资源,对具有不同文化需求和不同文化教养的人所产生的吸引力是大不一样的。比如我国敦煌的莫高窟,有些旅游者特别喜欢,流连忘返,但还有些旅游者却认为是"破砖碎瓦、黄土泥巴",毫无旅游价值。不同宗教的人,对不同的旅游地的兴趣也是不一样的,麦加成为穆斯林向往的圣地,我国的五台山、峨眉山、普陀山和九华山,也是佛教信徒的旅游胜地。

(三)性别和年龄是影响旅游消费结构的生理因素

年龄、性别等生理因素不同,会产生不同的兴趣和爱好,从而也影响旅游消费结构。一般情况下,年轻旅游者活泼好动、精力旺盛,对新奇的、刺激性强的旅游消费活动存着浓厚的兴趣,因此,他们往往倾向于选择具有个性及刺激性的旅游消费活动。同时年轻旅游者在观光游览、娱乐购物中也舍得花费,一般在这方面的消费开支较大,而对于住宿、交通上的要求不一定很高。老年旅游者由于生理上的原因,在住宿、交通等方面的开支相对较大,倾向于选择高档次的住宿、舒适便捷的交通和良好的饮食条件,对于消耗体力和刺激性、危险性较大的娱乐性活动的开支要比年轻人少得多。性别对旅游消费结构也有一定影响。例如,女性旅游者不但与男性旅游者在选择旅游地上有所差异,而且在旅游消费中,他们的购物花费比例比较大,而且多倾向于购买化妆品、时装以及家庭生活用品,而男性旅游者的购物开支主要集中于文物及烟酒类。因此,在旅游过程中,对不同生理条件的旅游者应投其所好,满足他们不同的需要。

(四)旅游产品是影响旅游消费结构的供给因素

旅游产品因素包括旅游产品结构、产品的主题吸引力、项目设施以及其服务质量等。生产力水平决定消费水平,旅游消费结构在很大程度上受制于旅游产品的结构。一个国家或地区向旅游者提供的住宿、餐饮、交通、游览、娱乐和购物等各类旅游产品的生产部门是否协调发展,旅游产品的内部结构是否比例适当,都会直接影响旅游消费结构。当旅游业与各相关产业部门的结构搭配不合理,没有形成一个相互协调、平衡发展的产业网时,就会导致旅游产业比例失调,各构成要素发展不平衡,必然造成旅游供求失衡,破坏了旅游产品的整体性。例如,某一地区交通工具短缺,尽管旅游资源具有很强的吸引力,但旅游者无法进入,或者进入后不便去。旅游产品主题的吸引力是旅游供给中的一个极重要的因素。当然我国各地大量兴建人造景观,或是粗制滥造,或是重复雷同,旅游纪念品的开放缺乏新意,这些都会造成旅游消费的比例不合理。因此,及时地调整旅游业的内部结构,使旅游产品的供给结构合理,才能全面地满足旅游者多方位、多层次的需求。

(五)出游动机是影响旅游消费结构的心理因素

出游动机是一个人外出旅游的主观条件,包括旅游者身体、文化、社会交往、地位和声望等方面的动机。出于不同的出游动机,旅游者在食、住、行、游、购、娱等方面的消费支出会有所不同。一般而言,出于身体动机而出游的旅游者,在食、住方面的支出较大,而购、娱方面的支出会比较小。

三、旅游消费结构的合理化

从旅游者的角度来看,在有一定的货币收入和闲暇时间的条件下,面临着如何消费才能使其得到最大的满足的问题。而旅游消费结构合理化就是从社会的角度来研究怎样使每一个旅游消费者的消费都做到合理。一般来说,在一个旅游业刚刚兴起的国家或地区,旅游消费结构难以合理化,因为旅游消费结构合理化所包含的内容及其影响因素很多。这里讲的旅游消费结构合理化包含三层含义:一是旅游消费要有适度的发展速度;二是旅游消费结构中要有丰富多彩的消费方式;三是旅游消费结构的优化。适度的发展速度,是指旅游业发展速度要与其他与旅游消费有关部门的发展速度相适应,若旅游消费速度发展过快,必然会造成与旅游相配套的其他旅游服务设备设施跟不上,最终造成旅游者的利益受到损害。旅游消费方式的丰富,要求旅游消费必须多样化,避免千篇一律、单调刻板的旅游方式。旅游业发展的初期,游客普遍感叹"白天看庙,晚上睡觉",仅仅是看山观庙没有其他娱乐的旅游,显然不会有很强的吸引力,更谈不上旅游消费结构合理。旅游消费结构的优化是指旅游过程中的六大要素(食、住、行、游、购、娱)之间及其各自内部的支出比例要合理恰当,要体现出旅游消费的经济性、文化性、精神享受性等特点,最大限度地提高旅游消费的经济效益、环境效益和社会效益,促进旅游者身心健康和社会全面发展。

在旅游发展的具体实践中,要做到全社会的旅游消费结构合理化,应当从以下几个方面来开展工作。

(一)努力实现旅游市场的供求平衡

旅游者的个人消费,从总体上构成了旅游市场上的需求。由于受时间、地点、政治、经济、社会心理等因素的影响,旅游需求具有很大的变动性。而旅游需求是依靠供给得以满足的,旅游供给能力一旦形成,就具有一定的稳定性,为此,要做到旅游市场供求平衡是一件很困难的事情,这就要求旅游供给一定要从旅游需求出发,以适应旅游消费的需要。这不仅仅要考虑眼前的旅游需求,更重要的是要考虑旅游潜在的、未来的需求,即旅游供给不仅要有现实性,还要有前瞻性。要做到这一点,就必须对影响旅游消费的各种因素进行科学分析,分析这些因素对未来的变化趋势。同时,旅游供给又对旅游需求有一定的引导作用,要不断开发新的旅游产品,增加旅游产品的吸引力,通过旅游消费方式的示范引导作用,不断地扩大旅游消费,促进旅游消费结构的合理化。要做到旅游供给与需求的平衡,单纯依靠某一旅游企业是难以做到的,必须依靠国家的宏观指导,通过一定的政策予以调节。

(二)努力实现旅游消费结构的优化

要实现旅游消费结构的优化,首先必须实现旅游消费的多样化。旅游消费的多样化是指旅游消费的内容和形式必须丰富多彩、生动活泼。旅游消费多样化是旅游消费结构优化的基本要求,旅游消费实际上是人们花费一定的金钱、时间去感受人生的某种体会。由于现代人生活、工作的多样性,人们需要的各种体会是各不相同的:有的在紧张繁忙的工作之余,要体验消遣、休闲的滋味;有的在重复单调的工作之余,要体会外边世界的精彩多样,甚至想参加那些紧张而富于刺激性的活动;有的为了学习,增长见识;有的为了健康,修身养性;有的为了社交,扩大人际交往的范围等。各种不同的旅游目的,客观上要求丰富多彩的旅游产品来满足多样性的旅游消费。旅游企业必须根据旅游消费的需要及时有效地调整自己的经营策略,保证旅游供给,才能真正实现旅游消费结构的优化。

(三)要有利于环境的保护和改善

由于现代工业的发展,环境问题已成为人类面临的三大难题之一。首先,合理的旅游消费必须有利于环境的保护和生态平衡的维持。某些特定的旅游活动,如狩猎、钓鱼、采集山花野果等,必须以不损害生态平衡为限。对于那些自然保护区,不能随意地开发旅游项目,经过科学论证已开发的旅游项目,也应当有限制地控制旅游者的数量,要考虑到环境的承载力,严禁滥捕、滥猎、滥采的行为发生。其次,合理的旅游消费,是旅游经济活动持续发展的根本条件。一方面,通过旅游活动筹集资金,可以为改善旅游环境状况提供必要的财力保证;另一方面,通过旅游活动,可以进一步增强人们对自然资源和历史文物的保护意识,让人们走进大自然,热爱大自然,保护大自然。在旅游消费中让人们进一步认识到环境保护对人类社会永续发展的重要意义。

(四)要有利于社会文明的进步

旅游活动是一项文化活动。通过旅游,人们相互间进行着文化的交流与学习。旅游消费是人们文化生活的组成部分,是一种高层次的充满着精神内容的生活方式。随着社会文明的进步,旅游消费的发展,人们越来越追求旅游消费中的文化含量。人们在旅游消费中,不仅追求新颖、奇特、舒适、优美、健康的感受,以此激发人们热爱生活、追求理想、奋发向上的激情,同时也希望提高思想、艺术、文化等方面的修养。因此,合理的旅游消费,必须是消费那些人类社会实践活动中所创造的各民族文化中的精华部分,一定要防止和阻止消费各种不健康的、低级腐朽的文化产品,要用丰富多彩的旅游活动和催人奋发向上的旅游文化来丰富旅游者的精神世界,促进社会文明的不断进步。

第三节 旅游消费效果

一、旅游消费效果的含义

旅游消费效果是指旅游者在旅游消费过程中,消费支出与达到的消费目的之间的对比关系。

研究旅游消费效果,可以从宏观和微观两个角度来分析。把每一个旅游者作为一个客体来分析,称为微观旅游消费效果。微观旅游消费效果是指旅游者通过旅游消费,在物质上和精神上得到的收益。把所有的旅游消费作为一个整体来分析旅游消费的效果,分析旅游者的消费支出和满足程度,即为宏观旅游消费效果。宏观旅游消费效果主要是从总体上考虑旅游者在旅游消费过程中的满足程度以及旅游对社会进步和劳动力再生产的积极影响等。

二、旅游消费的最大满足

旅游消费的最大满足,是指旅游者在支出一定的费用和时间的条件下,通过旅游消费可能获得的精神或物质上的最佳感受。从现代经济学的观点看,人们的消费是有一定选择的。各种不同的旅游消费的选择,首先受其经济收入状况的和旅游价格以及余暇时间的约束,其次受各自偏好、喜爱的约束。由于每个旅游者的性别、年龄、社会地位、心理因素以及文化背景各不相同,他们的消费选择也就不同,消费后的满足程度也因人而异。因此,消费者消费的最大满足,首先是对消费决策的最大满足,然后才是通过消费后的体验,检验是否真正满足其消费期望,后者实际上是旅游消费的效果评价问题。

经济学中所研究的消费者,通常都被假定为理性的消费者,他们在实施产品购买之前,首先要进行理性选择和决策。旅游消费者消费最大满足的决策主要包括两个方面。

(一)旅游消费与其他消费的决策

在商品经济条件下,每个消费者在其收入一定的条件下,总要考虑在既定的价格条件下,购买哪些商品才能使自己的消费得到最大的满足,随着社会经济的不断发展,人们的收入水平不断提高,除了满足基本生存需要外,还有更多的结余可以满足其向更高层次的需要方面发展。显然,旅游消费是其向更高层次需要发展的一个可选择的因素。假如某一消费者年拥有可以任意支配的收入为 2000 元,在旅游过程中,要全部花掉,他需要在外出旅游天数与旅游购物品之间进行选择。假设旅游产品的价格为每天 100 元,而旅游购物品的价格为每件 200 元,我们可以得到预算线 MN。消费者可以用 2000 元来购买 10 件旅游购物品,而不进行旅游活动,当然这是不可能的;或者购买一定数量的旅游产品和一定数量的旅游购物品,即 E、F、G、H 等线上各点表示的数量组合。旅游消费表和旅游消费预算线分别如表 8-1、图 8-1 所示。

表 8-1 旅游消费表

旅游购物品/件	旅游产品/天	组合点
0	20	M
1	18	E
3	14	F
5	10	G
7	6	H
10	0	N

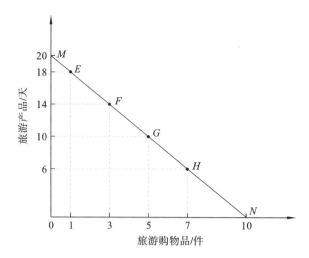

图 8-1　旅游消费预算线

当然,图 8-1 中所列的产品组合,仅仅是举出几个有代表性的组合,这种组合还可以有很多种。每一种组合,对于消费者来说,在预算约束的条件下,都有其选择的消费数量的最大可能性。

在收入(预算)一定的条件下,人们旅游消费决策不仅仅受价格影响,同时还要受自身的偏好影响,人们对不同消费品的偏好可以用无差异曲线来表示。无差异曲线是表示给某一消费者带来相同效用或满足的产品消费数量的组合点的连线。在图 8-2 中,我们仍然假设某一消费者面对的是两种产品选择,即旅游产品以天为单位,旅游购物品以件为单位。无差异曲线上每一点都表示一种旅游产品与旅游购物品的数量组合,线上的各点都代表相同的效用,即曲线上的每一点表示的两种产品的组合都将给该消费者带来不同的满足程度。

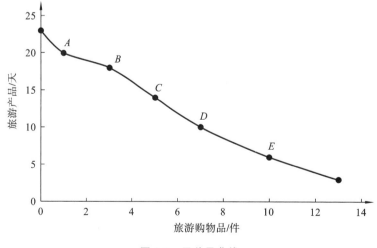

图 8-2　无差异曲线

实际上,由于每个消费者的消费水平不同,会使两个消费品面临着多条无差异曲线,代表无数多个不同的满足程度,位置更高的无差异曲线代表着更高的满足程度,但是,更高的满足程度不是自己随心所欲的想象,而是受其收入的水平所制约,即受预算曲线所制约。消费者满足最大化的选择,即在预算线既定的情况下,消费者力求以更高的无差异曲线上的点表示的产品数量组合进行消费。

预算曲线与无差异曲线相结合时,两条曲线总会有一个切点,切点所带代表的两个产品数量组合表示既满足旅游者消费的偏好约束,又满足旅游者的价格约束。切点代表的就是该旅游消费者获得最大满足的消费数量的组合。如图8-3所示,旅游者购得30天旅游产品与购买5件旅游购物品,是他的最大消费满足。

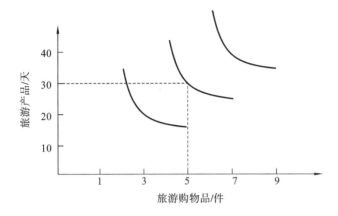

图8-3　旅游消费无差异曲线

(二)旅游目的地的选择决策

旅游消费决策,除了受价格因素与旅游者偏好因素制约外,还要受自身的闲暇时间所制约。因为旅游不仅要支出货币,而且要花费时间。对于某一旅游地的选择,不仅仅要考虑旅游价格,还必须考虑旅游所需要的时间,这也说明旅游消费与一般的产品消费不同。旅游目的地的选择受三个方面的因素制约,即个人的偏好、产品价格以及时间的长短。假如你只有5天假期,而外出到某一旅游地旅游需要7天时,尽管你具有支付能力和对这一地区有偏好,但假期(时间)不容许,你也无法实现自己的选择,因此,对旅游目的地的现实选择必须在这三个限制因素条件下进行,使自己的旅游满足最大化。时间限制因素的加入使得消费者的选择范围进一步缩小。

以上我们从理论上分析了旅游者消费的最大满足理论,这一理论又称为旅游消费者均衡理论,它是微观旅游经济分析的基础理论之一。一般产品的消费,是消费者在价格与主观偏好之间进行经济决策,而在旅游消费中,时间又成为一个必要的限定因素,这样,旅游者的旅游目的地的选择就是在三重客观因素条件下,即价格因素、时间因素和主观偏好因素共同限制下进行的决策。当旅游者在主观及客观限定因素下的消费组合使旅游者获得最大满足时,这就是旅游者消费均衡状态。由于旅游者最大满足决策是在主观条件与客观条件共同作用下的结果,所以旅游消费的最大满足也只能是相对的最大满足。在微观旅游经济决策中,影响决策的限制因素每增加一个,旅游消费选择的可行区间就缩小一次。在企业实际操作过程中,旅游供给者应对影响旅游决策的各主观和客观因素进行综合考虑,力图最大限度地满足旅游者各方面的需要,只有这样,才能提高旅游消费及其经营效果。

(三)评价旅游消费效果的原则

现代旅游消费包括的内容和消费方式是丰富多彩、形式多样的。旅游消费效果作为一种高层次的消费活动的效果,难以寻找到一个统一的标准,因此,具体而直接的评价旅游消费效果是一项很复杂的工作。但是我们在寻找评价标准时,必须坚持以下原则。

1. 坚持微观旅游消费效果与宏观旅游消费效果相统一原则

旅游消费效果,可以区分为微观旅游消费效果与宏观旅游消费效果。现代旅游消费活动包括个体旅游者、旅游供给商和旅游目的地社会影响三个方面。旅游消费效果的评价,也相应地包括对个体旅游者消费满足状况的评价,旅游消费对旅游供给商经营情况的影响评价以及旅游消费对旅游目的地社会影响的评价三个方面。其中前两者是对微观旅游消费效果的评价,后者是对宏观旅游消费效果的评价。

良好的微观旅游消费效果,一方面指旅游者通过消费获得了最大满足,另一方面指旅游供给企业在满足旅游消费需求的过程中实现了企业资源的最佳配置并取得了良好的经济效益。宏观旅游消费效果的评价是把所有的消费者作为一个整体,从社会角度研究旅游消费对资源的配置状况、环境状况以及社会文化方面的影响。这些影响可能是一种正效应,也可能是一种负效应。

宏观旅游消费效果以微观旅游消费效果为基础,微观旅游消费效果以宏观旅游消费效果为依据,没有良好的微观旅游消费效果,便不可能有良好的宏观旅游消费效果。但是在旅游消费的实际活动中,二者又会存在着争议。微观旅游消费效果一般反映个人的主观评价。比如由于旅游者的素质不同,在旅游活动中一些旅游者不爱护文物、乱刻乱画或肆意地采摘花草等,虽然自身得到了满足,给出了好的评价,但是从旅游目的地的角度看,旅游消费的结果对旅游目的地环境造成了破坏,对旅游地的文化产生了不良的影响,破坏了精神文明建设,因此,我们必须要坚持以宏观效益评价为依据。作为微观旅游消费的供给商,一定要对片面追求不良消费行为的旅游者给予妥善而正确的引导,以丰富多彩的旅游内容和健康的服务项目来满足旅游者的需要。

2. 坚持主观评价与客观评价相统一原则

旅游者在旅游消费过程中,既有满足旅游需求的物质产品消费,又有满足精神需要的各种劳务产品的消费。两种不同性质的产品消费效果的评价标准各有不同。某些物质产品的消费,可以通过相关产品的价格进行比较,从而做出消费效果的评价,是否物有所值。比如购买了一家三星级酒店的客房居住权,旅游者可以与相关的其他酒店价格相比较。但是对于旅游中所购买的精神产品消费的评价标准,却更多地是由人们的主观意识所决定的。同样的精神产品,由不同的人消费,会有天壤之别的评价,在这里"物有所值"的标准难以统一,因此,旅游者自己的消费效果评价,更多地表现为主观性。而在评价旅游供应商的消费效果以及评价宏观消费效果时,就有很多客观标准,如在经济上带来的效益,或者对旅游地环境、文化等影响,这些都应成为旅游消费效果评价的客观标准。

本章小结　旅游消费是指人们在游览过程中,通过购买旅游产品来满足个人享受和发展需要的行为和活动,旅游消费是人们在基本生活需要得到保障之后而产生的高层次的需要,旅游消费水平受到多种因素影响,使旅游者旅游消费得到满足是旅游高质量发展过程中的重要课题。

复习思考

■ 课堂讨论题
1. 旅游消费在经济发展中的作用是什么?
2. 为什么说旅游消费是高质量劳动力再生产的创造过程?

■ 复习思考题
1. 旅游消费的作用体现在哪些方面?
2. 旅游消费的特征有哪些? 如何针对这些特征组织旅游产品的生产?
3. 旅游消费结构是怎样分类的,影响因素有哪些?
4. 如何促进旅游消费结构合理化?

拓展阅读

第九章
旅游经济效益与评价

学习目标

正确认识旅游经济效益的类型与评估方法,明确旅游收入及其影响因素,理解旅游收入分配与再分配,概述旅游乘数效应,了解旅游成本的概念、分类和意义,阐明旅游经济效益评价指标与提升策略。

重点/难点

比较旅游微观经济效益与旅游宏观经济效益,分析旅游收入指标,掌握旅游乘数效应内容,识别旅游经济活动中劳动消耗、劳动占用、旅游业投资效益的评价指标,运用提高旅游经济效益的策略。

思维导图

- 旅游经济效益与评价
  - 旅游经济效益的分类和评价
    - 旅游经济效益的分类
    - 旅游经济效益的评价
  - 旅游收入
    - 旅游收入的概念及分类
    - 影响旅游收入的因素
    - 旅游收入指标
    - 旅游收入分配与再分配
    - 旅游收入乘数效应
  - 旅游成本
    - 旅游成本的概念及分类
    - 旅游成本的意义
  - 旅游经济效益评价指标
    - 旅游经济活动中劳动消耗的经济效益评价指标
    - 旅游经济活动中劳动占用的经济效益评价指标
    - 旅游业投资效益指标
  - 提高旅游经济效益的策略
    - 提高旅游微观经济效益的策略
    - 提高旅游宏观经济效益的策略

讲究和提高经济效益是人们从事一切经济活动的基本准则,也是人类社会存在和发展的客观要求。所谓经济效益,指的是在人们从事的经济活动中,投入和产出的对比关系。在这里,投入包含活劳动、物化劳动的消耗和固定资产的占用;产出指投入所获得的成果,表现为劳动成果,即产品。但生产部门生产的产品必须是能够满足社会需要的产品,如果是废品或不能为社会所接受的无用之物就根本无经济效益可言。因此,劳动产出应该是有效产出。所以,经济效益是投入和有效产出的比较,这种比较通常以价值形式表示,又可解释为费用与收入的比较或所费与所得的比较。

旅游业是一个综合性强的经济产业。旅游经济活动牵涉国民经济中众多的部门和行业,只有旅游部门与其他相关部门紧密合作、相互协调,旅游经济活动才能顺利进行,实现既定目标。因此,旅游经济效益是一个范围广泛、内容丰富而复杂的概念。在此仅就直接组织经营旅游业务的内容确定旅游经济效益的概念。所谓旅游经济效益,指的是人们在从事旅游经济活动中,投入与有效产出之间的对比关系。在这里,投入指旅游经济部门所消耗的物化劳动和活劳动。有效产出指旅游经济部门生产的具有旅游使用价值、能满足旅游者需要、其价值已经得到实现的旅游产品。旅游经济部门在组织接待旅游者的过程中,以最少的劳动消耗和劳动占用获得最大的经济效益。

旅游活动通常由食、住、行、游、购、娱等多种活动组成,因而旅游经济效益实质上是食、住、行、游、购、娱等多种要素综合作用的结果。各种要素作用发挥的好坏,将直接影响旅游经济效益的好坏。在社会主义市场经济条件下,旅游经济活动必须面向市场,以旅游者为中心。因此旅游经济部门必须树立为旅游者服务的经营理念,尽可能地为旅游者提供种类齐全、物美价廉的旅游产品,这是获取经济效益的前提。而且,旅游经济部门取得旅游经济效益的途径和方法必须是在国家有关法律法规和政策的范围内和指导下,通过加强管理、提高技术含量和改善服务质量来实现。

第一节 旅游经济效益的分类和评价

一、旅游经济效益的分类

旅游经济效益包括两个不同的范畴。一是旅游微观经济效益,即旅游企业在经营旅游产品的过程中投入与有效产出之间的对比关系,它主要是比较直接对旅游者提供旅游产品的旅行社、旅游酒店、餐饮企业、交通部门、旅游景(区)点以及娱乐场所等企业提供单项旅游产品时,对投入的物化劳动、活劳动与企业获得的经营成果。换句话说也就是比较旅游企业的产品成本、费用与取得的营业收入。二是旅游宏观经济效益,即整个社会或部门投入的物化劳动、活劳动以及自然资源的占用和消耗与整个社会和旅游业所取得的经济效益的对比关系。它又包括两个方面的内容:一方面是对间接向旅游者提供服务,而直接被旅游企业、部门所利用的城市基本建设和基础设施的企业部门的所费与所得的比较;另一方面是就旅游接待国家或地区而言,旅游活动给旅游目的地国家或地区带来的影响远远大于旅游客源国或地区受到的影响,正面影响是宏观收益部分,而负面影响则是宏观损失部分,两者之间应进行比较。

(一)旅游微观经济效益

旅游微观经济效益是旅游企业的产品成本与销售收入的比较。这里主要涉及三个方面:一是旅游企业的投入;二是旅游企业的产出;三是旅游企业投入与产出的比较。

1. 旅游企业的成本与利润

(1)旅游企业成本。

旅游企业成本是指旅游企业在一定时期内为生产旅游产品而消耗的物质与劳动的货币表现。旅游企业成本是旅游产品价值的构成的一个组成部分,是转移到产品中已被消耗的物化劳动和活劳动价值的总和。通常,按旅游企业将生产费用计入产品成本的方法,可把旅游企业成本分成直接成本和间接成本。直接成本指能直接确定为生产某种产品而发生的费用,比如餐饮消耗的原材料费用、旅行社代收代付的费用等。间接成本指为经营旅游产品在企业各部门中共同性的消耗,比如旅游企业员工的工资、奖金等。按照旅游成本与业务量的关系,旅游企业成本可分为固定成本、变动成本和混合成本。固定成本指不随企业业务量的变化而变化的成本,比如管理人员工资、固定资产折旧费等;变动成本指成本总额随着业务量的变化而成比例变化的成本,比如水电费、运输费等;混合成本指成本总额随业务量变动而变动,但变动幅度并不与业务量保持一定的比例关系的成本。混合成本中既含有固定成本因素,又含有变动成本因素,在旅游企业中缺乏可操作性。

(2)旅游企业利润。

利润是企业在一定时期内的经营成果。其具体内容的界定存在两种观点:一是本期营业观点,二是总括利润观点。本期营业观点认为,利润是企业在正常的经营过程中取得的收入扣除与之发生的相关费用后的余额。利润只与正常经营有关。总括利润观点认为,利润是在一定时期内除所有投资和分派利润以外一切净权益变动的综合结果。它既包括营业利润,又包括非营业利润。按此观点:

$$企业利润总额=营业利润+投资净收益+营业外收入-营业外支出$$

目前,我国旅游企业采用的是总括利润观点,即旅游企业利润既包括经营所得的营业利润和对外投资取得的净收益,还包括营业外收入与营业外支出的差额。

2. 旅游企业的经济核算

经济核算是现代企业实行目标责任制的基础,是提高企业管理水平的基本方法,也是提高企业的市场竞争能力、扩大市场占有率最有效的途径。

旅游企业实行经济核算的目的是充分挖掘企业现有潜力,加强企业内部管理,优化产品结构,以提高企业经济效益。其内容主要包括以下三个方面。

(1)旅游企业资金核算。

(2)旅游企业成本费用核算。

(3)旅游企业利润核算。

3. 旅游企业经济效益评估

旅游企业经济效益评估,是从宏观和微观相结合的角度,针对旅游企业经营管理过程中经济效益的形成和实现程度所进行的检查和估计。就旅游企业而言,开展经济效益评估乃是提高企业整体经济效益水平的关键所在。对旅游企业经济效益的评估主要包括两个方面的内容:一是旅游企业经营的收益性评估;二是旅游企业经营的安全性评估。

(1)旅游企业经营的收益性评估。

旅游企业经营的收益性评估主要是以利润为中心评估企业在一定时期内所取得的经营成果。具体而言,主要是评估旅游企业的盈利水平、资产的运作效率、活劳动的效率、创汇能力和旅游企业对社会的贡献等。

(2)旅游企业经营的安全性评估。

旅游企业经营的安全性评估主要是以资金为核心评估企业在一定时期内的财务状况,具体包括旅游企业偿还长短期债务的能力。

4. 旅游企业经济效益分析

旅游企业经济效益分析是一项十分复杂的工作,具体来说包括以下五个方面的内容。

(1)损益平衡分析。

损益平衡分析就是通过分析旅游企业在一定时期内的销售量、成本和利润三者之间的关系,找出企业可持续经营的保本点,也就是找出企业在不亏不赚的状态下旅游产品的销售量和销售收入。因此时利润为零,故有

$$TR-TC=0$$
$$PQ_E-(V_C Q_E+F_C)=0$$

则
$$Q_E=F_C/(P-V_C)$$

若考虑旅游企业在经营过程中上缴的营业税,则

$$Q_E=F_C/[P(1-T_S)-V_C]$$

式中:Q_E——损益平衡时的销售量;

F_C——总固定成本;

V_C——单位变动成本;

P——旅游产品价值;

T_S——营业税率。

(2)目标利润分析。

盈利是企业经营的目标,很多企业都会根据外部环境和自身条件来制定企业在一定时期内的目标利润。而预期目标利润的实现又常受到产品本身价格、产品销售量、产品单位成本等多种因素的影响,下面我们以产品本身价格为例来分析。

在旅游产品销售量、单位成本不变的情况下,产品本身价格的变动对旅游企业目标利润的实现将产生重要影响。根据"利润=收益-成本"这一基本关系,我们可以确定产品的价格。具体计算公式为

$$P=[(F_C+P_f)/Q+V_C][1/(1-T_S)]$$

式中:P——产品价格;

Q——目标销售量;

T_S——营业税率;

P_f——目标利润；

V_c——单位变动成本；

F_c——总固定成本。

（3）最佳利润分析。

"最佳利润"在一定程度上即指最大利润，因为根据微观经济学的观点，企业是"经济人"，其经营的目的是实现自身利润的最大化。而企业实现自身利润最大化的原则是边际收益等于边际成本，即 MR＝MC。证明如下：

由 $$P_f(Q) = TR(Q) - TC(Q)$$

在等式两边对变量 Q 求导，得

$$dP_f(Q)/dQ = dTR(Q)/dQ - dTC(Q)/dQ$$

由函数数值的判断定理可知，当 $dP_f(Q)/dQ = 0$ 时，P_f 有最大值，即

$$dP_f(Q)/dQ = dTR(Q)/dQ - dTC(Q)/dQ = 0$$

即 $$dTR(Q)/dQ = dTC(Q)/dQ$$

得 $$MR = MC$$

所以，当 MR＝MC 时，利润 P_f 有最大值。其中，MR 为边际收益，MC 为边际成本。

（4）边际收益分析。

边际收益又称边际贡献，指每多销售一个单位的旅游产品所增加收入扣除变动成本后的余额。其表达式为

$$MR = P - V_c$$

若考虑企业上缴国家的营业税，则

$$MR = (1 - T_s)P - V_c$$

（5）成本结构分析。

企业的成本结构指的是企业成本中固定成本与变动成本的比率。固定成本高的企业称为高经营杠杆率企业，变动成本高的企业称为低经营杠杆率企业。

成本结构分析法可以帮助企业分析选择最合适的投资方式及规模。我们用成本结构法来分析利润，实际上就是分析不同经营杠杆率的企业其销售量对利润的影响程度，我们常用经营杠杆系数（DOC）来表示经营杠杆率的高低，经营杠杆系数指产品利润变化百分率与销售量变化的百分率之比，其表达式为

$$DOC = (\Delta P_f/P_f)/(\Delta Q/Q)$$
$$= [(\Delta QP - \Delta QPT_s - \Delta QV_c)/(QP - QPT_s - QV_c - F_c)]/(\Delta Q/Q)$$
$$= Q[P(1-T_s) - V_c]/\{[QP(1-T_s) - QV_c] - F_c\}$$

式中：P_f——利润；

Q——销售量；

P——产品价格；

T_s——营业税率；

V_c——变动成本；

F_c——总固定成本。

（二）旅游宏观经济效益

旅游宏观经济效益是指社会在旅游经济活动中投入的活劳动、物化劳动以及自然

资源的耗用与旅游业及全社会收益的比较。旅游宏观经济效益具体包括旅游业取得的经济效益,为旅游者间接提供服务的相关行业取得的经济效益以及旅游业的发展带动相关行业的发展,从而取得的经济效益。

旅游业作为一个综合性的经济产业,其宏观经济效益涉及面广,内容丰富,因而要求从多个方面进行分析。目前主要用以下的几个指标来考核旅游宏观经济效益。

1. 旅游投资效果

旅游投资效果亦称投资利润率或投资回报率,指旅游投资所获得的盈利总额与投资总额的比值。它可以用来测量旅游业经济效益以及比较旅游业与其他产业的经济效益。其计算公式为

$$旅游投资效果=(旅游投资带来的盈利/投资总量)\times 100\%$$

通常,旅游投资效果值越大,表明旅游投资效益越好。

2. 劳动生产率

劳动生产率指的是一定时期内旅游接待总量与旅游业从业人员数量之比。它反映了每一个单位的旅游产品所需活劳动的投入。其计算公式为

$$劳动生产率=旅游接待总量/旅游从业人员数量$$

3. 就业机会

就业机会指的是一定时期内旅游经济增长量与同时期旅游就业人数增加量之比。它反映了旅游业在发展过程中,在提高社会就业方面所作的贡献的大小。其计算公式为

$$就业机会=一定时期内旅游经济增长量/同时期旅游就业人数增加量$$

4. 外汇收入能力

外汇收入能力是指旅游外汇净收入与规定期内旅游投资成本之比。它反映了旅游业通过旅游经济活动的开展,直接从海外旅游者支出中获得外汇收入的能力,其计算公式为

$$外汇收入能力=某时期外汇净收入/规定期内该项投资成本$$

二、旅游经济效益的评价

要提高旅游经济效益,就必须在旅游经济活动中以尽可能少的投入,获取尽可能多的产出,这也是评价旅游经济效益的重要标准。通常,在一定的占用和耗费的劳动的情况下,旅游经营部门或企业接待的国内外旅游者人数越多,旅游者在旅游过程中所获得的满足程度就越高,旅游经营部门或企业所取得的旅游收入越高,就表明旅游经济效益好。同理,旅游经营部门或企业在一定时期内接待旅游者人次、旅游者的满足程度以及所取得旅游收入一定的条件下,所占用和耗费的物化劳动和活劳动越少,旅游经济效益就越高。因此,对旅游经济效益的评价必须重视对以下方面的比较分析。

(一)旅游经济活动的有效成果与社会需要的比较

旅游产品作为旅游者在旅游活动过程中所购买的物质产品、精神产品和服务的总和,它同样具有价值和使用价值。只有当旅游产品能够有效地满足旅游者的需求时,才能实现其价值。否则,不仅不能体现旅游产品的价值和使用价值,使旅游经营单位遭受

损失，而且会因旅游者的反面宣传而使旅游产品失去更多的客源。因此，必须努力生产和提供旅游者满意且物美价廉的旅游产品，才能促进旅游经济效益的不断提高。

(二) 旅游经济活动的有效成果与劳动消耗和占用的比较

作为旅游经营部门和单位，为了向旅游者提供旅游产品，必然要耗费社会劳动，占用资金，从而形成旅游经济活动的成本和费用。如果旅游经济活动只讲满足社会需求，而不计成本高低，则是违背经济规律的。因此，要讲求经济效益就必须把旅游经济活动的有效成果（主要是利润和税金）与劳动消耗和占用进行比较，以评价旅游经济活动的合理性和旅游经济效益的好坏。

(三) 旅游经济活动的有效成果与旅游资源利用的比较

旅游经济活动必须以旅游资源为基础，以市场为导向，充分有效地利用各种资源。通过把旅游经济活动的有效成果与旅游资源利用相比较，可以揭示利用旅游资源的程度和水平，从而寻找充分利用旅游资源的途径和方法。另外，在利用旅游资源时，还要考虑对旅游资源的保护。因为旅游资源是一种特殊的资源，不论是自然景观还是人文风情，对其保护就是保持旅游产品的质量。如果自然生态环境恶化，人文风情遭受破坏，就直接表现为旅游产品质量的下降和损坏，就不能持续地带来旅游收入和经济效益。

(四) 旅游经济活动的宏观效益与微观效益的统一

任何一项旅游经济活动都必然涉及和影响旅游业的宏观效益和微观效益。旅游经济活动的微观效益主要指旅游企业的经济效益，它表现为旅游企业的经营收入与成本之间的比较，从而导致旅游企业必然把追求利润作为其行为目标。旅游经济活动的宏观效益是指整个旅游业的整体效益，它不仅要讲求本产业的经济效益，同时还要考虑对社会经济所作的贡献和对生态环境的保护和改善。如果旅游经济活动只考虑旅游企业的经济效益，而不顾旅游业的整体的宏观效益，则旅游企业持续的经济效益也是无法保证的。因此，必须把旅游经济活动的微观经济效益与宏观经济效益统一起来，才能保证旅游经济效益的有效实现和提高。

第二节 旅游收入

旅游收入是旅游经营部门和企业进行经济活动分析、考核经营成果的最基本的综合性指标。因此，有必要对旅游收入的性质、内容进行理论分析，并在此基础上阐明旅游收入对社会经济和旅游业自身发展的影响。

一、旅游收入的概念及分类

（一）旅游收入的概念

旅游收入是指旅游目的地国或地区在一定时间内，从旅游产品的销售中所得到的全部货币收入的总和。在旅游产品生产与经营成本不变的情况下，旅游收入的多少与旅游利润呈正比例关系。旅游收入越多，旅游利润就越大，旅游经济效益就越好；反之，旅游收入越少，旅游利润就越小，旅游经济效益就越差。因此，旅游收入的增长对旅游企业的积累和发展起着决定性作用，同时对国家经济和旅游业的发展也起着举足轻重的作用。

（二）旅游收入的分类

1. 按旅游收入来源划分

按旅游收入来源划分，旅游收入可分为国内旅游收入和国际旅游收入。

国内旅游收入指旅游目的地国家或地区的旅游经济部门因经营国内旅游业务，向国内旅游者提供旅游产品和服务而取得的本国货币收入。它体现着一个国家或地区内经济发展的状况以及国家与企业、企业与企业、企业与居民之间的经济关系，它的增加一般不会导致一国财富总量的增加。

国际旅游收入是指旅游目的地国家或地区的旅游经济部门因经营国际旅游业务，向外国旅游者提供旅游产品和服务所取得的外国货币收入，通常被称为旅游外汇收入。它体现着旅游客源国与旅游目的地国家之间的国际经济关系，它的增加会导致旅游目的地国家或地区的国民收入的增长。

2. 按旅游需求内容划分

按旅游需求内容划分，旅游收入可分为基本旅游收入和非基本旅游收入。

基本旅游收入通常是指在旅游过程中，旅游目的地国家或地区的旅游经济部门通过向旅游者提供食、住、行、游等旅游产品和服务所获得的货币收入的总和。基本旅游收入是每个旅游者在旅游过程中必须支出的费用。对每一个旅游者而言，其基本旅游支出是缺乏弹性的，是一种固定性支出。

非基本旅游收入一般是指在旅游活动中，旅游目的地国家或地区的旅游相关部门和企业，通过向旅游者提供医疗、购物、娱乐等旅游产品和服务所获得的货币收入的总和。对旅游者而言，这部分服务的需求弹性较大，具有不稳定的特点，是一种可变的支出。

3. 按旅游收入构成划分

按旅游收入构成划分，旅游收入可分为商品性旅游收入和劳务性旅游收入。

商品性旅游收入主要是为旅游者提供物质形态的产品所得到的收入。比如销售旅游纪念品的收入、提供膳宿的收入等。

劳务性旅游收入一般是指为旅游者提供各种劳务形态的产品而获得的收入。比如翻译导游费、文娱活动费等。

二、影响旅游收入的因素

旅游业是一个关联性强、覆盖面广的产业,各种社会经济现象和因素都在不同程度上影响着一个国家或地区在一定时期内的旅游收入,可以说,旅游收入受多种因素影响。具体来讲,影响旅游收入的因素主要有以下几个方面。

(一)旅游接待人数

旅游目的地国家或地区接待旅游者人数的多少,是影响旅游目的地国家或地区旅游收入的基本因素。在通常情况下,旅游接待人数与旅游收入呈正比例关系。

(二)旅游者的支付能力与人均消费水平

在旅游接待人数既定的条件下,旅游者的支付能力和人均消费水平是旅游目的地国家或地区旅游收入增减变化的另一个决定因素。旅游者的支付能力和人均消费水平与旅游目的地国家或地区的旅游收入呈正比例关系。旅游者支付能力和人均消费水平的高低又与旅游者的年龄、职业、收入水平、家庭状况以及消费偏好等因素有密切联系。

(三)旅游资源的吸引力和旅游产品质量

旅游资源的吸引力和旅游产品质量是影响旅游收入的重要因素之一。通常,旅游资源的特色、开发品位、组合度等是吸引旅游者的主要方面。而旅游产品的质量则是促成旅游者进行购买的重要原因。因此,只有不断提高旅游资源的吸引力和旅游产品质量,才能不断提高旅游者的消费支出,增加旅游收入。

(四)旅游者的停留时间

在旅游者人次、旅游消费水平既定的条件下,旅游者在旅游目的地的停留时间与旅游收入呈正比例关系。即旅游者在旅游目的地停留时间越长,其花费支出就越大,旅游目的地的旅游收入就会随之增长;反之,旅游者在旅游目的地停留时间越短,旅游花费越少,则旅游目的地的旅游收入就越少。

(五)旅游产品价格

旅游收入等于旅游产品价格与出售的旅游产品数量的乘积,因此,旅游价格是影响旅游收入的一个最直接的因素。在其他条件不变的情况下,旅游产品价格的高低将影响旅游产品需求量的大小,因而旅游产品需求价格弹性的大小将直接影响旅游收入的高低。

(六)外汇汇率

外汇汇率是各个国家不同种类货币之间的相互比价。外汇汇率的变化对旅游目的地国家或地区旅游收入的变化产生一定影响。如果外汇汇率下降,本币升值,外币贬值,那么同样数量的国内旅游收入就升值了,即实际国内旅游收入增加了,但同时因本币升值而导致旅游目的地国家或地区的入境旅游接待人数少了,从而使国际旅游收入减少了;如果外汇汇率上升,即本币贬值、外币升值,则情况相反,这时候,外汇汇率变化对旅游目的地国家或地区旅游收入的影响是正面影响还是负面影响就要看实际国内旅游收入增加或减少的量与国际旅游收入减少或增加的量的差额是正值还是负值而定。

三、旅游收入指标

指标是计划和统计中反映社会经济现象数量方面的概念,它包括指标名称和指标数值,指标在日常经济工作中通称为社会经济指标。社会经济指标的内容和计算范围必须与相应的社会经济范畴的含义一致。

旅游收入指标是反映旅游经济现象数量方面的概念,它说明旅游经济现象的实质,反映旅游经济现象的规模、水平、速度和比例关系。旅游收入指标是用货币单位计算和表示的价值指标。旅游收入指标是反映旅游经济现象的综合性指标,是补偿劳动消耗、实现旅游业再生产的先决条件。

衡量旅游收入的主要经济指标,除可以按照前面旅游收入分类设置以外,还可归纳为两大类,即旅游收入总量指标及其派生指标和旅游外汇收入总量指标及其派生指标。

(一)旅游收入总量指标及其派生指标

1. 旅游收入总量

旅游收入总量是指旅游目的地国家或地区的旅游经营部门,在一定时期内,向国内旅游者和外国旅游者提供旅游产品,所取得的以本国货币计量和表示的旅游营业总额。这一指标综合反映了一个国家或地区旅游经济的总体规模状况和旅游业的总体经营成果。在实际计算中,国内旅游收入按下述公式计算:

$$R = N \cdot Q$$

式中:R——旅游收入总量;

N——旅游者人次数;

Q——旅游人均消费支出。

2. 人均旅游收入

人均旅游收入是指旅游目的地国家或地区,在一定时期内,平均从每一个旅游者手中所取得的收入。这一指标实际上是每一个旅游者在旅游活动过程中的平均支出额,它反映着旅游者的人均消费水平。其计算公式为

$$Q = \frac{R}{N}$$

式中:Q——人均旅游收入;

R——旅游收入总量;

N——旅游者人次数。

3. 职工人均旅游收入

职工人均旅游收入是指平均每一职工在一定时期内所实现的旅游收入。这一指标是反映旅游经营部门在计算期内劳动效率的高低和经济效益的大小的指标。其计算公式为

$$I = \frac{R}{M}$$

式中：I——职工人均旅游收入；
R——旅游收入总量；
M——旅游职工总人数。

(二)旅游外汇收入总量指标及其派生指标

在旅游经济中,衡量旅游外汇收入的指标主要有以下几个。

1. 旅游外汇总收入

旅游外汇总收入是旅游目的地国家或地区的旅游经济部门,在一定时期内,向海外旅游者出售旅游产品所获得的外汇收入的总额。它包括基本旅游外汇收入和非基本旅游外汇收入。旅游外汇收入总量指标既是衡量一国经营国际旅游业务总规模和总水平的重要标志,又是反映该国旅游创汇能力的一项综合性指标。在国际旅游业中,它常被用于与外贸商品出口收入和其他非贸易外汇收入进行比较,以说明一国国际旅游业在全部外汇收入中的地位和对弥补国家对外贸易逆差所作的贡献。

2. 人均旅游外汇收入

人均旅游外汇收入是旅游目的地国家或地区的旅游经营部门平均每接待一个海外旅游者所取得的旅游外汇收入额。该指标主要用于分析比较不同时期接待海外旅游者的外汇收入水平。人均旅游收入指标数值的高低与入境旅游者的构成、支付能力、在境内停留时间以及旅游目的地国家或地区的旅游接待能力有密切的关系。

3. 旅游换汇率

旅游换汇率是指旅游目的地国家或地区向国际旅游者提供单位货币的旅游产品所换取的外国货币的数量的比例。这一指标表明一个单位的以本国货币表示的社会必要劳动量,可以从外国旅游者手中换取多少外汇。通常,旅游换汇率与一国或地区的外汇汇率是一致的。但在不同时期,由于外汇比价不同,旅游换汇率的数值也不完全一样。由于旅游换汇率指标反映了旅游外汇收入对一个国家或地区国际收支平衡作用的大小,它越来越引起各个国家和地区,特别是广大发展中国家和地区的高度重视。

4. 旅游外汇净收入率

旅游外汇净收入率是指旅游目的地国家或地区在一定时期内经营国际旅游业务所取得的全部外汇收入扣除了旅游业经营中必要的外汇支出后的差额与全部旅游外汇收入的比率。在旅游业发展过程中,既要通过销售旅游产品获取外汇,也要从获取的外汇收入中支出一部分用于购买旅游业发展所必要的国外物资及其他支出,这些外汇支出主要包括以下几个方面的内容。

第一,从国外进口必要的旅游设施设备、原材料、日用消费品等。

第二,旅游驻外机构的费用支出,宣传推销的费用支出;举办国际展览会的费用支出;参观、考察、学习、进修的费用支出等。

第三,偿还外债和利息;外资企业和中外合资合作经营企业外方人员的利润提取和工资支付。

上述这些方面的支出都会造成旅游外汇收入中的一部分流向国外。因此,在最大限度地满足旅游者需要的前提下,在旅游外汇总收入既定的条件下,用于经营旅游业务所支出的外汇越少,旅游外汇净收入率就越高。这一指标既反映了旅游目的地国家或地区增收节支、尽量减少外汇流失的情况,又是衡量该国家或地区社会经济发展总体水平和完善程度的重要标志之一。

5. 非基本旅游外汇收入率

非基本旅游外汇收入率是指旅游目的地国家或地区在一定时期内因经营国际旅游业务,接待海外旅游者所取得的非基本旅游外汇收入与旅游外汇总收入的比率。这一指标的数值高低,既反映该国旅游业发展和完善的程度,同时也反映该国的旅游业的创汇能力和潜力。因此,很多国家和地区在保证满足海外旅游者食、住、行、游等基本旅游需求的基础上,都会千方百计控制潜力,以扩大海外旅游者在购物、娱乐、通信、保健等非基本旅游需求方面的支出,提高非基本旅游外汇收入在外汇收入总量中所占的比重。

四、旅游收入分配与再分配

(一)旅游收入分配的含义

旅游收入是一国国内生产总值(GDP)的组成部分。旅游部门的经济收入以分配与再分配的形式参与国民经济的再生产过程。从微观的角度上看,旅游企业经营的目的是获得营业收入,取得一定利润,并寻求不断的发展。同时,它还必须为国际承担交纳税金的义务。从宏观角度上看,一国政府的管理部门,调控国民经济的目标是要实现社会的充分就业、保持物价稳定、保证经济适度增长以及国际收支平衡。

旅游收入分配关系是社会经济关系的重要组成部分,它反映了一国的政府部门、旅游部门和企业以及旅游从业人员各自的利益与义务,也反映了旅游部门与其他相关的物质生产部门、非物质生产部门的交换关系。同时,旅游收入的分配状况在很大程度上决定着旅游业发展的速度、规模和水平。

旅游收入分配同国民收入分配一样,通常是通过旅游收入的初次分配和再分配两个过程来完成的。

(二)旅游收入的初次分配

旅游部门和企业在取得旅游收入后,首先应该在直接经营旅游业务的部门和企业中进行分配。这些部门和企业包括酒店、餐馆、旅行社、交通部门、旅游景点、旅游购物店以及旅游娱乐部门等。在一定时期内,旅游部门和企业付出了物化劳动和活劳动,向旅游者提供了满足他们需要的旅游产品,从而获得营业收入。在这些收入中,首先必须扣除当期为生产旅游产品而消耗的生产资料部分,如旅游设备设施的折旧,原材料和物料的消耗,建筑物的折旧等。这部分不参与初次分配,参与分配的是营业收入中的净收入部分。

旅游收入的初次分配流向可用图 9-1 表示。

旅游收入初次分配,实际上是指旅游净收入的分配。旅游收入初次分配后,旅游净收入分解为企业职工工资、政府税收和企业自留利润三大部分。

1. 企业职工工资

旅游企业依据按劳取酬的合理分配原则,向旅游从业人员支付工资,作为他们的劳动报酬,满足他们的生活需要。

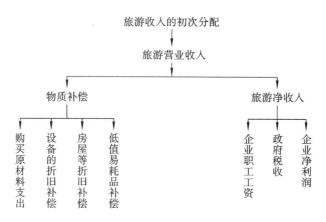

图 9-1　旅游收入的初次分配

2. 政府税收

旅游企业按照国家税收政策的规定向政府纳税,成为国家财政预算收入的一部分,由国家统筹安排和使用。根据《营业税改征增值税试点实施办法》的规定,旅游业的税率在以前增值税 17% 标准税率和 13% 低税率基础上,新增 11% 和 6% 两档低税率。营业额缴营业税 5%,同时按营业税缴城建税和教育附加费(按区域、地段适用不同税率,各地规定不一),堤围费 1% 左右;有自有房产的按房产原值的 70% 缴房产税 1.2%,出租房屋的按租金缴 12% 房产税;宾馆收入按服务业 5% 的税率征收营业税,旅游餐饮收入也是按服务业 5% 的税率征收营业税;年度产生利润的缴企业所得税(3 万元以下 18%,3 万~10 万元 27%,10 万元以上 33%);发放工资奖金的扣缴个人所得税。

3. 企业自留利润

旅游企业的自留利润被称为企业净利润,这部分利润才是企业按有关规定可自行安排使用的。在我国旅游部门和企业中,企业净利润又分为企业公积金和公益金两部分,分别用于企业的自身发展和职工的福利支出等。

另外,旅行社作为旅游企业,由于其职能的特殊性,其初次分配过程与前述分配过程不同,应加以说明。

旅行社向旅游者提供的产品是一种组合型的产品。旅行社首先向住宿、餐饮、交通、游览、娱乐等部门和企业购买(预订)单项旅游产品,经过加工组合形成了内容、形式不同的包价旅游产品,即旅游线路,然后出售给旅游者,由此获得了包价旅游收入。这种包价旅游收入表现为旅行社的营业收入。旅行社的营业收入中相当部分要支付给提供单项旅游产品的各类企业。在扣除了这些支付之后,旅行社还要扣除旅行社自身的经营费用和税金,最后才是旅行社应得的利润。

(三)旅游收入的再分配

旅游收入进行初次分配后还必须进行再分配。再分配是在旅游企业的外部、在全社会范围进行的,用以实现旅游收入的最终用途。旅游收入的再分配的主要结构如下:

(1)旅游收入中上缴政府的各类税金,构成政府的财政收入,通过政府预算支出的方式实现再分配。其支出主要用于国家的经济建设、国防建设、国家事务管理、公共事业、社会福利投资以及国家储备基金等。其中一部分可能作为旅游基本建设或重点旅游项目开发基金又返回到旅游业中来。

（2）支付给旅游从业人员的个人报酬部分参与的再分配。旅游从业人员获得的工资报酬，要到市场上购买他们生活所需的各种物质资料和劳务服务，以满足个人和家庭成员的物质文化生活需要。个人收入的支出，形成了社会经济中相关部门的营业收入。

（3）企业自留利润部分参与的再分配。企业自留利润是旅游收入初次分配的结果，企业要进行扩大再生产和职工福利的改善，而将公积金和公益金用于购买扩大再生产的生产要素以及各项福利支出，使企业的自留利润转化为其他部门的营业收入。

旅游收入再分配过程是一个不断重复和不断扩大的运动过程，通过这一过程，使企业在再生产过程中，物质上得到替换，价值上得到补偿。旅游收入的再分配的过程如图9-2所示。

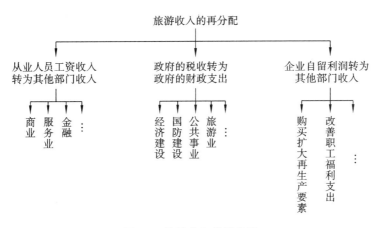

图 9-2 旅游收入的再分配

五、旅游收入乘数效应

（一）乘数效应的概念

乘数又可称为倍数，旅游乘数是用来表明旅游经济活动中某一变量的增减所引起的总量变化的连锁反应程度。

在经济运行过程中，常会出现这种现象：一种经济量的变化，可以导致其他经济量相应的变化，这种变化不是一次发生，而是一次又一次连续发生并发展的。如一笔原始经费进入某一领域后，会流通再流通，经过多次循环，使原始经费货币基数发挥若干倍作用，这种多次变化所产生的最终总效应，就称为乘数效应。

乘数效应会产生，是因为各部门在经济活动中是相互关联的。一笔投资，会引起很多部门连锁反应，从而增加其他部门收入，最终使国民经济总量成倍增加。如一个人早晨到农贸市场用去10元钱买菜，菜农即有10元收入再去买粮，粮农再去买衣服，做衣服的再去买鞋……这10元钱可能使社会各部门都增加了收入，其总收入可能是50元甚至1000元，这就是乘数效应。

(二)旅游收入乘数的计算

1. 旅游收入乘数效应的含义

旅游收入乘数效应是用来衡量旅游收入在国民经济领域中通过初次分配和再分配的循环周转,给该国或地区的社会经济发展带来的增值效益和连带促进作用的程度。

20 世纪 60 年代以来,旅游业在世界各地迅速发展,并成为许多国家的重要经济部门之一,对其他经济部门和整个社会经济产生了较大的促进和带动作用,经济学家把乘数效应概念引入到旅游经济活动的分析之中,从而产生了旅游收入乘数效应的概念。

2. 旅游收入乘数的计算

旅游收入乘数效应可以用旅游收入乘数来测定,通常用 K 表示收入乘数,根据一定的投入增量和收入增量即可计算出旅游收入乘数。其公式为

$$K = \Delta Y / \Delta L$$

式中:K——旅游收入乘数;

ΔY——收入增量;

ΔL——投入增量。

旅游收入乘数表明了旅游目的地国家或地区对旅游行业的投入所导致的综合经济效益的最终的增加量。

乘数效应的形成,必须以一定的边际消费倾向为前提。边际消费倾向是指每增加一单位的收入可用于消费的数量,因为每一个消费者或每一个国家或地区,不是将每一单位的收入都直接用来消费的,它可以按一定比例用于储蓄,也可以用来投资,即消费。如果投资所形成的购买用于进口物资,而不是用于本国或本地区,这部分资金便会脱离本国或本地区的经济运行过程,流失到国外,就会减少对本国或本地区的经济发展的注入作用。通常边际储蓄倾向大,边际消费倾向就小,边际进口物资倾向大,用于购买当地物资的倾向就小,它们都将缩减旅游收入对本国或本地区的经济发展的乘数效应。因此,根据以上乘数原理,计算乘数的公式为

$$K = 1/(1-MPC) \quad 或 \quad K = 1/MPS$$

式中:K——乘数(旅游收入);

MPC——边际消费倾向;

MPS——边际储蓄倾向。

上述公式表明,乘数与边际消费倾向呈正相关,与边际储蓄倾向成反比。边际消费倾向越大,乘数效应越大;边际储蓄倾向越大,乘数效应越小。

例如,某旅游目的地边际消费倾向为 70%,即表示这个地区每收入 1 元钱,其中 70%是用于本地区的经济投入,使其参加本地区的经济运转,而 30%则是用于储蓄或购买进口物资,这部分资金则暂时离开了本地区的经济运行。其乘数为

$$K = 1/(1-MPC) = 1/(1-0.7) \approx 3.3$$

或

$$K = 1/MPS = 1/0.3 \approx 3.3$$

数字 3.3 表明,旅游收入经过初次分配或再分配后获得了 3.3 倍于原始收入量的经济效果。当然如果消费倾向是 80%,旅游收入乘数就为 5,就可获得原始收入量 5 倍

的经济效果。

(三) 旅游乘数效应的种类

研究旅游乘数效应,不仅要研究旅游者消费或旅游企业的资本投入对本国或本地所有部门产生的、累计起来的倍数效果,即整体上的乘数效应,还要分门别类地分析各方面的乘数效应。

1. 就业乘数效应

就业乘数,是指增加单位旅游收入所创造的直接就业与间接就业人数之间的比率关系。表 9-2 是世界各主要地区旅游就业的乘数效应的统计数据。

表 9-2 旅游就业乘数效应

区域	直接就业人数	间接和诱发就业人数	总数
美洲	400	1000	1400
北美洲	1000	2400	3400
拉丁美洲	1200	3100	4300
加勒比	100	300	400
亚太	5500	13800	19300
西欧	1700	4200	5900
中东	200	600	800
全球	11800	29400	41200

世界旅游理事会(World Travel and Tourism Council,WTTC)根据直接就业与间接就业以及诱发就业的数量关系,得出就业乘数在 2.4~3 之间,就是说,有 1 位直接就业人员,就会有 2.4~3 个间接就业者。

此外,国内外学者还以旅游者人数测算就业乘数,美国肯塔基州旅游局曾做过调查,如每天增加 100 个州外旅游者,那么在 1 年期间里对该州的影响是:直接增加 39 个就业机会,间接增加 19 个就业机会,增加的工资支出为 52.9 万美元,州和地方税收为 12.5 万美元。仅从就业角度看,就业乘数为 0.58,即每增加 1 名州外旅游者,就能提供 0.58 个就业机会。

2. 旅游消费乘数效应

旅游消费乘数是指每增加一单位旅游收入所带来的对生产资料和生活资料消费的影响程度。根据世界旅游组织的测算,旅游消费直接投向是行、住、食、游、购、娱 6 个部门,间接影响的有金融、保险、农业、印刷、医疗、通信等 58 个部门。这种影响可举例说明,如车票—缆车—运输—生产厂商—购买机器—钢铁—炼铁—选矿—铁矿石—开采—建矿—勘探。

根据 1992 年美国夏威夷州统计年报,每 1 美元的旅游消费诱导的乘数效应如表 9-3 所示。

表 9-3　美国夏威夷州 1992 年旅游消费乘数

项目	产出乘数 直接、间接乘数	总产出乘数	收入关联乘数 直接、间接关联乘数	总收入乘数
农业	1.31	2.21	0.62	0.98
纺织、服装	1.21	1.77	0.39	0.61
其他制造业	1.48	1.96	0.33	0.52
空运	1.24	1.76	0.36	0.57
其他运输业	1.34	2.06	0.50	0.79
餐饮场所	1.41	1.95	0.37	0.59
其他零售业	1.24	2.15	0.63	1.00
批发	1.28	2.11	0.57	0.91
旅馆	1.45	2.23	0.54	0.85
其他服务	1.30	2.06	0.52	0.83

说明：1. 产出乘数是指带动相关产业产出的增加。
2. 收入关联乘数是指带动居民收入的增加。
3. 总产出乘数包括了直接、间接和诱导三个层次效应。
(资料来源:《美国夏威夷州统计年报》,1992)

由表 9-3 可以看出,假如旅游者购买 1 美元的餐饮产品,可带来 1.41 美元的直接、间接销售,而餐饮经营者还需购买 0.54 美元的中间产品,总产出乘数为 1.95。

3. 居民收入乘数效应

旅游消费对旅游目的地居民的收入有明显的乘数效应。居民收入乘数效应是指增加单位旅游收入额与由此导致的该地区居民总收入增加额之间的比率关系,该乘数表明了一地区旅游业的发展给整个地区的居民收入增加带来的作用和影响。

居民收入乘数与该地区经济结构、市场发育和相关行业的发展程度相关。

4. 旅游投资乘数效应

旅游投资乘数效应是指每增加一笔旅游投资会带来大于这笔增加额数倍的国民收入。

旅游业是一个关联性极强的产业,旅游投资的增加,会引起国民经济中一系列部门的收入增长。各国政府应当重视对旅游的投资,重视旅游的基础设施的建设,通过各种途径筹集资金,发挥旅游业在国民经济中的龙头作用,如我国黄山,在 1980—1990 年间,累计接待旅客 1189 万人次,旅游收入 1.79 亿元,利税 5300 万元。1991—1995 年,黄山市仅用于扩建机场、修建公路、建造索道的资金就达 5 亿元之多,而企业、乡镇和个体投入的资金也达 5 亿元。大投入带来了大产出。1996 年一年的旅游收入就达 6.5 亿元,占了地方财政收入的半壁江山,这还不包括与旅游相关产业增加的收入。又据深圳华侨城房地产有限公司的资料:投资 9.54 亿元的"锦绣中华""中国民俗文化村""世界之窗"建成开业后,不仅使投资者取得了很好的经济效益,很快地收回了投资成本,而且引起了周边地产升值 3～4 倍,使地处郊区的华侨城土地、房产价格与市中心商务区相差无几。

可见,旅游投资乘数效应在国民经济发展中是极其显著的。

5. 政府收入乘数效应

政府收入乘数效应是指每增加一单位的旅游收入对旅游目的地国家或地区政府净收入所带来的影响。该乘数是用来测定旅游目的地国家或地区政府通过税收从旅游经济活动中得到的效益。发展旅游业,增加旅游收入,就必然增加该国或该地区的税收,对政府的财政收入产生积极的影响作用。

(四)旅游收入漏损

1. 旅游收入漏损的原因

旅游收入漏损是指旅游目的地国家或地区的旅游部门和企业,用来购买进口商品和劳务、在国外进行旅游宣传、支付国外贷款利息等原因而导致的外汇收入的流出。

应当说,在经营国际旅游业务时,必然要将一部分的外汇收入用于正常的经营支出,但也有一些是不必要的外流。旅游收入漏损原因主要有以下几个方面。

(1)由于本国经济体系和生产结构不完善,对经营国际旅游所需的物资数量、质量、品种、功能等都不能给予保证,而必须支付外汇从国外进口某些设备、设施、原料、物料和消费品,以保证旅游业所需的物资和设备等。那些旅游业不发达的落后地区在发展旅游业时,旅游收入漏损表现得十分明显。

(2)引进外资直接进行旅游项目投资和开发,这些引进的外资,是引进投资主体单位必须在一定的时期内拿出大量的外汇还本付息、支付投资者的红利等。

(3)为提高经营管理水平,引进国外先进的管理技术和管理人才。在引进管理技术和管理人才的同时,必须以相当数量的外汇支付外方管理费用和人员的工资、福利等。

(4)为开拓国际旅游市场,争取更多的国际旅游客源,需要直接在国外进行旅游宣传促销,要用外汇支付促销费用,在海外有常驻的派出机构的,还需支付他们的活动经费和员工工资。

(5)在国际旅游业务中,与国外旅行商交易时,还需支付旅游代理商的佣金和回扣等。

(6)外汇管理不力,造成旅游外汇收入流失。如在很多情况下,旅游者与旅游从业人员之间采取私下交易的方式,将购买旅游产品或服务的费用直接支付给向他们提供服务或产品的服务员、导游员、出租车司机等。这种现象被称为"地下经济活动",这种交易行为在很多国家都是经常发生的,使旅游外汇的收支不能进入旅游收入单位,另外,由于管理上的漏洞,还可能造成外汇黑市交易猖獗,使国家外汇实现量减少等。

(7)企业间的过度竞争,盲目削价,使外汇收入隐性消失。在激烈的旅游竞争市场上,旅游企业间往往为了争取游客,相互间以恶性降价的方式进行竞争,展开价格大战,这对于旅游者来说是有益处的,但对于一个国家或一个地区来说,无疑是减少了大量的外汇收入。

(8)本国居民出境旅游使一定数量的外汇流向国外。

2. 旅游收入漏损的控制

针对上述旅游收入漏损原因,世界各国,特别是将旅游业作为国民经济重要支柱的国家,都制定了一系列政策和采取了一定措施,以保证旅游收入稳定增长的同时,对外汇收入的流失进行控制和改善,其主要做法如下。

(1)发展国内经济,调整经济结构和产品结构,不断提高旅游经营的自我供给能力,生产出能够满足旅游经营活动所需要的各种产品,尽量减少进口设备、设施、生活日用品等的数量。

(2)加强对引进外资、外来项目的审批工作,避免盲目引进。对引进项目的收益、成本、风险性以及先进性、急需性、可行性进行认真分析评估,确保引进外资的项目确实是国家无力投资的,无法提供而又急需的,并能给旅游发展带来良好效益的项目。

(3)努力培养自己的管理人才和创造本国的旅游企业管理模式,避免走入那种认为引进的都是先进的管理误区,如南京金陵饭店管理模式,是在引进和借鉴外国的先进管理技术和管理经验基础上创造出的适合中国国情的酒店管理模式,并在国内推广应用,收到极好的效益。

(4)完善市场管理制度,使旅游市场不断走向规范化、秩序化,避免出现市场过度竞争现象,坚持行业自律,不容许恶性降价的竞争现象出现。

(5)不断完善经济法规和外汇管理制度和方法,控制外汇的流失和不合理使用。

(6)提高进口旅游设备设施、原材料、物料等关税,限制旅游企业购买进口产品的数量,鼓励他们购买和使用本国产品。

(7)大力发展国内旅游,不断提高国内旅游产品的质量,鼓励人们在外出旅游时,优先选择国内旅游。在国家外汇缺乏的情况下,可以以一定的政策限制本国居民出境旅游,以减少旅游外汇的流出。

第三节 旅游成本

一、旅游成本的概念及分类

(一)旅游成本的概念

旅游成本,从狭义看是指旅游企业为生产和销售旅游产品所支出的费用总和,即旅游产品价值中的物化劳动和活劳动的货币表现;从广义看是指为了实现旅游经济活动目的而发生的全部可用货币测定的支出,包括旅游企业的各种支出和社会、环境等方面的支出。具体地讲,可以从下述三个方面来理解。

1. 旅游成本是经营旅游产品所耗费的经济价值

从旅游企业的经营看,企业的生产和销售活动要得以顺利进行,就必须消耗一定的生产资料和劳动力,生产和销售旅游产品所消耗的生产资料的价值、支付劳动力的劳动报酬以及为维持生产经营活动而进行的各种管理活动所发生的各种费用,共同构成了旅游企业的经营成本。

2. 旅游成本是取得物质财富所付出的经济价值

从社会经济活动看,人类为进行各项经济活动,获取必需的物质财富,就必须发生各种物质方面的消耗,并投入一定的劳动,为此而支付各种费用,这些费用随着社会经济活动的进行,又具体转变为生产成本的经营成本,并表现为一定时期的社会经济活动所必需的社会经济成本,即取得物质财富必须付出的经济价值。

3. 旅游成本是进行旅游经济活动的经济社会成本

旅游成本作为实现一定经济目的所付出的经济价值,可以是已经付出的,也可能是尚未付出但允许付出的;还可能是间接支付的成本。因此,从广义来说,旅游成本是进行旅游经济活动而发生的全部经济社会成本,即为达到旅游目的而发生的经济支出和付出的其他代价,如环境污染、社会问题等。

(二)旅游成本的分类

按照不同的标准,旅游成本可划分为不同的类型。

1. 按成本的经济内容划分

按成本的经济内容划分,旅游成本可划分为营业成本、管理费用和财务费用。

营业成本是指旅游企业从事经济活动所支出的全部直接费用。旅游企业包括很多不同的服务部门,各部门的营业成本有着不同的内容。比如,旅行社的营业成本包括交通费、翻译导游费、邮电费等,旅游饭店的营业成本包括餐饮成本、住宿成本、洗涤成本等。

管理费用是指旅游企业决策和管理部门在企业经营管理中所发生的费用,也就是不能直接计入营业成本的其他支出。包括行政办公费、职工培训费、租赁费等。

财务费用是指旅游企业为筹集经营资金所发生的各种费用。包括利息支出、汇总损失、金融机构手续费等。

2. 按成本的形态划分

按成本的形态划分,旅游成本可划分为固定成本和变动成本。

固定成本是指在一定的业务范围内,不随业务量的增减而发生变化的固定不变的成本。它主要包括固定资产折旧费、租赁费、管理人员的工资等。

变动成本是指随着业务量增减而发生变化的成本。它主要包括原材料费、水电费、服务人员工资等。

3. 按照管理责任划分

按照管理责任划分,旅游成本可划分为可控成本和不可控成本。

可控成本是指在会计期间一个责任单位有权确定开支的成本。比如部门经理对本部门内旅游产品的成本、工资费用等就有绝对的决定权,那么这些成本对该部门经理来说就是可控成本。

不可控成本是指在一定时期内责任单位对成本费用的发生无法控制的成本。比如资产折旧费对于部门经理而言就是不可控的成本。

4. 按旅游宏观成本划分

按旅游宏观成本划分,旅游成本可划分为有形成本和无形成本。

有形成本是指为开展旅游经济活动而必须付出的直接成本,主要体现在经济上的支出。具体包括对旅游基础设施的投资,引进国外的旅游设备、原材料等的支出,旅游市场调研、宣传促销等的支出等。

无形成本是指为发展旅游业而导致社会、经济和生态环境等方面产生的消极影响,是开展旅游经济活动而支付的"间接成本"。具体包括为治理环境污染的支出,为保护传统文化、文物古迹的支出等。

二、旅游成本的意义

旅游成本是反映旅游经济效益的一个综合性指标,它在旅游业和旅游企业经营活动中具有十分重要的作用,对于发展旅游经济、搞好旅游企业经营管理有着十分重要的意义。

(一)旅游成本是旅游企业进行经营活动的重要依据

旅游企业经营活动的目的是为旅游者提供高质量的服务,同时以最少的耗费取得最大的经济效益。因此,旅游企业在进行各种经营决策时都必须以成本为依据,根据成本对旅游投资项目进行最佳方案的选择,根据成本对经营活动作出科学的决策。并努力降低成本,提高旅游企业在市场竞争中的能力,不断增强旅游企业的活力,增强企业的内在发展能力和盈利能力。

(二)旅游成本能综合反映企业经营管理水平的高低

企业总成本、单位成本、费用率是综合反映旅游企业管理工作的几项重要指标。企业材料物品消耗的多少,劳动生产率的高低,服务设施的利用情况,人员构成是否合理等都可以通过旅游成本反映出来。因此,旅游企业的成本越低,则反映出企业经营管理水平越高。所以,通过成本分析能及时发现旅游企业经营活动中出现的各种问题,为提高旅游企业管理水平提供参考和指导。

(三)旅游成本直接影响国家财政收入变化

在产品的价格既定的情况下,企业成本越高,企业盈利就越少,上交国家的利税就越少;反之,企业成本越低,企业盈利就越多,上交国家的利税就越多。在产品的价格随企业成本的变化而变化的情况下,企业成本高,产品价格相应就会提高,从而使企业产品的竞争力减弱,企业上交国家的利税也会减少;相反,企业成本低,产品价格就会相应降低,从而使企业产品的竞争力增强,企业上交国家的利税相应增多。由此可知,旅游成本的高低直接影响国家财政收入的相应变化,进而影响整个国家的宏观经济效益。因此,企业在处理价格、盈利、成本这些关系时,必须从全局出发,保证为国家提供更多的利税收入。

第四节 旅游经济效益评价指标

一、旅游经济活动中劳动消耗的经济效益评价指标

1. 旅游产品成本降低率

旅游产品成本是指旅游经营部门和企业，在一定时期内，为旅游者组织规划、生产制造和销售旅游产品，提供旅游服务过程中支出的各种费用的总和。它是反映旅游企业生产经营活动效果的综合性指标。研究旅游产品成本变动和程度的指标，称为旅游产品成本降低率。其计算公式为

$$旅游产品成本降低率 = \frac{计划成本 - 实际成本}{计划成本} \times 100\%$$

$$旅游产品成本降低率 = \frac{基期成本 - 报告期成本}{基期成本} \times 100\%$$

通过旅游产品成本降低率指标，可以衡量旅游企业在不降低或提高旅游服务质量的前提下，经营管理水平、经济核算水平的高低，从而促使企业努力节约劳动消耗，降低产品成本，提高经济效益。

2. 旅游产品成本盈利率（利税率）

旅游产品成本盈利率是在一定时期内旅游经济部门和企业为社会提供的盈利（税金＋利润）总额与同期的旅游产品成本总额之比，即劳动消耗与劳动成果的比例关系。使用这一指标有利于促进企业在不断增强自身的劳动补偿能力的基础上，为社会主义现代化建设积累资金。其计算公式为

$$旅游产品成本盈利率 = \frac{盈利总额}{成本总额} \times 100\%$$

3. 旅游产品成本利润率

旅游企业在一定时期取得的营业收入扣除生产经营费用和税金以后的总额与同期的旅游产品成本总额之比。这是衡量和评价旅游部门和企业经营活动成果的一项综合性指标，是分析、比较判断、旅游经济活动的重要依据。其计算公式为

$$旅游产品成本利润率 = \frac{营业收入 - 生产经营费用 - 税金}{成本总额} \times 100\%$$

4. 旅游企业的劳动效率

旅游企业的劳动效率是指旅游企业在一定时期内平均每一职工所完成的工作量。其计算公式可用两种表示方式。

$$劳动效率 = \frac{接待的旅游者总次数}{平均职工人数} \times 100\%$$

$$劳动效率 = \frac{旅游营业收入}{平均职工人数} \times 100\%$$

以上两个公式表明，在一定时期内同类旅游企业、经营同类旅游服务项目、销售同

种旅游产品,且职工人数相同的条件下,接待的旅游者人次数越多,旅游营业收入越高,则劳动效率越高。通过这一指标,可以反映出旅游企业职工的服务质量和为社会创造的价值量的高低。这实际上体现着旅游职工提供的活劳动的必要劳动量能带来的经济效益与社会效益。

5. 人均利税率

人均利税率是指旅游经营部门或企业,每一职工在一定时期内所创造的纯收入扣除旅游产品成本后的余额,与平均职工人数之比。人均利税率的计算公式为

$$人均利税率 = \frac{旅游营业收入 - 旅游产品总成本}{平均职工人数} \times 100\%$$

旅游纯收入包括两个部分,即税金和利润。因此,这一指标亦可称为人均旅游纯收入率。它表明,每一旅游从业人员在一定时期内为接待旅游者取得的旅游总收入越多,旅游产品成本越低,则创造的旅游纯收入就越高,为国家所做的贡献就越大。

6. 人均利润率

人均利润率指旅游经营部门或企业,每一职工在一定时期内所取得的旅游纯收入扣除税金后的余额与平均职工人数之比,它是企业经营活动成果的综合表现。其计算公式为

$$人均利润率 = \frac{旅游营业收入 - 税金}{平均职工人数} \times 100\%$$

在考核这一指标时,首先要弄清影响人均利润率的主要因素,虽然是旅游者人数、旅游商品价格、旅游商品成本和税金。但是,税金是根据国家统一规定的税率确定的,旅游价格是在国家计划指导下,根据旅游商品价值与供求关系形成的(具有相对稳定性);因此,人均利润率的高低和利润额的多少,主要取决于接待的旅游者人数(或称单位旅游商品的销售量)的多少和单位旅游商品的实际成本的大小。只有加强经营管理,降低单位成本,才能不断提高人均利润率,提高旅游经济效益。

7. 人均收汇率

人均收汇率主要指旅游经营者由于经营国际旅游业务而形成的旅游外汇收入与一定时期平均职工人数之间的比例关系。是衡量旅游企业的创汇能力的一项综合性指标。其计算公式为

$$人均收汇率 = \frac{旅游外汇收入}{平均职工人数} \times 100\%$$

旅游企业人均收汇率越高,为国家积累的外汇额就越大,企业本身提取的外汇留成也随之增加。因此,这一指标是衡量企业自身发展速度、规模和为国家建设所做的贡献大小的具体表现。

8. 旅游收入利润率

旅游收入利润率是指旅游企业在一定时期内因向旅游者销售者旅游商品和劳务所获得的利润总额与旅游总收入的比率。

$$旅游收入利润率 = \frac{利润总额}{旅游总收入} \times 100\%$$

这一公式表明,如将不同时期的收入利润率加以比较,利润增长速度如果大于收入增长速度,则这一指标就呈现出上升趋势,就说明企业增产增收;反之,则呈下降趋势,

说明只增产不增收。经常分析收入利润率指标,可以促使企业在增产增收的前提下,取得最佳的经济效益。

二、旅游经济活动中劳动占用的经济效益评价指标

在旅游经济活动中,既要消耗一定的活劳动,又要消耗一定的物化劳动,而物化劳动的消耗是要以占用前提的。旅游业占用的物化劳动主要包括:旅行社的营业场所及其办公用品;旅游酒店的客户、餐厅及其设备、设施、用品;旅游交通中各种运输方式的场地、设备设施及各种交通运输工具等。上述这些劳动占用的货币表现就是资金。旅游业资金按其在生产活动中的作用与价值转移的方式的不同,可区分固定资金和流动资金。分析劳动占用的旅游经济效益指标,实质上就是从资金占用的不同范围、不同角度确定考核旅游经济效益具体的内容。下面进行简要说明。

1. 固定资产占用率

固定资产(资金)占用率是指一定时期内固定资金占用额与旅游收入额的比率。其计算公式为

$$固定资金占用率 = \frac{固定资金占用额}{旅游收入额} \times 100\%$$

这一指标可以综合反映固定资金占用的经济效益,它较适用于饮食服务企业或部门和旅游购物商店或商品部。对于客房、旅游交通以及康乐等部门或企业来说,应根据床位、高尔夫球场等固定资金的实物形态,分别计算固定资金(资产)周转率指标或称固定资金利用率指标。

以旅游汽车企业为例,它占用着大量的固定资产(资金),如能合理利用,即使不增加固定资金投资,也能够接待更多的游客,增加旅游汽车企业的经济效益。其固定资产的利用程度,以单位时间内使用固定资产所生产的"位移"产品量来表示。反映固定资产利用程度的指标,通常有两个。

(1)每运送和接待一名旅游者所占用的固定资产金额(或旅客人公里占用固定资产金额),其计算公式为

$$旅游交通服务收入 = \frac{全部固定资产平均原值}{旅游交通服务收入总额}$$

或

$$旅客人公里占用固定资产金额 = \frac{全部固定资产年平均原值}{旅客人数 \times 公里数}$$

这项指标反映出一定时期固定资产平均原值对运输产品的比例。通过上述计算方法计算出的平均占用固定资产的数值越小,表明固定资产利用率越高。

(2)旅游汽车企业固定资产产值率。这项指标是一定时期运输产品占全部固定资产年平均原值的比例。它从每百元固定资产在一定时期内运送和接待旅游者人次数(收入或旅客周转量)的角度来反映固定资产的利用程度。接待和运送的旅游者人次数越多、收入越高、旅游客周转量越大,固定资产的利用程度越高。其计算公式为

$$固定资产产值率 = \frac{旅客周转量}{固定资产年平均原值} \times 100\%$$

或

$$固定资产产值率 = \frac{运输收入总额}{固定资产年平均原值} \times 100\%$$

在这里,需要注意两个问题。一要注意公式中的固定资产必须按原值计算,这是因为固定资产的生产能力并不与折旧程度成正比关系变化。如果以固定资产净值计算其利用指标,必然夸大固定资产的利用程度;此外,固定资产年平均原值不是期末原值,而是平均原值,这是因为运输产品,即旅游者的位移是在一定期间完成的,不能认为仅与期末有关。二要注意影响固定资产利用程度的因素较多,而其中具有重要意义的是,生产性固定资产(如旅游汽车)在全部固定资产中所占的比重大小反映生产性固定资产的利用效率。因此,当我们用固定资产利用率(周转率)指标考察和分析旅游经济效益时,必须与其他相关指标联系起来,进行综合分析。

2. 固定资产利润率

固定资产利润率是一定时期内的利润总额与企业固定资产年平均原值的比例。它从利润角度来衡量固定资产利用效果。其计算公式为

$$固定资产利润率 = \frac{利润总额}{固定资产年平均原值} \times 100\%$$

3. 流动资金周转率

流动资金周转率反映旅游经营部门或企业在一定时期内由于开展旅游商品的生产经营活动,其流动资金伴随着委托、代办、接待旅游者的情况而不断循环往复,衡量这种周而复始地循环运动的快慢程度的指标,称为流动资金周转率。它可以通过流动资金周转次数和流动资金周转天数两个具体指标来表示。

(1)流动资金周转次数,说明流动资金在一定时期内(一般为一年或一个季度)的周转次数。其计算公式为

$$流动资金周转次数 = \frac{一定时期旅游营业收入}{一定时期流动资金平均占用额}$$

(2)流动资金周转天数,说明在一定时期内流动资金平均每周转一次所需要的天数。其计算公式为

$$流动资金周转天数 = \frac{流动资金平均占用额}{旅游营业收入 \div 日历日数}$$

流动资金周转率指标,说明旅游企业占有一定的流动资金,其周转速度越快,接待的旅游者人次数就越多,旅游营业收入就越高。在其他条件既定的情况下,旅游经济效益就越好。同样的道理,为了取得一定的旅游营业收入,接待一定数量的旅游者人次,流动资金周转越快,旅游经济效益越好。

为了考核加速流动资金周转速度所取得的经济效益,可以计算由此而节约的流动资金额。其计算公式为

$$流动资金节约额 = \frac{同期的旅游收入}{日历日数} \times (上期流动资金周转天数 - 本期流动资金周转天数)$$

例如:第二季度旅游收入为550万元,第一季度流动资金周转天数为30天,第二季度流动资金周转天数为20天,则

$$流动资金节约额 = \frac{550}{91} \times (30-20) \approx 6 \times 10 = 60 万元$$

4. 流动资金占用率

流动资金占用率通常以每百元旅游营业收入所需要占用的流动资金额来表示。其计算公式为

$$流动资金占用率 = \frac{流动资金平均占用额}{旅游营业收入} \times 100\%$$

这一指标表明,每百元收入占用流动资金越少,在一定时期内流动资金利用就越充分,因此,流动资金占用率的下降,说明旅游收入的增长速度快于流动资金占用的增长速度,体现了增收不增资或少增资的经济效益。

5. 流动资金利润率

流动资金利润率是一定时期的旅游企业的经营利润与流动资金平均占用额的比率,它是衡量流动资金使用效果的又一个具体指标。其计算公式为

$$流动资金利润率 = \frac{旅游经营利润}{流动资金平均占用额} \times 100\%$$

这一指标是反映流动资金的盈利程度的指标,增加旅游企业利润总额或者降低企业资金占用量都可以提高流动资金利润率。

6. 全部资金占用率

全部资金占用率指旅游企业资金(包括固定资金和流动资金)占用额与旅游收入总额的比率。其计算公式为

$$全部资金占用率 = \frac{旅游企业全部资金占用额}{旅游收入总额} \times 100\%$$

这一指标综合反映旅游企业全部资金的利用情况,如果以同样多的资金取得了更多的旅游收入,资金占用率就低,则经济效益就好。

7. 旅游收入利润率

旅游收入利润率是指在一定时期内旅游企业经营利润总额与旅游收入总额的比率。它是反映企业经营管理水平与盈利程度的又一经济指标。其计算公式为

$$旅游收入利润率 = \frac{旅游经营利润总额}{旅游收入总额} \times 100\%$$

在考核这一指标时,可以将不同时期的旅游收入、利润率进行相互比较,用来衡量企业在旅游经营活动中是不是既增产又增收。如果利润的增长速度大于旅游收入的增长速度,则旅游收入利润就表现出上升趋势,说明企业增产增收;反之,如果利润的增长速度小于旅游收入的增长,则旅游收入利润率下降,说明企业虽然增产了,但并没有增收。

8. 旅游资金利润率

旅游资金利润率是指企业在一定时期内实际实现的旅游经营利润总额与全部资金总额(固定资金净值+流动资金平均余额)的比率。它也是衡量旅游经济效益的一项重要指标。其计算公式为

$$旅游资金利润率 = \frac{旅游经营利润总额}{固定资金净值+流动资金平均余额} \times 100\%$$

旅游资金利润率指标反映了企业投入生产经营活动的全部资金的盈利水平,表明每使用一百元的旅游资金所获得的利润净额。旅游企业的资金利润率越高,取得的经

济效益越好。

9. 旅游收汇率

旅游收汇率是指一定时期内旅游外汇纯收入（旅游外汇总收入－旅游外汇支出）与同期旅游外汇总收入的比率。其计算公式为

$$旅游收汇率 = \frac{旅游外汇总收入 - 旅游外汇支出}{旅游外汇总收入} \times 100\%$$

经营国际旅游业务所取得的外汇收入等于旅游目的地国家（地区）的国民收入的增加，而为了向国际旅游者提供适合他们需要的旅游产品和服务，又必须支出一定的外汇收入，以进口必要的旅游设施、设备、食品饮料等，同时在向国外进行旅游宣传和推销过程中也要以外汇支付各项费用。这样就使旅游外汇收入的一部分又流出国外。由此可见，旅游收汇率越高，留在国内的旅游外汇收入就越多，对本国的社会经济发展的作用就越大，旅游业的经济效益就好。

以上是从劳动消耗与劳动占用两个方面分析了旅游经营效益的指标体系及其基本内容，主要目的在于使我们了解各项具体指标的含义及其计算方法。但事实上在旅游经济活动中，劳动消耗与劳动占用是密切联系的，旅游业的生产经营活动，必须以劳动占用为前提，以劳动消耗为内容，以优质服务为宗旨，以向旅游者提供适销对路、货真价实的旅游产品和服务为目的，最后以旅游经济效益体现出旅游经营成果。

三、旅游业投资效益指标

1. 单位生产能力投资额

单位生产能力投资额指建成投产的建设项目新增每单位生产能力所花费的投资额。其计算公式为

$$单位生产能力投资额 = \frac{建设项目全部投资完成额}{全部新增生产能力}$$

一般来说，在同样标准的条件下，每间客房投资额越少，其投资效果越大。

2. 单位投资提供的盈利额

单位投资提供的盈利额是指一定时期由投资引起的盈利增长额与一定时期投资额的比例。其计算公式为

$$单位投资提供的盈利额 = \frac{一定时期由投资引起的盈利增长额}{一定时期投资额}$$

$$投资后盈利额 = \frac{投资前盈利额}{一定时期投资额}$$

3. 投资回收期

投资回收期是指建设项目投产后从盈利额中收回全部投资的时间，即建设项目投资总额与投产后年盈利额的比值。它是及时投资与投产后产生的综合经济效益的指标。其计算公式为

$$建设项目投资回收期（年） = \frac{投资总额}{投产后盈利额}$$

例如某饭店的建设投资及投产后的经营状况和盈利水平如下：

建设占地面积：2万平方米

新建客房:400 标准间

建设总投资:2400 万元

每间造价:60000 元

每间客房每日价格:140 元

客房出租率:60%

计划利润率:25%

则每天的盈利额为 8400 元,全年盈利额为 306.6 万元,投资回收期是 7.8 年。

4. 旅游投资效果系数

旅游投资效果系数表明每单位投资能提供多少经济效果。可用旅游净收入或盈利额来表示。

如果从旅游业角度来考察,可以用旅游净收入来表现。其计算公式为

$$旅游投资效果系数 = \frac{旅游总收入 - 旅游物化消耗成本}{投资总额}$$

从企业角度来考察,可以用盈利额来表现。其计算公式为

$$旅游投资效果系数 = \frac{旅游总收入 - 旅游总成本}{投资总额}$$

第五节　提高旅游经济效益的策略

旅游企业经济效益的好坏,不仅决定着企业自身的生存和发展,而且会直接影响整个旅游业的宏观经济效益。旅游业的宏观经济效益又不仅体现了旅游业自身的直接效益,而且体现了由旅游业的关联带动而引起国民经济中相关产业部门的间接效益,以及社会经济发展和生态环境改善的间接效益等。因此,从微观和宏观两个角度,采取适当的策略以提高旅游经济效益,显得十分的必要和重要。

一、提高旅游微观经济效益的策略

1. 加强旅游客源市场调研,不断扩大旅游接待量

源源不断的客源是旅游业生存和发展的前提条件,也是旅游经营部门增加旅游收入,提高旅游微观经济效益的重要途径。因此,应该加强对旅游客源市场的研究,随时掌握现有客源的偏好和流向,潜在客源的状况,以及主要客源国的政治、经济、文化现状和发展趋势。并有针对性地进行旅游宣传和促销。恰如其分地提供旅游产品,以不断提高旅游接待量,增加旅游企业的经营收入,提高经济效益。

2. 提高劳动生产率,降低旅游产品生产成本

提高劳动生产率就是要提高旅游企业职工的素质,加强劳动的分工和协作,提高劳动组织的科学性,尽可能实现以较少的劳动投入完成尽可能多的接待任务,以节约资金占用,减少人财物力的消耗,降低旅游产品的成本。同时,提高劳动生产率还有利于充

分利用现有设施,扩大营业收入,达到提高利润、降低成本、增加旅游经济效益的目的。

3. 加强经济核算,提高经济效益

经济核算是经济管理不可缺少的重要工作之一。旅游经济部门的经济核算,是旅游经济部门借助货币形式,通过记账、算账、财务分析等方法,对旅游经济活动过程及其劳动占用和耗费进行反映和监督,为旅游经济部门加强管理、获取良好的经济效益奠定基础。加强旅游经济部门的经济核算,有利于发现旅游经济活动中心薄弱环节和问题,分析其产生的原因和影响因素,有针对性地采取有效的对策和措施,开源节流,挖掘潜力,减少消耗,提高经济效益。

4. 提高旅游从业人员素质,改善服务质量

服务质量的好坏主要体现在旅游从业人员素质上,尤其是旅游企业员工的素质。旅游企业员工是旅游业第一线工作人员,通过他们热情周到的服务、整洁大方的仪容仪表、优雅娴熟的服务技能、良好的文化素质和修养,能使旅游者真正感受到"宾至如归"。因此,提高旅游从业人员的政治素质、专业知识、业务技能和道德修养,改善和提高服务质量,就能满足旅游者的需求,促使他们延长逗留时间,增加消费,从而提高旅游经济部门的微观经济效益。

5. 加强旅游经济部门的内部管理,不断改善和提高经营管理水平

旅游经济部门良好的内部管理是创造良好的经济效益的前提和重要途径。加强旅游经济部门的内部管理工作,一是要加强标准化工作,促使部门内部各项活动都能进入标准化、规范化和程序化的轨道,建立良好的工作秩序;二是要加强定额工作,制定先进合理的定额水平和严密的定额管理制度,充分发挥定额管理的积极作用;三是加强信息和计量工作,通过及时、准确、全面的信息反馈和交流,不断改善和提高服务质量;四是加强规章制度的制订和实施,严格各种工作制度、经济责任制度和奖惩制度,规范员工行为,促进经营管理的改善和提高。

二、提高旅游宏观经济效益的策略

1. 改革旅游经营管理体制,建立现代企业制度

要提高旅游宏观经济效益,必须在社会主义市场经济基础上,建立合理的旅游经济管理体制,改革传统计划经济管理体制。要做到政企分离,明确划分旅游行政管理部门和企业的权利和责任,为旅游企业创造良好的外部环境,使旅游企业真正成为自主经营、自负盈亏的经营实体,从而提高旅游企业的经济效益;要加快对国有旅游企业的改革,建立适应市场经济要求的现代旅游企业制度;要改善和加强旅游行业管理,促进行业管理的规范化和科学化,促使旅游企业真正走向市场,参与市场竞争。要改变单纯依靠国家为投资主体的做法,建立能调动旅游业各方积极性的管理体制,形成多渠道投资的格局。

2. 改善宏观调控,完善旅游产业政策

旅游业是一个覆盖面十分广阔的产业,旅游产品的生产需要交通、通信、园林、建筑等相关行业的支持与配合,最终由旅游业内部各个部门来共同完成。因此,要提高旅游宏观经济效益,就要不断加强对旅游业的宏观调控,制定和完善旅游产品开发政策、旅游人力资源开发政策、旅游投资政策等旅游产业政策,充分利用和发挥经济、行政和法

律等宏观调控手段,对整个旅游业的发展作出统一、科学、合理的规划和指导,促进旅游产业的发展。

3. 加强旅游软硬件建设,提高旅游产品质量

旅游业的发展和经济效益的提高,离不开旅游硬件和软件建设。所谓旅游硬件,就是指旅游业的基础设施和接待设施等;所谓软件,就是旅游产品,即旅游服务的质量。要提高旅游宏观经济效益,就要加快交通、通信、医疗、水电、安保等基础设施的建设,为旅游者提供安全、舒适、方便、快捷的服务;加强旅游产品的开发,加快旅游景点、景区的建设,在搞好环境保护的前提下,努力开发对旅游者具有吸引力的旅游产品;不断改善和提高服务质量,以更好地满足旅游者的各方面需求。

4. 完善旅游宏观环境建设,实现依法治旅

旅游业是一个覆盖面广、关联性强的产业,旅游业的发展离不开旅游宏观环境的不断建设和完善,这就要求各地各部门在加强旅游业自身环境建设的同时,要特别重视与其他相关行业的协调,以取得它们的支持和配合。此外,必须建立、健全旅游市场法规,依法规范市场主体行为,严厉打击破坏、犯罪行为,制止各种不正当竞争手段,提高旅游市场管理水平,使旅游业管理逐步实现法治化、规范化和国际化,加快与国际旅游市场的接轨。

5. 加强旅游工作队伍建设,提高旅游从业人员素质

在当前激烈的旅游市场竞争中,人才竞争是根本性的竞争。一个国家旅游业的发展,要有一支优秀的旅游工作队伍。在这个队伍中,要有一批从事理论研究的科研人才、实践工作经验丰富的旅游宏观管理人才,以及高素质的旅游市场营销人员和服务人员。在某种程度上,设施设备的缺乏可以用高质量的旅游服务来弥补,因此,优秀的服务十分重要,这就要求不断提高旅游从业人员的政治思想素质、心理素质、业务素质等,加强旅游整体队伍建设,树立起良好的旅游服务形象,提高旅游宏观经济效益。

本章小结

旅游业是一个综合性强的经济产业。旅游经济活动牵涉众多部门和行业,只有旅游部门与其他相关部门紧密合作,相互协调,旅游经济活动才能顺利进行,实现既定目标,通过对旅游经济效益的评估,可有效把握市场发展动态,平衡旅游收支,提高旅游企业的综合效益。

复习思考

■ **课堂讨论题**
1. 旅游收入的分配与再分配在旅游发展中有什么意义?
2. 旅游经济效益如何评估?

■ **复习思考题**
1. 旅游经济效益的类型有哪些,如何进行旅游经济效益评价?

拓展阅读

2. 影响旅游收入的因素有哪些？如何评价旅游收入指标？
3. 什么是旅游乘数效应？旅游乘数效应有哪些表现？
4. 旅游经济效益的评估方法有哪些？
5. 如何提高旅游企业的经济效益？

第十章
旅游经济规制与政策

学习目标

了解市场失灵的表现,明确政府干预、制定旅游规制的必要性,分析政府干预行为,阐明旅游产业政策的特征与作用,概述旅游行业管理的概念与特性、手段等。

重点/难点

识别旅游规制的特点和原则,掌握旅游产业政策的内容体系,总结我国旅游规制的现状以及我国旅游产业政策的制定与实施情况,梳理旅游业管理的内容。

思维导图

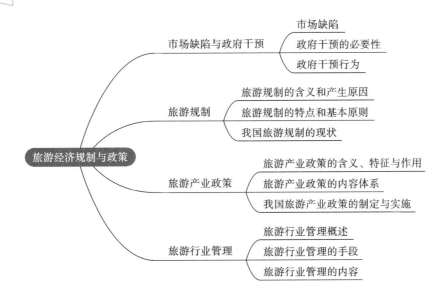

第一节 市场缺陷与政府干预

一、市场缺陷

(一)旅游市场信息不对称

1. 信息不对称的含义

信息不对称是指交易过程中,由于交易双方拥有不对等的信息数量,一方拥有比另一方更多的信息从而产生逆向选择和劣胜优汰现象。信息不对称现象的存在,违背了完全竞争市场条件下信息充分的假定,对信息掌握较多的一方可以利用对方的无知进行欺诈,从而导致效率损失。当市场上交易品的质量在很大程度上受控于拥有隐蔽信息的一方时,就产生了经济学上所定义的逆向选择,交易中一方渴望得到优质品,而另一方却只乐于提供劣质品。

2. 旅游市场信息不对称

在旅游经济活动中,依靠市场实现资源最佳配置的一个前提是旅游经济的行为主体都具有"经济人"特征,即旅游经济活动的当事人都具有全面的知识和无限的理性,可以在当前或者将来本着使自身效用最大化的原则作出理性的选择。现实的情况却是旅游经济活动的当事人面对无边无际的信息,每个旅游经济活动的当事人不可能在信息收集、传递、分析和处理等方面做到面面俱到,也就不可能具有全面知识和无限理性,而只能具有部分知识和有限理性。

旅游经营者在面对国际和国内旅游市场的变化以及由不同旅游者需求个体所组成的旅游市场需求时,不可能全面掌握对其经营活动或产品开发具有决定性意义的全部信息。再则,旅游经济活动总是在特定的社会和自然环境下进行的,与旅游市场相关的社会、自然环境等因素会随时发生变化,市场存在着相当的不确定性。

对于旅游者来说,面对众多的旅游目的地和各种提供相同旅游服务的供应商和中间商时,也需要对所有提供相关服务的经营者的情况进行全面掌握和比较,才能从中选择出能实现自己旅游效用最大化的旅游服务和旅游服务供给者,这显然是很难做到的。

(二)旅游经济中存在外部性

所谓外部性是指某个经济主体生产和消费物品及服务的行为不以市场为媒介面对其他的经济主体产生的附加效应的现象。也就是说,外部性是市场价格没有完全反映交易的额外成本或收益。在旅游经济活动中,外部性包括三个方面内容:一是作为市场主体参与者,包括旅游者和旅游厂商的决策和行为直接影响他人旅游消费或其他企业的旅游经济活动;二是对他人或其他企业所形成的经济影响不通过市场交易活动来实现;三是对他人或其他企业的成本和效用产生一定程度的影响。

由于外部性的存在,使个人或者企业的边际成本与社会边际成本形成一定的差额,同时,也会产生个人或者企业的边际效益与社会边际效益之间的差额,这两个差额便是外部成本和外部效益。在旅游经济活动中,无论是旅游者还是旅游经营企业,当受到外部影响产生了外部成本时,便是外部不经济;如果受到外部影响产生了外部效益时,便是外部经济。外部经济与外部不经济现象都存在于旅游经济活动之中,是旅游经济活动经常性的表现。

旅游目的地企业的经营活动以及旅游者的旅游消费活动总是与特定的旅游资源相联系的。没有一定的旅游资源存在,旅游地的旅游企业便无法进行市场交易活动,旅游者也不可能实现自己的旅游消费活动。因此,以旅游环境为依附的旅游资源是旅游目的地进行旅游经营活动的主要生产要素,同时也是旅游者旅游消费的主要对象。如果我们将旅游环境作为社会成本和社会收益来对待,那么,旅游目的地企业在其经营活动中以及旅游者在其旅游活动中的经营和消费的决策、行动都会对旅游环境产生影响,这种影响可以形成外部经济,也可以产生外部不经济。

从外部经济来看,通过旅游企业个体的投资和经营行为,提高了旅游目的地的市场知名度,改善了旅游目的地的旅游环境;同时,来自经济发达地区的旅游者进入,会促进地区社会文明的兴起和观念的改变。在这种情况下,旅游企业的经营行为以及旅游者的消费行为不仅使经营者和消费者受益,而且也使整个旅游目的地全社会受益。这时,旅游目的地全社会边际收益大于经营者和旅游者的边际收益,形成了外部经济性。

从外部不经济来看,旅游企业的投资和经营行为以及旅游者的旅游消费行为,也会对旅游目的地的旅游环境产生破坏影响。如旅游企业在旅游景区和景点的投资行为,可能会破坏当地的自然环境和生态环境;旅游企业在经营活动中所产生的噪声、污水和废气会对环境造成不同程度的污染;旅游企业超规模的旅游接待形成的旅游活动拥挤现象以及旅游者在旅游过程中对旅游资源和旅游环境的破坏和污染行为,都会使旅游目的地产生社会边际成本。如果社会边际成本大于旅游企业和旅游者边际成本,外部不经济现象便会产生。

(三)旅游经营中的自然垄断

自然垄断是指由某种经济技术特征所决定的,某一产业部门由单个企业生产产品成本最低的现象。自然垄断行业具有以下几个特点:①规模经济效益很明显;②存在大量的沉没成本;③产品供给具有较强的地域性。这就要求这些行业所提供的服务具有产量的稳定性和质量的可靠性。

通过市场对社会资源实现有效的配置,是假定市场是完全竞争的,即在竞争中不存在报酬递增的现象。然而,在旅游经济活动中,许多旅游服务都是由报酬递增的企业提供的,这些服务性企业的生产函数具有随着需求规模报酬递增的特点。对于那些具有竞争性的旅游企业来说,为获得"经济租金"会竞相创新,增强市场力量,当创新突出的个别旅游企业的市场力量增强到一定程度,有了左右市场的能力时,就会形成垄断或独占。自由竞争的发展最终会引致垄断的生成,垄断是对竞争的否定。垄断会给经济带来损失并降低经济的效率;垄断使生产的产量过低而售价过高,垄断产生的租金促使厂商缺乏降低成本的动力因而管理松懈、研发不力,这对投资者来说是不能忍受的;垄断租金常常很高以至于厂商宁愿将精力用在寻租上而不是专注于经营。另外,垄断者不但会掠夺一部分旅游者的消费者剩余,而且还会造成一部分旅游者消费者剩余的无谓损失,这是社会经济效用的纯损失。垄断有这些弊端,却不能在市场中得到解决。因此,对垄断尤其是自然垄断,除了国有化外,在引入竞争或加强民营化的同时应进行政府规制。

(四)旅游经济活动中存在公共物品

公共物品的严格定义是萨缪尔森给出的,他认为纯粹的公共物品是指这样一种产品,每个人消费这种产品不会导致别人对该产品消费的减少,即具有消费的完全非排他性和完全非竞争性的产品,这也是狭义的或者说纯公共物品的定义。所谓非排他性是指如果任何人都不必付费而能消费产品,而要将他人排除在外,要么是不可能,要么是代价太高。这种消费的非排他性包括两层含义:第一,技术上不可能;第二,技术上有可能,但在经济上,代价太高。所谓非竞争性是指对此种物品的消费,一个人对这种物品的消费并不减少别人可得的消费量,而且增加额外的消费者并不需要增加供给。

纯公共物品有国家公共安全服务、基础科学研究、立法司法、政府行政管理、环境保护等。就这些物品来看,首先无法将不付费者排除在外,或排除在外但成本很高。同时消费者的增加也不会引起生产成本的增加和导致他人消费的减少。此外,纯公共物品还有一个特性就是公共物品消费的非自愿性,也就是说,公共物品一旦生产出来,消费者愿不愿意也得消费,其供给由财政税收支撑,并不需要和消费者讨价还价。

同纯公共物品相反的是纯私人产品,即具有消费的完全排他性和完全竞争性的物品。该物品的消费,一方面可以不费代价地将他人排除在外,另一方面增加一个消费者的边际成本很高,同时一个人使用该物品,别人就不能再使用该物品了。

就旅游经济活动而言,旅游目的地的旅游环境是一个公共物品,无论是对旅游企业来说,还是对旅游者个人来说,提供一个良好的旅游目的地环境是旅游发展的必要条件。但是,提供旅游环境这个公共物品需要付出一定的成本,如旅游目的地的公共设施建设、维护和管理,自然环境和生态环境的保护,人们的教育水平决定的好客行为等,这些旅游环境的建设都需要付出相当的成本,需要旅游活动的受益者共同承担。然而,这些旅游环境生产出来后,旅游者无论是否支付了代价,旅游企业都可以从旅游环境中获得一定的利益,这就形成了"搭便车"的现象。也就是说,每个旅游企业和旅游者都希望别人生产公共物品,让别人为公共物品的生产付出代价,而自己能不付出代价而消费。在这种动机的驱使下,使市场对公共物品进行资源配置的机制失灵。

二、政府干预的必要性

(一)旅游市场失灵期待政府干预

在旅游发展过程中,由于市场不完全性、信息不对称性、自然垄断现象、外部性以及公共物品的存在等原因,旅游市场会出现失灵现象,即市场机制有它自身难以克服的缺陷,正是这些缺陷的存在,需要政府合理地介入。

市场失灵的结果导致旅游经济活动不能按照资源的最优配置运行。为了保证旅游经济的资源有效配置,有必要通过政府的行为对旅游经济进行市场干预,使旅游经济以及市场主体的经济活动向有效率的资源配置方向发展。这里的政府干预是指政府以管理者的角色,通过一系列相关的政策、规制措施,对旅游经济进行某种程度的干预,以使旅游经济运行和发展符合政府预定的目标。政府干预不仅仅是宏观调控,宏观调控只是对旅游经济运行的总体或总量的控制,如在旅游地区结构中,针对西部旅游经济与东部旅游经济总量上发展的不平衡,政府为促进西部旅游经济的发展所采取的一系列政策和措施,是一种宏观调控。而政府干预是对宏观经济和微观经济领域进行的干预,它比宏观调控的范围要更为广泛。政府干预也不仅仅限于经济手段,还包括通过行政手段和法律手段对旅游经济实施干预。

(二)政府干预是旅游经济本身的要求

旅游经济是一个综合的经济现象,这不仅表现在旅游经济体系组成具有多行业性,还表现为多地区性。旅游经济所需的各种经济要素有相当一部分是公共物品。对这样一种综合的经济现象,仅仅靠市场机制下的私人生产和供给难以实现全社会资源的有效配置。比如说,旅游目的地形象是旅游经济的一个重要因素,是引起旅游行为和旅游经济行为的主要动因。旅游企业经营效益的好坏不仅取决于通过市场运作的自身努力,同时,在一定程度上还取决于这个旅游企业所在的市场形象。目的地形象是公共物品,靠私人行为是无法提供的,只有通过政府来提供。树立旅游企业形象,是靠政府对基础设施的投资行为实现的。某个地区能否将潜在的旅游资源转化为经济资源,不仅取决于这个地区能否对旅游资源进行有效的开发,还取决于客源地与这个地区是否具有良好的交通通道。这个地区如果没有一定的交通作为保证是不可能成为一个旅游目的地的,旅游企业也不可能取得一定的经济收益。提供交通的经济活动不是旅游目的地所能实现的。如果让企业与交通行业就交通问题进行谈判,是很难达成契约的,如果通过政府的行政性资源来进行,就可以降低企业就交通问题讨价还价所形成的交易成本,从而大大提高资源的利用效率。

(三)我国的国情与旅游发展现实要求政府干预

我国作为一个社会主义国家,市场经济是与社会主义基本制度结合在一起的,这同西方国家资本主义制度下的市场经济是不同的。在这种情况下,国有企业和公有财产是公有制度的经济基础,如果没有这个基础,公有制度将会动摇,因此,从国家利益和公有制利益上说,公有财产的维护及发展便成为政府干预旅游经济的主要原因。

同时,我国的旅游经济体系的形成是政府推动的结果,而不是像发达国家是由市场自然发育的结果。市场机制的充分实现是建立在市场主体充分发育的基础上的,充分的市场机制与成熟的市场主体,是市场作用充分实现的关键。如果没有具有与旅游经济相适应的市场主体存在,将会出现市场主体缺位;如果市场主体虽存在但却不能发挥主体作用,那么将会出现市场主体的弱化;无论是市场主体的缺位还是弱化,一个直接结果就是都不能实现市场的均衡。在这种情况下,市场机制的功能是不能充分发挥的。如果完全依靠市场来调节旅游经济活动,不仅不能实现资源的有效配置,反而会使旅游经济运行出现新问题。

三、政府干预行为

政府对旅游经济的干预主要是解决自然垄断、外部性、公共物品提供、市场发育不完全性以及市场主体弱化等问题,由此,决定了在旅游经济中政府的主要行为表现在以下几个方面。

(一)消除市场障碍,培育旅游市场体系

在旅游经济中,市场障碍主要是由于市场发育不完善而出现的功能性障碍。我国旅游经济起步较晚,为了加速旅游经济市场体系的形成,必须由政府出面,清除旅游经济成长的市场障碍。当前,旅游经济中非市场因素很多,如旅游经济的地区性和行业分割,统一的旅游经济并没有形成,各地方和行业追求部门本地区和本行业的利益,使市场机制不能很好地发挥作用,影响了资源配置效益。在旅游经济活动中,政府培育市场的过程,实际上是政府职能的转变过程,也就是政府要从以行政手段直接管理和干预旅游企业的活动中解放出来。

培育市场的一个重要内容,是要建立与旅游经济相适应的市场主体。政府要利用各种行政性手段来加速市场主体培育,使旅游企业成为能与国际旅游企业相抗衡的市场主体。市场主体的培育表现为两个方面:一是政府要转换国有旅游企业的经营机制,建立现代企业制度;二是通过各种行政性手段和制度性手段促使具有一定经济规模的旅游企业和企业集团快速发育。市场客体的培育主要表现为市场体系的建立。我们知道,健全和完善的市场体系是市场机制发生作用的前提,当前,我国旅游经济中,入境旅游市场体系发展很快,而出境旅游市场和国内旅游市场体系发育缓慢;点线旅游经济体系发育较好,而板块旅游经济体系发育较慢;观光旅游市场体系发育较快,而度假旅游和特种旅游市场体系发育较慢。同时,无论是旅行社分工体系,还是旅游酒店的市场细分都还处于初级发育阶段。所有这些,都需要政府发挥自觉培育市场的职能,促使市场发育。

(二)弥补旅游市场运行中的不足

由于外部性和自然垄断的存在会使市场出现失灵,因市场失灵而出现的市场缺陷需要政府出面进行干预。对此,政府要通过各种干预手段,减少市场主体的外部不经济的现象。

由于旅游经济是一个综合经济现象,一个行业或一个企业的经营决策和经营行为会对其他行业和企业产生收益和成本的影响,形成外部性。外部性的存在会大大降低资源的有效配置。如果旅游景区景点企业出于自身利益的考虑,在有需求弹性的情况下,大幅度提高门票价格,从而大幅度增加收益,会对酒店和旅行社企业的经营产生重大影响,形成外部不经济现象;民航、铁路等交通运输行业提高价格,会使这些行业通过提价受益,但这种受益却是以牺牲旅游目的地的经济利益为代价的。无论采用什么形式,都会大大降低社会资源的配置效率,导致社会总收益的下降。由于在旅游经济中,市场主体并不完全承担它们引发的外部不经济的后果,有些主体反而可以从外部不经济中获得一定的收益,所以,在利益的驱使下,如果没有政府干预,这些行业和企业不会

停止制造外部不经济的活动。

另外,政府还要对市场的垄断行为实施干预。垄断会破坏市场功能。旅游经济的市场主体由于自然或市场的原因形成了对旅游经济某个领域的市场垄断时,市场就难以形成最优的资源配置,垄断的直接后果是使市场主体的创新动力下降,政府要通过各种手段来限制垄断行为,以保证市场机制最有效地发挥作用。

(三)向旅游市场提供公共物品

旅游经济是借助大量的公共物品运行的,如旅游地的形象、旅游宣传、国际旅游市场的对外促销、国际旅游者的出入境条件、城市旅游环境、旅游基础设施、旅游资源和景点景区等。没有这些公共物品的存在,旅游经济是无法开展的。作为公共物品,私人企业是不愿生产和供应的。也就是说,市场上的旅游企业是不愿提供无利或低价微利的服务的,而这些必须由政府向市场提供。因此,提供一定的旅游公共物品是政府的一项重要职能。

(四)建立市场规则,维护市场交易秩序

市场规则是根据国家法律法规制定的各种行政规定以及市场形成的准则和制度。就市场规则的形成过程来说,一部分市场规则是国家的法律法规以及政府根据旅游经济的实际情况制定的各种行政规定、命令、管理条例和管理制度;一部分是由市场交易活动所形成的规则和国际惯例,如酒店日间房租规定、旅行社定价规则等。这些规则虽然不是由政府制定的,但是政府要按照这些规则对市场主体进行管理,以维护市场正常交易秩序。在旅游经济中,大量的市场规则是由政府制定的,这些规则主要有旅游企业以及市场主体进入市场的规则、旅游企业以及市场主体退出市场的规则、旅游市场运行规则、旅游企业制度等。

总而言之,政府对旅游经济干预是对旅游经济进行总体干预,而不是对旅游经济个别市场、个别旅游经济主体进行干预,也不是对从事旅游经济活动的个人经济行为进行干预。

第二节 旅游规制

一、旅游规制的含义和产生原因

(一)旅游规制的含义

规制,一般指政府从公共利益出发,通过法律、法规、政策、制度等来控制和规范社会经济主体和事业主体的行为,纠正在市场不健全或市场失灵情况下发生的资源配置的非效率性和分配的不公平性,其目的在于促进产业结构合理、资源配置优化,维护社会秩序和社会稳定。根据旅游业的实际情况,旅游业具有综合性、配置性和服务性的特点以及国民化的趋势,旅游规制是解决旅游经济中市场失灵的一个有效方法,即旅游规制是政府利用行政性资源和行政手段,从维护旅游者的公共利益和国家的整体利益出发,纠正或缓解市场失灵与市场缺陷带来的不经济和不公正,从而维护旅游经济和旅游市场秩序的稳定,提高所有旅游者的福利水准。

(二)旅游规制的产生原因

1. 旅游经济的公共物品属性和外部性

旅游经济无论是从其内部还是外部来说,都具有很强的公共物品属性和外部性。这种公共物品属性和外部性主要表现为旅游地的形象建设,旅游经济相关领域的文化塑造,产品创新,市场开发培育和市场秩序维护以及旅游环境保护和一些公用、基础设施的建设等方面。对于具有外部性的行为,如果任其由市场机制自行调节,必然出现"搭便车"或者"智猪博弈"。即中小旅游企业等着由大的旅游集团和大的旅游企业进行旅游市场的培育、旅游目的地或客源地形象的维护与建设以及各种新产品的研发,而自己却不花成本或花极少的成本"搭便车"、跟风和模仿。在这种情况下,市场规则的紊乱使竞争机制无法充分实现资源的有效配置,其结果使旅游市场无论是供给还是需求都将为之付出更多的代价。

对于公共物品,如果对其产权不进行排他性界定,会导致对该资源的过度使用。但是,如果完全由(私人)厂商来提供公共物品,厂商间博弈会使公共物品的纳什均衡供给小于帕累托最优供给,且二者之间的差额随提供者数量的增加而增加,也就是说,由私人提供公共物品将造成供给不足。这时,只有政府规制的介入才是有效的解决之道。有一些公用或基础设施,兼有公共物品和私人物品的特征,被称为俱乐部物品,如公园门外的停车场,城市内的主题公园,既给所有者带来好处,也给周围的非所有者带来便利和好处。为了保证或提高俱乐部物品的使用效率,最有效的办法是通过某些制度安排以实现其排他性消费。

2. 旅游市场垄断因素的存在

一般认为,旅游业具有较高的固定成本。旅行社虽然不具有高固定成本,但是随着旅游向个性化、多样化和高新化的发展以及市场全球化和竞争白热化,研发、客户维护、服务深化和宣传推广的费用将成为决定旅行社生存而需投入的固定成本,而这些成本显然是巨大的。因此,未来的旅游业必将是个高固定成本的产业。由于旅游业是劳动密集型和信息密集型产业,对人力资源、创新和信息的依赖性很强,这些因素使旅游业内完全有条件形成垄断的市场格局。垄断使整个旅游业的产出不足,造成就业的不充分;垄断的高额垄断资金效应使整个旅游业的经济效率降低,从而影响旅游经济的增长。旅游业作为吸纳就业、拉动需求和促进经济增长的一个重要的支柱产业,垄断的形成是与国家发展旅游业的目标相左的。市场机制自身不能消除旅游业的垄断现象,因此,通过政府制定反垄断法、反托拉斯法和智力成果保护法,引进竞争性规制,可以形成良好的市场格局和市场秩序,将有效地达成规范市场、促进经济发展的目的。

3. 旅游经济信息不对称

在旅游经济中,信息不对称普遍存在。信息不对称将会出现旅游需求的逆向选择,阻碍旅游者享受到低价优质的旅游产品。针对旅游者的逆向选择，提供低价优质产品的旅游企业就必须通过低价高昂的前期投入和过程投入实现信号传播。但是由于受信息质量、受众分布、传输时滞带等因素的影响，信号传递是不充分的。在这种情况下，就会加大旅游者获取有关低价优质旅游产品等有效信息的搜索成本，此类现象在旅游业内屡见不鲜。由于旅游生产与旅游消费具有同步性，旅游供给方又具有信息优势，因此质量差的供给方易于作出过多的承诺，更热衷于低价竞争扰乱市场秩序。为了减少旅游市场上的信息不对称，节约旅游厂商和旅游者的交易成本，引入政府规制的行为是必要的。政府可以通过旅游信息预报制度、运输部门价格听证制度、旅游企业年审制度、评选优秀旅游企业制度等降低由信息不对称所形成的成本，提高旅游经济的效率。

4. 建立并优化现代规制体系

旅游规制不仅表现在政府对旅游经济的干预上，在我国的现实国情下，它更表现在对以往行政主管部门直接管制旅游经济的松绑、对行政垄断和政企不分的破除等公共失灵的纠正上。从计划经济中产生的政府是市场的"看得见的脚"，其负面作用的消除仍然要靠政府自身行为来解决，所谓"解铃还需系铃人"。旅游规制不是单方面表现在对市场的规制上，还表现在对政府自身行为的规制上，其目的绝不是要限制市场机制的运行，而是为了使市场机制能更有效地运行。

二、旅游规制的特点和基本原则

(一)旅游规制的特点

旅游规制作为政府对旅游行业实行的规制，从总体上说，是使用行政性资源和行政手段，从维护旅游者的公共利益和国家的整体利益出发，纠正或缓解市场失灵与市场缺陷带来的不经济和不公正，从而维护旅游经济和旅游市场秩序的稳定，提高所有旅游者的福利水准。就其现实表现而言，旅游规制具有如下基本特点。

1. 规制手段具有强制性

因为在现实生活中，一般不存在完全竞争市场，市场缺陷不可避免，各级政府实行旅游规制总是凭借行政性资源和行政手段来纠正或缓解市场失灵与市场缺陷带来的不经济和不公正。这些手段主要包括以下方面。①保护与监督。通过实施一定的法律制度，保护人们的产权不受侵犯，同时，监督人们按一定规则行使产权，对产权行使过程中的矛盾加以协调。如保护旅游企业的财产权不受侵犯，保护旅游从业者权益和旅游者的权益等。②禁止和特许。借助法律禁止是政府最强硬的规制手段，如禁止无旅行社经营许可证的企业经营旅游业务，禁止无证人员从事导游工作。政府也可以建立特许制度控制进入，如定点餐饮、定点购物等。③价格、费率和数量限制。如对景区景点的门票借助价格控制进行规制，防止景区借助垄断地位索取高价，谋求超额利润。④服务质量标准和技术生产标准。⑤补贴。为补偿企业的一部分生产成本，政府会发放补贴，既可以是直接的补贴，也可以是间接的补贴。⑥信息提供。信息不充分是市场缺陷的表现之一。政府可在很少甚至没有成本的基础上直接向消费者提供信息，也可以要求企业通过信息标识直接向消费者提供信息。如建立旅游信息系统、发布旅行社年检信息等。

2. 规制目的具有公益性

公共利益论是传统的规制理论,这一理论认为,在那些存在市场缺陷的领域,政府通过对私人经济活动进行直接规范、约束和干预,以维护社会公众的利益。但是人们已逐步认识到,在许多场合规制成本已超过所获得的收益,但因政府在弥补市场缺陷方面有许多优势,因而规制仍然被广泛地实施。人们发现在实际生活中,政府规制的效果恰恰有利于生产者,如出租车市场上政府规制的价格往往高于成本且不允许其他经营者随意进入,结果使营运者获得高于正常利润的收益。在这种背景下,现代的规制理论即部门利益论就应运而生。这一理论认为,确立政府规制的立法机关或实施政府规制的部门,仅仅代表某一集团的利益,并非是为广大社会公众的利益而设计,因为一个集团可以通过说服政府实施有利于自己的规制行为,把其他社会成员的福利转移到自己集团中来。政府规制与其说是为了符合公共利益,不如说是"特殊利益集团"寻租的结果。有时候,政府规制也会给社会公众带来一些利益,但那不是政府规制的初衷,只是一个"副产品"。

3. 规制措施具有针对性

各级政府实行旅游规制总是凭借行政性资源和行政手段来纠正或缓解市场失灵与市场缺陷带来的不经济和不公正,从而维护旅游经济和旅游市场秩序的稳定,增进所有旅游者的福利水准。因而通常总是针对具体的市场失灵或市场缺陷采取相应的措施。由于我国现在正处于经济转型的特定时期,"培育旅游市场机制、建立旅游市场规则、维护旅游市场秩序"是现阶段旅游规制的主要目标。如:通过服务质量标准确保服务产品的质量,如导游服务质量标准、旅游区(点)质量等级的划分与评定;通过技术生产标准确保生产过程的安全,如游乐园(场)安全和服务质量等。又如:在我国"非典"期间和"非典"过后,许多地方政府对旅游业实行的税收减免政策等。

4. 规制措施具有阶段性和动态性

实行旅游规制的目的在于纠正或缓解市场失灵与市场缺陷带来的不经济和不公正。而在旅游经济发展的不同阶段以及旅游市场发育程度变化的情况下,国家或地方政府所采取的旅游规制手段也会发生相应的变化,加上旅游业本身是一个综合性很强的行业,地域性明显,因而旅游规制措施总是具有阶段性和动态性的。

(二)旅游规制的基本原则

旅游规制的上述特点是旅游业本身的行业特性的具体体现,也是旅游经济顺利运营的客观要求。因此,为了纠正或缓解市场失灵与市场缺陷带来的不经济和不公正,从而维护旅游经济和旅游市场秩序的稳定而实行旅游规制时,通常应坚持如下基本原则。

1. 政府主导性原则

如前面所作的分析,由于旅游经济的公共物品属性和外部性、旅游市场垄断等因素的存在以及旅游经济信息不对称等,再加上我国的国情,市场机制负面作用的消除必须要靠政府自身行为来解决;同时,为了弥补市场机制所产生的不经济或不公平也必须依靠行政性的强制手段才能真正实现。

2. 效益与公平相结合的原则

我国的社会主义性质与现实国情要求旅游业发展必须坚持既要讲究效益,又要兼顾公平。旅游业与国民经济其他行业密切相关,旅游业内部的各个部门、各个企业、各项工作之间亦有广泛联系。在社会主义条件下,我们必须树立"全国一盘棋、行业一盘棋、企业一盘棋"的全局意识,使整体效益达到最优。例如:某一旅游活动可能未取得直接经济效益,但刺激了农副产品和其他商品的需求,刺激了外国投资,增加了国家税收,促进了建筑业和交通运输的发展,提供了就业机会,仍可认为具有显著效益。再如,旅游业经营的多项活动中,有某些经营活动没有可观的经济效益,甚至可能出现负值,但它们的存在能促成其他经营活动的高效益,整体效益就决定了它们存在的价值。

3. 旅游业可持续发展的原则

经济利益,是人们进行劳动和一切社会活动的物质动因,也是生产关系的具体表现。但是,在旅游业发展过程中,受市场机制的影响,旅游企业与旅游者都以实现经济效益最大化为目标的话,在市场不健全或市场失灵情况下将发生资源配置的非效率性和分配的不公平性,从而可能产生对旅游资源的过度开发而造成旅游地生态环境的破坏,旅游者也可能因为旅游市场的信息不对称而受到一定程度的精神、物质上的损失等。因此,为了克服因市场机制本身的缺陷而影响旅游业发展中的社会效益、经济效益、生态效益的矛盾,必须要从可持续发展的角度出发,对旅游业实行必要的规制,引导旅游业发展实现社会、经济、生态效益的结合。

4. 公众参与的原则

旅游规制是为了纠正或缓解市场失灵与市场缺陷带来的不经济和不公正,这与市场机制条件下资源配置是相对的,因而在实现其目标的同时也就必然地要对被规制者的利益造成一定程度的影响。所以,实行旅游规制时,一方面要让规制受益者充分认识和依据政府的相关法律法规来维护自己的利益,同时也要让被规制者充分认识到政府所采取的规制措施的真实目的,并自觉地接受。只有这样,规制的目标才可能真正实现。

三、我国旅游规制的现状

(一)我国旅游规制的特征

我国的旅游规制源于计划经济时代对旅游的部门管理。改革开放以后,我国逐步形成了以行业管理为主的旅游规制体系。1996年《旅行社管理条例》的出台,标志着该体系的正式形成。

由于旅游经济涉及多个相关产业,旅游管理部门由于缺乏专业管理的组织体系,管理权威缺乏行政性资源的支持,使我国的旅游规制带有弱权威的特性。另外,我国旅游全行业管理,不仅表现在旅游行业管理的全行业上,而且也表现在行业管理的全过程上。我国在行业管理方面的旅游规制,主要还是通过政府的行业管理组织(如国家和地方各级旅游局)来实施的,其主要工具仍是行政手段,即在改变以往直接干预企业微观运作的改革思路下，通过对市场失灵领域进行调节并对企业进行间接的引导，达到完善市场、激活企业的目的。

值得一提的是，随着我国政治体制改革的深入，改善了旅游规制的实施环境，特别是政企分开制度的进一步界定与实施，为行业规制创造了有利条件。以前党政机关、各部委、各地方政府普遍办企业，行业规制处于代利益执法的尴尬境地，难以做到公正、透明。体制改革促进了我国旅游规制向法治化、有序化方向发展。

（二）目前我国旅游规制存在的问题

1. 制度惯性带来的部门本位主义依然存在

责权、事权界定清晰，旅游经济实施管理的部门便可以相互制约并达成必要的均衡。而现阶段，这种"清晰"在旅游经济管理的各部门之间还有待明确，事实上的部门制约常常带来额外的"扯皮"成本。

2. 政企改革还未彻底完成，地方保护主义发生的行政环境和利益诱因仍然存在

尽管我国的旅游业开放较早，改革力度较大，竞争也很激烈，但是由于体制改革和机构改革还未完全到位，没有形成通过国家立法而依法建立的相互独立的旅游规制机构和规制执行机构。另外，规制机构和被规制者还有未完全脱钩的环节和方面，"政"与"企"的利益纠缠和人事纠葛使当地旅游管理方宁愿忽视"消费者主权"。地方旅游局在业务上与上级旅游部门联系，但行政上仍然受地方政府的管辖，从经济和政治利益上都难以做到在全行业视角上的公正和有效。同样，旅游局内部旅游行业管理处和质监所的关系也是在"政出多门"体制下困扰人们多年而未决的问题。所有这些都要求旅游规制真正走向政企分开的道路。旅游规制机构的横向协调能力较弱，这和我国转型期间很多行政资源和连带经济资源从国家垄断走向部门垄断有关，部门垄断比过去的"大一统"反应度、灵活性和配置效率有了显著提高，但毕竟在行政和经济上还缺乏足够的明晰，部门出于利益考虑，便加大了部门协调的困难。现实中，旅游业的行业管理等规制工作牵涉极广，比如出境旅游管理问题就与公安、外交、外汇、海关、工商管理等许多部门直接相关。旅游业的脆弱性使旅游业受其他行业、部门的影响很大，而我国旅游规制机构的行政权力、权限和权威有限，协调能力相对软弱，不利于行业的稳定和平衡发展。如何增强旅游行业宏观调控能力，这仍然是今后相当长一段时间内旅游行业管理的大问题。

3. 我国旅游规制的方向还有待调整

我国旅游业发展总体上保持两位数增长，但是，许多旅游产品的利润率却持续下滑。酒店业开房率和价格都在不同程度地下降，淡季的情况更是惨不忍睹。旅行社在恶性的削价竞争中效益持续下滑。究其原因，一方面是由于旅游企业还没有形成具有引领行业动向的领袖企业和品牌，从而使"军阀混战"的行业缺乏自律；另一方面，我国旅游业的法治环境发育不成熟，"依法兴旅"依然任重道远，使旅游政策、方针的行使十分被动。我国旅游规制具体的方向和重点还有待进一步调整和优化，如增强旅游业管理的宏观调控能力，建立独立或明晰的旅游法律法规制定、执行和监督体系，引导建立稳定行业走向的龙头企业等。

第三节 旅游产业政策

一、旅游产业政策的含义、特征与作用

(一)旅游产业政策的含义

产业政策是政府为改变产业间的资源分配和各种企业的某种经营活动而采取的政策。旅游产业政策是政府为了实现一定时期内特定经济和社会目标而制定的针对旅游产业的各种政策的总和。

不同的历史时期,政府对旅游产业的经济发展目标不同,决定了旅游产业政策不同。我国旅游业发展初期的主要目标是为国家多创收外汇,体现在产业政策上就是国际入境旅游优先,在旅游业的布局上倾向于七个重点旅游区。由于当初旅游住宿设施极度紧张,所以在旅游产业组织方面积极鼓励各方力量的进入,形成了至今为止最为重要的一项旅游产业政策——国家、地方、部门、集体和个人一起上,自力更生和利用外资一起上的"五个一起上"政策。

(二)旅游产业政策的特征

综观世界各国各地区所实行的旅游产业政策,以及经济学家对产业政策的研究成果,结合旅游业的具体情况,旅游产业政策一般有以下特征。

1. 旅游产业政策功能的多重性

旅游产业政策功能的多重性主要表现为:①克服旅游资源配置中的市场缺陷;②加快旅游产业结构转换;③创造有利于平等竞争、规范竞争的旅游市场环境和秩序;④培育区域旅游业的竞争优势,提高旅游业的国际竞争能力;⑤实现旅游市场生产要素的均衡配置等。

2. 对旅游经济的深度干预性

旅游产业政策由于干预了旅游业部门间和旅游业内部的资源分配过程,比凯恩斯主义的通过国民收入的再分配间接干预经济运行的总体经济政策又深入了一步,在某种程度上冲破了自由市场经济学说的传统教条,企图在市场经济基础上实施国家干预与市场调节有机结合的"混合经济"。

3. 旅游产业政策的理论基础是多方面的

除了产业结构理论、产业联系理论和产业组织理论外,还有诸如动态比较优势理论、经济发展计划理论、技术进步理论等。

4. 旅游产业政策实施手段具有综合性

国家计划指导仅仅是产业政策的一个手段而已,诸如财政、税制、金融、外贸、外汇、价格等都可以成为实施旅游产业政策的选择性手段。不过在一个国家或地区的具体历

史时期,究竟能掌握多少种手段,与该国该地区实施的经济体制以及政府的自主性及效能有关,也与其旅游经济发展的具体程度密切相关。

5．旅游产业政策内容的动态性

由于旅游经济发展阶段和发展程度的不同,旅游产业政策往往因时因地而不同。如我国旅游业发展的现阶段,旅游业的主要目标是刺激消费,促进国民经济增长和提高旅游产业的国际竞争力,体现在产业政策上就是大力发展国内旅游,在旅游产业布局上讲究多点齐动、全面发展。由于全球旅游产业竞争十分激烈,旅游设施结构矛盾较为严重,所以在旅游产业组织政策方面就要在一定程度上进行限制,强调进行旅游企业的集团化、网络化发展,最大限度地增强国内旅游企业的国际竞争力。

（三）旅游产业政策的作用

正确的旅游产业政策,对旅游经济的健康发展,具有十分重要的作用。

(1)旅游产业政策能够规划旅游产业的发展,规范旅游企业的生产经营活动,使国家乃至地区的旅游业发展具有明确的整体方向性。旅游产业政策还能为旅游企业平等竞争、优胜劣汰、技术进步、增进效益提供重要的外部条件。旅游产业政策是规范旅游经济活动特别是旅游企业生产经营活动的重要政策。它既有限制企业不合理发展的一面,又有鼓励、扶持企业合理发展的一面。

(2)旅游产业政策推动旅游资源的优化配置,促进旅游资源优势的充分发挥,有利于旅游经济整体效益的提高和旅游市场供求的基本平衡。实现旅游资源的优化配置,是最大限度地发挥旅游资源优势的前提,是提高旅游经济整体效益的保证。实行正确的旅游产业政策,可以为旅游资源的优化配置创造有利条件。

(3)旅游产业政策是一种新型的、有前途的旅游经济管理形式。它既能实现国家对旅游经济的宏观管理的要求,又能使旅游企业充分发挥主观能动性。

从以上分析可以看出,旅游产业政策将在今后国家旅游业发展的管理中,日益发挥重要作用。

二、旅游产业政策的内容体系

（一）产业政策的分类

产业政策作为一个政策体系,其主要类别包括产业结构政策、产业组织政策、产业技术政策、地区产业政策和实施保障政策等。

1．产业结构政策

产业结构政策是产业政策的主要组成部分,它是根据产业结构情况和问题以及今后国民经济发展的需要所确定的有关优化产业结构的目标和方向,重点发展的主导产业和相关产业,逐步实现产业结构现代化和取得更高经济效益的结构性政策。产业结构政策首先要规划产业结构的目标和方向,保证实现产业结构的合理化。为此,必须要选择好重点发展的产业和相关产业,组织好衰退产业的资源转移,实现资源优化配置。在此基础上,重点发展高新技术产业和新兴产业,将已有的产业结构进一步推向现代化。

2. 产业组织政策

产业组织政策又称企业组织结构政策,它主要调整产业内企业间及企业内部组织结构的关系。产业组织政策的目的,主要是为了提高企业的经济效益,促进生产服务产业的集中化和专业化,形成合理的组织结构体系,实现生产要素的最佳组合和有效利用。

3. 产业技术政策

产业技术政策是根据产业发展目标,指导产业在一定时期的技术发展的政策。它通过对产业的技术选择、技术开发、技术引导、技术改造等,通过对产业的技术结构、技术发展目标和方向、技术的国际竞争与合作等,提出具体的要求,逐步推动产业的发展。

4. 地区产业政策

根据国家产业结构总体规划的要求,合理安排地区之间和地区内的产业分布,在促使各地区的产业发展符合国家宏观经济的发展要求和国民经济整体利益的前提下,充分发挥地区的比较利益优势,推进地区产业结构合理化的政策。

5. 实施保障政策

为保障产业政策的贯彻实施,保证产业政策目标的顺利实现而采取的有关各种经济的、法律的、行政的以及其他多种手段的总称。

(二)旅游产业政策的内容体系

1. 旅游产业结构政策

由于旅游产业的综合性和依赖性都很强,因此旅游产业的结构问题基本包括三个层次。

(1)产业定位问题,即旅游产业在国民经济产业体系中的位置。近年来,各地发展旅游产业的积极性都很高,对旅游产业一般都有明确的产业定位,如国民经济的支柱产业、先导产业、第三产业的支柱产业、龙头产业等。鉴于国民经济发展进入了一个新阶段以及旅游产业在扩大内需中所起的出色作用,国家在1998年底将旅游产业定位为国民经济的新的增长点,我们要以此为指导思想,鼓励、支持、加快旅游产业的发展。

(2)产业宏观问题,即国际旅游与国内旅游以及出境旅游的相互关系和政策协调。现在,我国旅游产业已经不是开始时的国际入境旅游"一枝独秀"的局面,经过若干年的发展,尤其是随着经济的发展和居民生活消费水平的不断提高,基本形成了国际旅游、国内旅游和出境旅游三种层次、互补互促的发展格局,而且这种格局在21世纪必将得到进一步地发展。三种旅游今后如何发展,应在坚持原有各种合理旅游政策的基础上,作出符合旅游产业发展实践的调整。对入境旅游,可参照外贸出口政策规定对旅游创汇企业实施奖励;对国内旅游,可制定鼓励国民旅游的消费政策,比如国民旅游计划,实行社会旅游(针对低收入阶层的福利旅游);对出境旅游,可规定经营企业实行与入境旅游经营相挂钩的政策。在产业宏观问题上要明确国内旅游的基础性作用。

(3)产业配套问题,即旅游产业内各单项结构的合理化。因为旅游产业是包括食、住、行、游、购、娱六大要素在内的综合性产业,其持续、健康、快速地发展,离不开各环节的配套,离不开各部门的配合与支持,要制定相关政策,防止各要素之间结构错位、重复建设。比如旅游酒店、旅行社的供求结构严重错位将会导致削价竞争;旅游景点、旅游设施的开发建设不足而又可能导致游程单调。

以上三个层次之间又存在纵向的相互关系,从而形成一个较为完整复杂的旅游产业结构。三个层次的政策的综合,形成一个完整的旅游产业结构政策体系。

2. 旅游产业布局政策

旅游产业由于受资源分布、区位、交通条件、旅游行程等因素的影响,表现在旅游产业的布局上就与农业、工业等其他产业有所区别,既有产业分布的区域性问题,也有产业分布的点线结合、点面结合的问题。由于我国旅游发展道路和发展战略的特殊性,客观上形成了旅游地区格局的"重东部,轻中西"的局面。这固然有旅游市场距离、旅游者圈层辐射性扩散等正常因素的影响和作用,但是各类地区要随着形势发展而变化,这就要求在新的形势面前作出相应的调整。就大范围的调整而言,在承认旅游产业发展的地区性差异的前提下,为了配合国家开发西部战略的实施,保证我国旅游产业的持续发展有新的增长点,在继续发展好东部沿海地区的旅游业的同时,应该加强中西部地区的旅游业的发展,并在政策上给予适当的倾斜。

各地的资源禀赋并不完全一致,因此客观上就存在不同的比较优势。并不是每个地区都需要将旅游产业的发展作为地区发展的唯一法宝,也并不是说,每一个地区旅游业的发展都要面面俱到。在旅游产业政策中,应根据旅游吸引物分布的特殊性,强调形成旅游区域的专业化分工,比如海南的海滨度假、黑龙江的冰雪旅游、云南的生态旅游和民俗风情旅游等。此外,还要根据各地的区位优势,如沿海、沿边、沿路、沿江等,形成各自有相对优势的旅游产品分布。根据资源的互补性、产品的相关性和交通的便利状况等条件,加强旅游产品的点线、点面之间的联系,形成独具优势和具有较强竞争力的产品系列。在政策上要照顾旅游发展历史上自然形成的温点和冷点,确定"热点带动温点、刺激冷点"的思想,以带动旅游产业的全面发展。

3. 旅游产业组织政策

这方面的政策是对旅游企业实际运行的深层次的分析,其政策出发点是通过协调竞争与规模经济的关系,既缓解垄断对市场经济运行造成的弊病,又维护一定的规模经济水平。政策涉及旅游企业的市场进入、经济规模等一系列问题,包括旅游市场结构控制政策、旅游市场行为调整政策和一些直接改善旅游产业内不合理的资源配置政策。

国家应鼓励大中型旅游企业建立现代企业制度,小型旅游企业实行适应市场经济需要的灵活体制;应鼓励发展跨地区、跨行业、跨所有制的旅游企业集团,打破地区封锁和行业垄断,形成由大型企业主导和规范市场的格局;鼓励企业通过合并、兼并、相互持股等方式,进行自主联合改组和资产运营;鼓励旅游企业的网络化发展,推动建立区域性、全国性甚至国际性的营销网络。

4. 旅游产业市场政策

明确和强调市场导向的观念是市场经济对产业政策的基本要求之一。旅游产业的市场政策应该明确体现出,在现实的状况下,应该支持哪些方面,又应该限制哪些方面。比如对旅游景点、景区的开发,要考虑客源市场近距离的雷同和重复建设,尤其是在全国出现人造景观热、旅游支柱产业热时,要有相应的政策措施加以引导、规范和限制。在旅游接待设施建设方面,要考虑市场饱和度、区域分布、档次高低。在旅游产品开发方面,要以市场需求为导向,开发有市场前景、生命力持久和竞争力强的产品。

尽管在我国旅游产业的收入构成中,国内旅游占据着绝对的地位,但是旅游产业的创汇功能依然是发展旅游业的主要功能。因此,旅游产业的外向性依然是旅游产业的重要特征。另一方面,由于旅游产业对国民经济的特殊作用,世界各国尤其是各发展中国家不断加大对旅游业发展的支持力度,致力于旅游客源的争夺,旅游客源市场的开拓也就不断由表层性开发向深层性开发转变,开发的难度也不断加大。旅游产业的外向性、国际竞争激烈性和市场开发艰巨性使得旅游产业市场开发政策理所当然地成了旅游产业政策的组成部分。在旅游产业政策中必须有相关的政策措施来刺激各旅游企业的市场开拓积极性,毕竟旅游企业才是旅游产业的真正主体。

5. 旅游产业技术政策

在现代经济的发展中,技术的含量越来越高,高技术与高生产力、强竞争力之间存在着直接的线性关系。因此,在旅游产业中,电脑预订、电子信函、卫星通信、先进交通工具、新型建材等的运用就成了提高产业素质的重要条件。政府应该制定相应的用以引导和干预旅游产业技术进步的政策,包括旅游产业技术进步的指导性政策、旅游产业技术进步的组织政策、旅游产业技术进步的激励性政策等。为了尽快增加旅游产业发展中的科学技术含量,适应经济和社会发展的大趋势,促使旅游产业更快地发展,在制定旅游产业技术政策时应考虑:加快推进标准化工作进程,提倡采用国际标准和国外先进标准,支持引进和消化国内外的先进技术,提高我国旅游设施的技术性能,提高产业技术水平;鼓励产、学、研的结合,鼓励和支持对引进先进技术的消化吸收和创新,促进应用技术的开发,加速科技成果的推广,以法规的形式定期公布淘汰落后的运载设备和科技含量低的人造景点。

6. 旅游产业保障政策

旅游产业政策的实施必须有一套政策相配套的体系。旅游产业政策制定的是针对性的政策,旅游产业政策的实施就必然要有相应的政策和手段来保障,这些保障政策是综合性的、成体系的。一句话,旅游产业政策的有效实施,在很大程度上取决于保障手段。因此,在旅游产业保障政策中要考虑:要求相关职能部门把旅游产业政策作为今后旅游产业发展的纲领性文件,作为今后部署、检查、评比旅游工作的重要标准,以督促旅游主管部门对产业政策的落实;要求旅游产业的相关部门发挥各自的职责,支持旅游部门贯彻实施好旅游产业政策;要求以法律、法规等形式保证旅游产业政策的实施。

三、我国旅游产业政策的制定与实施

(一)法律手段

目前,我国尚未有以法律形式出现的旅游产业政策,今后随着市场经济体制的确立和旅游经济的进一步发展,以法律手段来推行旅游产业政策,具有广阔的空间。因为法律手段具有相对的稳定性,并且还有极高的权威性。

(二)行政手段

在经济急剧变化的时期,行政手段具有简单易行的优点,今后在压缩行政手段运用空间的同时,对一些重要产业政策问题,仍将保留行政手段。但是,今后产业政策的行政手段将进一步弱化,即政府不再像过去那样,对各个产业进行分门别类地具体行政干预,而是从宏观上以行政手段进行干预,其权威性将会提高。

(三)财政、税收和金融手段

从当前形势来看,财政对经济建设尽管可以发挥一定的导向作用,但其支持力度却很有限。同样,国家在税收方面可能采取的措施也将十分有限。因此,在今后旅游产业政策中运用财政税收政策时,一定要集中于少数必须通过财政税收政策予以支持的领域,如旅游基础设施的建设和与旅游相关的高新技术的发展等。即使在这些领域,国家的财政税收政策也只能起到引导的作用。

随着我国金融体制的改革,金融体制逐步健全与发展,金融手段在旅游产业政策中的运用将日益增加。金融手段以多样化、灵活性大而可以运用于不同的产业政策层面。不同的金融机构在不同的产业政策中处于不同的地位。国家的宏观金融政策,对整个国家的产业政策实施起着重要作用,国家对旅游的信贷政策必将影响旅游业的发展。

(四)信息手段

信息手段目前在我国产业政策中已经得到应用。随着我国旅游经济的日益市场化,信息手段将起到越来越大的作用。信息手段的优点是覆盖面广,适应市场经济条件下旅游经济的运行特点,使用成本低。在加快旅游信息化建设过程中,要着力解决好一些关系全局的重点问题。一是统筹规划,协调发展。根据市场变化、技术发展及系统建设应用情况,进一步完善系统总体设计,优化系统功能,实现资源共享。二是严格管理,保证质量。三是加快应用,发挥效益。四是健全制度,保障运行。五是加强培训,提高素质。根据信息系统建设的进展情况,及时组织开展各类培训,提高各级管理人员、技术人员和使用人员的信息化素质。

第四节 旅游行业管理

一、旅游行业管理概述

(一)旅游行业与旅游行业管理

旅游作为一种行业的划分,既具有与其他行业相似的特性,又具有其特殊性。一般行业的划分是依据所生产的商品和劳务的不同特点和不同种类进行的,而旅游行业在很大程度上是根据旅游者的消费范围确定其行业范围的,这就使旅游行业的范围变得具有很大的模糊性。既然旅游是以旅游者为对象的,为旅游者提供所需商品和服务的综合性行业,那么所有直接或间接为旅游者提供所需商品和服务的或者说所有直接和间接从事旅游业务的行业都可划归到旅游行业的范畴。实际上,对行业范围广泛而模糊的旅游业进行行业管理是很困难的,我们常所说的旅游行业管理更多的是从狭义的方面来说的。

宋振春等人认为,旅游行业管理是政府旅游主管部门及其各类旅游行业组织通过对旅游事业的总体规划和总量控制,制定出促进旅游事业发展的方针、政策和标准,并以此为手段,对各种类型的旅游企业进行宏观的、间接的管理。王大悟认为,行业管理就是通过规则、法规、政策,引导市场趋势,建立市场规则,去协调、监督、维护市场秩序,规范企业行为,为企业发挥活力创造良好的经营环境。张辉认为,旅游行业管理就是政府通过规划、法律、政策、引导市场趋势,建立市场规则,进而协调、监督、维护市场秩序,规范企业行为,维护旅游者的权益,为旅游产业快速、健康、持续发展树立良好形象,创造良好的经营环境。叶全良认为,旅游行业管理是指政府行政部门及旅游行业协会组织,通过对旅游业的总体规划和总量控制以及制定旅游业的方针、政策和行业质量标准,并以此为调节手段对旅游企业经营活动进行宏观的、间接的管理。它是一种复合式的指导性的管理方式,与通常所说的部门管理不同。部门管理是按隶属关系系统自上而下的行政指令式管理,而行业管理是按业务性质与类别进行的调控式管理。无论哪个部门、哪个企业,只要从事旅游业务活动,都必须接受旅游行业管理。

以上是关于旅游行业管理的几种典型看法,从上述定义可以看到,旅游行业管理就是管理旅游市场,培育旅游市场机制,建立旅游市场规则,维护旅游市场秩序,它涉及旅游行业管理的管理主体、对象、方式、手段、目标等内容。

(二)旅游行业管理的特征

旅游行业管理是对旅游业的行业管理,因此,旅游产业本身所具有的性质和旅游行政部门的部门性质都将对旅游行业管理的特征产生决定性的影响。

目前我国旅游行业管理的特征主要表现在以下几个方面。

1. 旅游行业管理基础的脆弱性

旅游行业管理基础的脆弱性是由于旅游行业管理部门性质的特殊性引起的。旅游产业的综合性使旅游部门有了综合部门的性质,但是旅游部门只有综合部门的性质,没有综合部门的权威;旅游部门是一个专业经济管理部门,但是又没有专业管理部门的管理体系(垂直管理体系);在政府格局中作为职能部门存在,但是又没有职能部门的管理手段。旅游部门面临的这种状况使得旅游行业管理的困难非常大,其管理基础十分脆弱。

2. 旅游行业管理对象要素的综合性

旅游产业是一个关联性极强的产业,而且旅游产业的食、住、行、游、购、娱六大要素使旅游行业管理的涉及面非常广,管理要素的多元性、分散性决定了行业管理的综合性。

3. 旅游行业管理幅度的宽泛性

旅游行业管理幅度的宽泛性是指行业管理涉及的部门广,协调范围宽,协调难度大。在相当程度上,旅游行业管理部门的工作是进行部门间的协调。旅游者的旅游活动是涉及多个部门的一个完整的过程。以对旅游的依托——旅游吸引物的管理来说,就存在严重的"政出多门"现象。虽然在理论上,宏观经济管理部门、行业管理部门、职能管理部门之间有较为明确的分工,但是在现实中,往往由于涉及权力和利益问题,"政出多门""多头管理"造成管理部门之间的协调困难。

4. 旅游行业管理的政策性

由于旅游业具有综合性和依赖性,旅游行业管理部门与国家的其他部门之间就存在一个管理权的交叉问题,旅游行业管理部门就需要通过相关途径来争取某些对旅游产业的发展至关重要的管理权,在争取过程中就表现出很强的政策性。

5. 旅游行业管理的服务性

对于旅游行业管理来说,行政性的审批权非常重要,但目前旅游行业管理部门真正得到行政授权的只有旅行社的审批,因此,要想在行业管理中确立行业管理部门的权威,只能靠为旅游企业的服务精神,把行业管理的工作做到位,给旅游企业带来实实在在的利益,企业才能承认权威,才会服从行业管理部门的管理。旅游行业管理的服务性以及行政性资源的缺乏,促使其在行业管理手段上要尽可能地通过标准化方式来拓宽有效管理的范围。

6. 旅游行业管理的动态性

旅游行业管理的动态性,一方面体现在旅游行业管理工作的连续性上。一般地,旅游行业管理开始时的开拓性工作经过几年的运作,逐步为大家接受,形成模式、规范,继而就将转为日常性工作。这样,由开拓到规范再到日常,形成了行业的动态性管理。另一方面,旅游行业管理涉及旅游企业运行的全过程。比如,从对旅行社管理的过程来看,旅行社许可证的审批、质量保证金的收缴、年检工作的开展、全国百强企业的评比和对不合格企业的处理等,基本形成一个动态管理体系。

(三)旅游行业管理的主体与对象

1. 旅游行业管理主体

理想的旅游行业管理组织体系应该包含两个主体:一个是政府行业管理机关,代表国家履行行业管理职能,主要以法规和政策手段为主,是一种调控和干预性管理;另一个是行业管理组织,以协调服务为手段,实行自主协调行业管理。这一主体下可以形成两个层次,其一为靠近政府的大的行业协会,属半官方半民间性质,以协调手段为主,是一种推动性的管理;另一种是纯民间性质的以服务为主要手段的行业协会,实行自律性的管理。行业管理是以行政管理为主,还是以行业协会管理为主,这要视行业的不同情况而定,一般来说,行业规模稳定、国际化程度和综合程度较低的,适宜以自律性的行业协会管理为主;反之,则适宜以行政管理部门为主。旅游行业适宜以行政管理为主、旅游行业协会管理为辅。在由计划经济向市场经济过渡的大背景条件下,政府旅游管理部门的职能要实现三个转变:由微观管理转向宏观管理,由直接管理转向间接管理,由部门管理转向行业管理。

2. 旅游行业管理对象

关于旅游行业管理的对象,由于旅游业属于综合性行业,从广义上来讲,所有直接或间接为旅游者提供所需商品和服务的企业都要受旅游行业部门的管理。在实际操作中,对综合性很强的旅游业实施管理是很难把握的,因此,我们通常所说的旅游行业管理更多的是从狭义方面而言的,即旅游行业管理主要是对直接从事旅游服务的行业、交通客运业和以旅游酒店为代表的食宿业的管理。

二、旅游行业管理的手段

旅游行业管理的手段有行政、经济、法律等三种基本手段。具体地说,可以有以下几种手段。

(一)法规手段

市场经济是法治经济,因此规范市场大体是通过法律规范、政策规范和技术标准来实现的。法律规范的约束力最强,但是目前最重要的《中华人民共和国旅游法》由于需调整的范围较广、难度较大,难以在短期内出台,所以现实的选择,一是充分利用既有政策规范作为管理依据;二是针对行业的具体情况,先行制定一些行业性的法规,这一点已经在各地的旅游实践中得到了充分体现。此外,利用技术标准进行行业管理也已经取得了很大的成绩,比如酒店星级标准、旅游景区(点)标准等。推动旅游行业的标准已成为国家旅游局的一项重要工作。

(二)审批手段

审批是最能体现政府行为特性的手段。政府机构是社会公共利益的代表,也是面向各方的社会公共服务机构。与其他行业相比,目前旅游行政管理机构的审批权并不多,主要有三个方面:旅行社企业设立许可,导游从业资格执照,授予旅游定点酒店的批准手续。审批既是履行法律义务与授权的形式,又是以行政方式确认某个个人或企业行为达到了设定的标准,前者涉及控制市场出入的闸门,后者涉及市场活动的公正性。审批权与企业或个人的切身利益有直接的联系,因此必须坚持"公正、公平、公开"的原则,使审批标准化、程序化,防止滥用权力,损害行政机关的公正形象,否则就难以树立必要的政府权威,实施政府的既定政策和方针。

随着各地对发展旅游产业的重视程度的不断提高,先后出台了有关加快旅游业发展的决定,这些决定在一定程度上强化了旅游部门的权限,有利于旅游行业管理。比如,在开发利用旅游资源方面,确立了旅游部门参与立项审批和项目验收的权限;明确规定新建、改建和扩建的景点景区项目需经旅游管理部门同意方可报批。

(三)监督手段

监督是实行行业管理和进行宏观调控的重要手段。对旅游行业实行全面的、严格的监督,有利于旅游产业协调发展,有利于提高旅游企业的经济效益。通过监督,不仅可以保证旅游行业的各企业遵守国家法令法规,保证旅游活动健康、有序地发展,还可以促进旅游企业不断改进经营管理,提高管理水平。

旅游业是我国较早推行监督制度的行业,旅游经济监督对于较早地引入市场经营机制的旅游行业来说就更为重要。旅游经济监督通过统计、情况汇集等途径,可以正确反映旅游经济运行的状态、趋势和规律,为旅游政策提供决策和依据。在旅游业中旅行社最早并广泛运用经济监督。从1991年开始,对全国经营国际旅游的旅行社都实行了旅行社经济指标考核和业务年检,取得了丰富的成功经验,对旅游行业运行全面深入地实施监督有着十分重要的意义。旅行社业务年检是政府部门对行业运行实施监督的最好证明。除此之外，旅游质量监督管理所也已经在旅游行业管理中发挥越来越重要的监督作用。

（四）检查手段

检查是一种刚性的管理手段，是行政执法的具体行为。检查手段被广泛应用于对各类旅游经营活动中违规违纪行为的查处。检查的目的是维护市场秩序。旅游市场检查的主要法规依据是《中华人民共和国旅游法》及其《旅行社条例》，星级酒店评定、复核的有关规定，以及中央和国务院发布的关于出国旅游管理的文件等。与日益发展的旅游市场相比较，旅游行业管理手段还是偏弱，与管理目标的高要求不相符。虽然各地旅游行业管理部门在法规手段相对不健全的条件下发挥了行业管理的高度自主性，创造了不少成功的经验，但存在的问题也不少，尽快加强和完善旅游立法，解决管理手段弱的问题已经成了迫切需要解决的问题。

三、旅游行业管理的内容

旅游行业管理的内容大体上分为三类：一是市场引导和维持秩序的内容；二是行业服务性的内容；三是行业协调性的内容。这三大类内容中，又依行业发展状况和当前工作重点的不同而有所侧重。就总体来说，第一类是基础性和主体性的，第二类是扩大性和外延性的，第三类是主导性和发展性的。三类管理的综合运行，可具体化为大量的日常性工作和开拓性工作。

（一）引导市场和维持市场秩序

1. 通过产业政策和可能的经济杠杆调节市场供求关系

比如，随着旅游市场上旅行社数量的急剧增长，外联人数却没有显著增长，国内居民旅游对旅行社的利用率又较低，使得旅游者的增长不足以支撑旅行社数量的增长，市场供求矛盾十分突出。随着1995年旅行社质量保证金制度的出台，国家旅游局当年就吊销了5家一类社、104家二类社、1402家三类社的营业执照，有效地调节了旅游市场的供求关系，极大地提高了旅游产业的产业素质。

2. 通过运用国家法规和行业性法规建立旅游市场规则

旅游行业里的各个旅游企业的隶属关系非常复杂。旅游业经过起步阶段的急剧膨胀，供求关系趋于缓和，旅游需求虽也有一定的增长，但是供给增长的速度更快，旅游供求矛盾的状况趋于严重，市场就处于相对混乱的状态，行业内外对维护旅游行业秩序的呼声很高。那么，如何来维护旅游市场经营活动的秩序呢？只有形成相应的法律框架和执法力量。到目前为止，旅游行业真正的国家旅游法规只有《中华人民共和国旅游法》和《旅行社条例》，其他的主要是行业性的法规，比如国家旅游局（现变更为文化和旅游部），主持制定的旅行社质量保证金制度，各省市人大或政府制定的地方性法规也有效地规范了旅游行业的市场秩序。

(二)向旅游企业提供行业性服务

1. 通过行业性服务,组织和培育市场

随着市场机制在资源配置中基础性作用的加强,旅游行政管理部门对旅游企业的直接干预将会越来越少,而行业管理的服务内容将会越来越多,服务性功能将越来越强,这是旅游企业对行业管理的希望,同时也是旅游行业管理部门在社会主义市场经济中树立自己权威的最终途径。旅游行业管理部门在各地建立旅游综合市场和专业性批发市场方面都给予了大量的支持,尤其是与各地政府一起组织国内旅游交易会和国际性的旅游展销会等。

2. 组织全行业性的市场促销,提高旅游企业竞争力

组织行业性的市场促销,提高企业竞争力也是旅游行业管理的一项工作,是旅游管理部门中心职能适应旅游产业不同阶段发展要求的必然使命。

(三)旅游行业管理与协调

1. 协调旅游行业与其他行业或部门的关系

协调与有关部门的关系,形成有利于行业发展的政策方针,也是旅游行业管理的一项工作。这是因为:旅游业几乎涉及所有的政府部门,这种纵横交错的复杂业务和智能结构使得旅游业的任何一项政策建议和发展计划都需要取得广泛的支持才能推动下去。协调活动对实现旅游业的宏观和微观目标十分重要。旅游业的协调活动是多层次和多部门的:既有中央层次,也有地方层次;既在部门之间,也在企业之间;既有政策活动也有经营活动。其中的核心则是部门协调。由于各个部门的侧重点和既定目标不尽相同,因此部门协调经常表现为利益上的妥协和力争。这种协调作为多方面、多部门的复合式协调,往往需要行政首长从推动和发展旅游业的战略目标出发,采取有取有舍的大胆决策。在中央层次的协调通常包括以下几个方面:为整顿旅游市场秩序,旅游行业管理部门与工商行政管理部门、公安部门等之间进行的政策协调;与物价和民航方面进行价格政策的协调等。

2. 加强行业的国际联系,建立国际合作体制

加强行业的国际联系,建立国际合作体制,也是旅游行业管理的一项任务。这也是世界旅游市场竞争发展的需要。旅游市场的竞争已经不仅仅限于企业之间的竞争,而是已经上升为举国竞争的高度。在世界经济一体化和区域化发展的大趋势下,旅游的区域合作也已经日趋重要。欧洲旅游委员会、东盟旅游年的举办都验证了这种趋势。加强国际合作还体现在进行跨区域的国际旅游规划和开发上,比如"玛雅文化"的规划开发。过去的十几年中,我国已经在国际合作方面取得了一定成绩,但是在合作内容、合作范围、合作方式、合作层次上还需要进一步深化。我国在共同开发旅游线路产品(如丝绸之路)、旅游客源交流、联合促销等方面的国际合作前景十分广阔。就目前而言,要充分利用国际性(如世界旅游组织)和区域性国际旅游组织的力量促进国际合作。

本章小结

旅游业对区域经济发展产生明显的促进作用，经济利益促使政府在旅游业发展中有所作为。政府作为旅游发展的主导者，在旅游目的地形象提升中起到引导与调节作用，能聚集和协调不同利益主体的行为。平衡地方政府以及市场主体的利益，有利于政府对生态资源进行管理。旅游公共物品产权不清、旅游信息不对称、外部环境的不稳定性、旅游的政治性等因素也决定了政府介入旅游业发展的必要性。

复习思考

■ 课堂讨论题

1. 联系当地实际，说明政府在区域旅游经济中的主要作用？
2. 旅游从业人员学习旅游经济学有何意义？

■ 复习思考题

1. 举例说明旅游市场失灵的表现形式。
2. 政府如何对旅游市场进行干预管理？
3. 什么是旅游规制？我国目前旅游规制的现状特征如何？
4. 什么是旅游产业政策？举例说明旅游产业政策的内容体系。
5. 试述旅游行业管理的含义、特征、手段及其内容。

参考文献
References

[1] 田里.旅游经济学[M].3版.北京:高等教育出版社,2015.
[2] 朱沁夫.旅游经济学[M].长沙:湖南大学出版社,2005.
[3] 厉新建,张辉.旅游经济学原理[M].北京:旅游教育出版社,2016.
[4] 陶汉军,林南枝.旅游经济学(修订本)[M].上海:上海人民出版社,1995.
[5] 杨勇.从现实导向到理论导向——我们应该如何做旅游经济学学术研究?[J].旅游导刊,2018(1):1-21.
[6] 戴斌.论国际旅游经济学的演进与发展[J].桂林旅游专科学校学报,1998(3):5-10.
[7] 刘毅.旅游经济研究十年——观念与思潮,广东社会科学,1991(6):84-88.

教学支持说明

为了改善教学效果，提高教材的使用效率，满足高校授课教师的教学需求，本套教材备有与纸质教材配套的教学课件（PPT电子教案）和拓展资源（案例库、习题库、视频等）。

为保证本教学课件及相关教学资料仅为教材使用者所得，我们将向使用本套教材的高校授课教师赠送教学课件或者相关教学资料，烦请授课教师通过电话、邮件或加入旅游专家俱乐部QQ群等方式与我们联系，获取"教学课件资源申请表"文档并认真准确填写后反馈给我们，我们的联系方式如下：

地址：湖北省武汉市东湖新技术开发区华工科技园华工园六路

邮编：430223

电话：027-81321911

传真：027-81321917

E-mail：lyzjjlb@163.com

旅游专家俱乐部QQ群号：758712998

旅游专家俱乐部QQ群二维码：

群名称:旅游专家俱乐部5群
群　号:758712998

教学资源申请表

填表时间：_____年___月___日

1. 以下内容请教师按实际情况填写，★为必填项。
2. 根据个人情况如实填写，可以酌情调整相关内容提交。

★姓名		★性别	□男 □女	出生年月		★职务	
						★职称	□教授 □副教授 □讲师 □助教

★学校		★院/系	
★教研室		★专业	
★办公电话		家庭电话		★移动电话	
★E-mail				★QQ号/微信号	
★联系地址				★邮编	

★现在主授课程情况	学生人数	教材所属出版社	教材满意度
课程一			□满意 □一般 □不满意
课程二			□满意 □一般 □不满意
课程三			□满意 □一般 □不满意
其他			□满意 □一般 □不满意

教 材 出 版 信 息

方向一		□准备写 □写作中 □已成稿 □已出版待修订 □有讲义
方向二		□准备写 □写作中 □已成稿 □已出版待修订 □有讲义
方向三		□准备写 □写作中 □已成稿 □已出版待修订 □有讲义

请教师认真填写下列表格内容，提供申请教材配套课件的相关信息，我社根据每位教师填表信息的完整性、授课情况与申请课件的相关性，以及教材使用的情况赠送教材的配套课件及相关教学资源。

ISBN(书号)	书名	作者	申请课件简要说明	学生人数（如选作教材）
			□教学 □参考	
			□教学 □参考	

★您对与课件配套的纸质教材的意见和建议有哪些，希望我们提供哪些配套教学资源：